山西省统计学会课题：承接生产性服务业国际转移促进山西省制造业发展研究（项目编号：KY[2014]059）

国际产业转移视角下资源型地区产业结构优化研究

GUOJI CHANYE ZHUANYI SHIJIAOXIA
ZIYUANXING DIQU CHANYE JIEGOU YOUHUAYANJIU

郭海霞／著

中国财经出版传媒集团
中国财政经济出版社

图书在版编目（CIP）数据

国际产业转移视角下资源型地区产业结构优化研究／郭海霞著．—北京：中国财政经济出版社，2020.6
ISBN 978－7－5095－9146－8

Ⅰ.①国…　Ⅱ.①郭…　Ⅲ.①产业结构优化－研究－中国　Ⅳ.①F269.24

中国版本图书馆 CIP 数据核字（2019）第 174750 号

责任编辑：胡　懿　　　　责任校对：徐艳丽
封面设计：王　颖

中国财政经济出版社 出版
URL：http：//www.cfeph.cn
E－mail：cfeph@cfeph.cn

社址：北京市海淀区阜成路甲 28 号　邮政编码：100142
营销中心电话：88191537　88191522
天猫网店：中国财政经济出版社旗舰店
网址：https：//zgczjjcbs.tmall.com
北京财经印刷厂印刷　各地新华书店经销
787×1092 毫米　16 开　12 印张　200 000 字
2020 年 6 月第 1 版　2020 年 6 月北京第 1 次印刷
定价：56.00 元
ISBN 978－7－5095－9146－8
（图书出现印装问题，本社负责调换）
本社质量投诉电话：010－88190744
打击盗版举报热线：010－88191661　QQ：2242791300

前　言

中华人民共和国成立之后，为了保障国家经济高速增长对资源的需求，一大批资源型城市相继兴起，为我国经济发展和国家战略安全做出了重大贡献。然而，资源型地区的产业大多围绕矿产资源的开发与利用而布局，资源型产业中物质资产具有很强的专用性，最终导致资源型地区普遍存在产业结构单一、经济发展对资源型产业路径依赖性较强等问题。特别是，在自然资源日益枯竭的情况下，资源型地区如何摆脱资源约束、实现经济的可持续发展是亟待探讨的一道难题。理论和实践均证明，国际产业转移是推进一个地区产业结构优化的有效途径。2008 年全球金融危机爆发之后，国际产业转移出现了新特点、新趋势，资源型地区应利用自身优势及时把握有利形势，借力国际产业转移改变畸形的产业结构状况。本书以典型的资源型地区山西省为例，从国际产业转移视角研究资源型地区的产业结构优化问题。

本书综合运用政治经济学、产业经济学、国际经济学、国际贸易学、新制度经济学、宏观经济学、系统动力学等学科理论，采用比较静态分析法、数理分析法、逻辑演绎法、基模分析法和计量统计等分析方法，对资源型地区产业结构优化问题进行研究：首先提出资源型地区产业结构优化的目标，同时构建了封闭条件下和开放条件下资源型地区产业结构演进模型，并运用比较静态方法进行对比分析，为之后的研究搭建理论框架；其次，分别采用逻辑演绎法、基模分析法研究了国际产业转移促进资源型地区产业结构优化的理论基础、作用机制和制约因素，并在此基础上将国际产业转移的 3 条路径，即国际贸易、国际外包、外商直接投资融于一个数理模型中进行进一步论证和比较研究；再其次，运用描述性统计法以典型的资源型地区山西省为例进行实证分析，并运用协整模型对实证结果进行计量统计检验；最后，基于理论和实证分析的结果，就资源型地区如何加快承接国际产业转移步伐，实现产业结构合理化、高度化和生态化，提出相应思路和具体的措施建议。

本书主要研究结论和观点如下：

（1）分别勾勒出封闭条件下和开放条件下资源型地区产业结构演进规律。通过对比分析发现，在开放条件下，承接国际产业转移可以协助资源型地区突破在封闭条件下的产业供给锁定和需求锁定效应，加速资源型地区产业结构优化步伐。

（2）结合资源型地区经济和产业特点，分别阐述国际产业转移 3 条路径对资源型地区产业结构优化的作用机制。结果发现，国际贸易、国际外包和外商直接投资通过国际生产要素流动，可以改变资源型地区的产业供给、市场需求结构、技术水平和制度供给等，促进当地产业结构优化。

（3）与以往学者研究国际产业转移单一路径不同，本书构建了国际产业转移的产业结构传导效应模型，将 3 条路径融于一个理论分析框架进行分析，并将承接国际产业转移大致划分为 3 个阶段：以国际贸易为主的初级阶段、以承接国际外包为主的中级阶段、以外商直接投资为主的高级阶段。

（4）采用描述性统计方法，详细阐述了山西省承接国际产业转移与产业结构变动之间的关系。结果发现，纵然长期以来山西省产业结构积累了许多的问题，但伴随着承接国际产业转移步伐的加快，山西省产业结构在一定程度上得到了改善。

（5）通过协整模型具体验证了承接国际产业转移对山西省产业结构变动的影响程度。结果表明，从总体上看承接国际产业转移推动了山西省产业结构的优化。具体而言，在国际产业转移的 3 条路径中，一般贸易对于山西省产业结构优化的作用最为明显，即当前山西省主要依靠一般贸易模式实现产业结构的优化，结合数理模型的结论可以断定，山西省仍处于承接国际产业转移的初级阶段。承接国际外包和外商直接投资的产业结构优化作用并不显著，还有进一步提升的空间。

（6）结合理论和实证分析结果，本书重点考察了通过加快承接国际产业转移步伐，促进资源型地区产业结构合理化、高度化和生态化的发展策略。本书主张通过合理规划国际产业转移项目的行业分布、构建资源合理流动机制，打破资源型地区路径依赖和要素锁定效应，实现资源型地区产业结构的合理化；通过重点引进技术含量较高的国际产业项目、促进外生驱动力的内生化，破除自然资源对技术、人才的要素挤出效应，推动资源型地区产业结构高度化发展；通过树立资源型地区经济可持续发展观、完善保护生态环境的法律和制度等措施，加快资源型地区产业结构生态化发展。

本书的创新之处在于：第一，与以往学者研究国际产业转移时针对单一路径不同，将3条路径纳入一个理论模型进行综合分析，并依照转移产业的技术等级差异将承接国际产业转移划分为3个阶段。第二，已有文献探讨承接国际产业转移的产业结构效应，往往站在整个国家或者国内发达地区的角度，较少以资源型地区作为研究对象。本书将多学科理论综合运用于资源型地区产业结构优化实践，重点研究资源型地区如何在新一轮国际产业转移浪潮中实现产业结构合理化、高度化和生态化，以期在全球化趋势愈来愈强的今天，为资源型地区产业结构优化提供一种新的思路。第三，目前在研究国际产业转移对产业结构影响的传导机制时，大多数学者只是停留在路径研究上，较少探讨制约因素，本书则结合资源型地区的特点，引用系统动力学的基模分析方法，总结国际产业转移促进产业结构优化的制约因素，使相关理论更具有现实指导意义。

本书的不足以及需要改进的地方为：第一，没有提出一个综合衡量产业结构发展水平的指标，有待提出更为科学、合理、周到的指标体系加以研究。第二，对于国际产业促进资源型地区产业结构优化的制约因素，没有通过计算机模拟软件来展开仿真检验和预测分析，对于该问题的深入探讨将成为下一步研究的重点。第三，我国不同资源型地区所处发展阶段、经济和产业结构特征有所差异，而本书仅以典型的资源型地区山西省作为例证加以研究，对于其他资源型地区的个性问题涉猎不多。因此，分类型、分阶段研究也是今后的研究方向。

目　录

第1章　导　论

1.1　写作背景和研究意义

1.1.1　写作背景

新中国成立以来，资源型地区作为重要的能源保障基地，为我国经济的快速、稳定增长保驾护航。但是，长年粗放的经济发展模式也积累了很多经济、社会、生态方面的问题，促进资源型地区可持续发展是我国现代化建设进程中的重大战略问题，也是一个世界难题。为实现资源型地区经济转型升级、推动新型工业化和新型城镇化，建设资源节约和环境友好型社会，国务院于 2013 年出台了《全国资源型城市可持续发展规划（2013—2020 年）》（以下简称《规划》）。该文件是我国首个涉及资源型地区可持续发展的国家级专项规划，为其转型发展指明了方向，具有重要的指导意义。在该文件确定的全国 262 座资源型城市中，西部十二省[①]共有资源型城市 102 座，约占全国的 39%；中部六省[②]共有资源型城市 74 座，占全部资源型城市的 28%；东北三省合计 37 个，约占全国的 14%；东南地区的资源型城市仅占全国的 18.7%（详情见附录 1）。由此可见，我国资源型城市大多位于开放程度较低、经济不发达的中西部内陆省份。然而，开放并不是沿海地区的独有特色，地处内陆的资源型地区照样需要走开放型经济的发展道路。《规划》明确提出：要进一步加快资源型城市改革开放步伐，支持资源型城市积极承接产业转移的同时，还要努力提高外资利用效率，鼓励外资向绿色环保、新能源和新材料、现代服务业等领域投资。

作为典型的资源型地区，山西省在为国家经济快速、持续发展做出突出贡献的同时，自身也积累了诸多经济、社会、生态等方面的问题，其中产业结构单一问题尤为严重。为了推动山西省产业结构优化和经济转型升级，2010 年 12 月

1 日，国家发展改革委正式批复设立“山西省国家资源型经济转型综合配套改革试验区”。《山西省转型综合配套改革试验总体方案》明确指出，要加大山西省对外开放力度，通过“引进来、走出去”和“积极推进贸易便利化”等措施推动山西省经济转型升级。同时，山西省政府也意识到开放经济对于产业结构优化、经济可持续发展的重要意义，在 2015 年 7 月出台的《山西省人民政府关于全面扩大开放的意见》中明确指出：山西省必须把全面扩大开放、发展开放型经济作为资源型经济转型的关键突破口，并在 2016 年 10 月中国共产党山西省第十一次代表大会上再一次强调，要将山西省打造为内陆地区对外开放高地。本书将以山西省为例，从国际产业转移视角研究资源型地区产业结构的优化问题。

资源型地区的主要特征便是经济增长高度依赖资源型产业，接续替代产业发展缓慢、产业间关联度偏低，对外开放和经济市场化程度不高，社会、生态问题突出。以山西省为例，“一煤独大”的产业结构已成为困扰其经济可持续发展的首要顽疾，2013 年以来煤价一路下跌，山西省经济也随之萎靡不振、复苏乏力。更重要的是，部分资源型地区正面临资源枯竭、发展停滞的困境，寻找经济新的增长点已成为制约资源型地区发展的主要难题。因此，当前资源型地区经济发展亟待解决的首要问题便是，改变当下不合理的产业结构、保障经济可持续发展。承接业已成熟的产业通常是一个地区发展新兴产业的重要选择，可避免自身培育新兴产业风险大、周期长的缺陷，同时也解决了资金、技术等要素缺乏的问题，节约大量成本。在 2008 年金融危机爆发后，全球产业转移开始出现新变化。中国东部地区劳动力等要素成本逐年攀升，造成企业生产成本大幅上涨，以往的比较优势正在逐渐弱化。因此，劳动密集型、以出口或代工为主的中小制造企业正由中国东部地区向我国中西部地区以及越南、缅甸、印度、印度尼西亚等劳动力和资源更为低廉的新兴发展中国家转移。在此轮国际产业转移过程中，资源型地区应凭借“承东启西”的优越地理位置，丰富的土地、劳动力、水、矿产品等资源，充分利用工业基础较好、市场潜力较大、政策红利较多的比较优势，紧紧抓住国家“一带一路”建设重大历史机遇，努力成为新一轮产业转移优先选择的目的地，实现本地区产业结构优化和经济可持续发展。

1.1.2 选题意义

在过去高度集中的传统计划经济体制下，资源型地区经过若干年高强度的资源开采，出现了十分严重的资源浪费、环境污染和生态破坏等问题；同时经济发展严重依赖资源开采及初级加工业，导致地区产业结构单一，经济增长方式以粗放型为主，可持续发展能力极弱。因此，产业结构优化是资源型地区经济转型的核心内容。国内外实践证明，资源型地区要避免“资衰城竭”的困境，主动承接国际产业转移是发展接替产业、实现产业结构优化的有效途径之一。如何提高资源型地区承接国际产业转移的能力；如何有效利用国际产业转移达到优化资源型地区产业结构的目的，带动当地经济的可持续发展；如何制定相关政策，提升资源型地区承接国际产业转移的动力，成为急需面对和解决的难题。破解这些难题对推动我国资源型地区产业结构优化升级、实现经济跨越式发展，以及为全国制定承接国际产业转移战略与政策都有重要的理论价值和现实意义。

1.1.2.1 理论意义

本书综合运用政治经济学、产业经济学、国际经济学、国际贸易学、新制度经济学、宏观经济学、系统动力学等多学科理论，研究资源型地区的产业结构优化问题，对于深化资源型地区经济转型与升级研究具有一定的理论意义。

此外，不同于以往学者针对某单一路径研究国际产业转移，本书构建了国际产业转移的产业结构传导效应模型，将国际产业转移的国际贸易、国际外包、外商直接投资3条路径融合于一个理论框架中进行比较分析，对于丰富国际产业转移理论具有一定的理论价值。

1.1.2.2 现实意义

资源型地区承接国际产业转移是发挥其资源、市场、政策优势，实现产业结构优化、经济转型发展的重要措施。资源型地区在努力培育自身优势产业的同时，也需要积极承接国内外产业转移，使自身的发展融入全球经济发展的大局，这样才能更有效地发挥资源优势，加快本地区资源优势向经济优势转变。本书以山西省为例，研究承接国际产业转移对山西省产业结构变动的影响，研究结果也为其他资源型地区承接国际产业转移、促进产业结构优化提供理论和现实依据。

本书结合资源型地区的特点，总结国际产业转移发挥产业结构优化效应的制约因素，并通过实际数据分析，找到当前资源型地区承接国际产业转移与产业结构优化过程中存在的偏差及原因，在此基础上提出国际产业促进资源型地区产业结构合理化、高度化和生态化发展的策略，对资源型地区合理布局国际产业转移项目、利用外资从注重数量向注重质量转变很有裨益。

1.2 国内外相关研究述评

在广泛收集和整理国内外相关文献、资料的基础上，笔者对资源型地区产业结构优化和国际产业转移影响产业结构优化的已有文献进行了梳理，并做简要评述，希望从学者研究的不足和空白中找到本书的研究方向。

1.2.1 资源型地区产业结构优化研究述评

1.2.1.1 国外关于资源型地区产业结构优化研究的述评

国外学者对资源型地区的相关研究始于20世纪30年代。加拿大经济史学家伊内斯（Innis）对资源型地区进行了具有开创性意义的研究，其发表的论文《加拿大的毛皮贸易》（1930年）被视为资源型城镇研究的标志①。对资源型经济较为系统的研究出现于20世纪60年代以后，代表人物有Bradbury、Lucas、O'faircheallaigh、Marsh、Millward等，加拿大、美国和澳大利亚等国家为学者研究的主要对象。此时的研究主要集中于资源型城镇中出现的社会经济问题，如经济依赖、人口特征、社区发展、城镇化建设等；同时，研究方法以实证研究和案例研究为主，研究领域涵盖政治经济学、社会学、地理学、心理学、人口统计学等。

20世纪七八十年代，国外学者对于资源型地区经济转型的关注集中于“荷兰病”的研究。1982年，Corden和Neary建立了“荷兰病”模型。该模型将经济体分成3个部门：繁荣部门（如石油行业）、滞后部门（如农业和制造业）和非贸易部门。研究表明，石油行业的繁荣会引起资源转移效应和消费效应，并引发直接和间接的反工业化现象②。随后，Van Wijnbergen（1984）和Benjamin、Devarajan等人（1989）对“荷兰病”三部门模型进行了改造，并进一步验证了“荷兰病”现象③④。研究之初，关于“荷兰病”的研究大都集中在发达国家，

---

① Innis Harold Adams, The Fur Trade in Canada: An Introduction to Canadian Economic History [M], Toronto: University of Toronto Press, 1930: 383-402.

② W. Max Corden and J. Peter Neary, Booming Sector and De-Industrialisation in a Small Open Economy [J], The Economic Journal, 1982, 368: 825-848.

③ Van Wijnbergen, Inflation, Employment and the Dutch Disease in Oil-Exporting Countries: A Short-Run Disequilibrium Analysis [J], The Quarterly Journal of Economics, 1984, 99 (2): 233-250.

④ N, C, Benjamin, S. Devarajan, and R. J. Weiner, The "Dutch Disease" in a Developing Country: Oil Reserves in Cameroon [J], Journal of Development Economics, 1989, 30 (1): 71-92.

试图揭示发达国家存在“反工业化”现象的原因，以及探讨石油繁荣如何导致汇率增值的问题。随后，一些学者将视角转向发展中国家，开始解释发展中国家的“荷兰病”问题。Chand和Levantis等（2000）研究证实了巴布亚新几内亚的“荷兰病”[①]。Ismail. O. Fasanya等人（2013）利用1975年到2010年的数据进行时间序列分析，结果显示，石油开采对农业和工业发展存在影响，且对农业的影响程度要大于工业，证明“荷兰病”在尼日利亚是确实存在的[②]。

美国资源经济学家Richard Auty 1993年出版的《矿产经济持续发展：资源诅咒理论》中首次提出“资源诅咒”一词，后引起学者的广泛关注。关于经济增长与资源禀赋关系实证分析的文章也开始大量出现。针对“资源诅咒”现象是否是一个普遍、具有规律性的命题，国外学者运用了不同理论、方法予以解释和证明。Sachs和Warner（1995、1997、2001）连发3篇文章，选取95个发展中国家作为样本，对“资源诅咒”这一假说进行开创性的实证检验。回归结果表明，一国自然资源的丰裕程度与其经济增长之间确实存在负相关关系，当然还有一些学者对此有所质疑，通过实证研究得出了与“资源诅咒”现象完全不同的结论[③④⑤]。Davis（1995）、Brunnschweiler（2008）通过实证研究均得出了相同的结论：自然资源丰裕度和经济增长之间存在稳健的正向关系。大多数学者通过研究发现，“资源诅咒”是否存在并不具有显著的规律性，它会因条件的变化而改变[⑥⑦]。Ding和Field（2005）、Wen和King（2004）、Robinson等人（2006）通过研究发现，“资源诅咒”命题是否成立与衡量要素丰裕度的指标相关，而“资源诅咒”的形成还与制度、技术等大量非资源因素有密切关联。此外，对于“资

---

① S. Chand, T. Levantis, Dutch Disease and the Crime Epidemic: An Investigation of the MineralBoom in Papua New Guinea [J], The Australian journal of Agricultural and Resource Economics, 2000, 44 (1): 129 - 146.

② Ismail, O, Fasanya, Oil Discovery and Sectoral Performance in Nigeria: An Appraisal of the Dutch Disease [J], The IUP Journal of Applied Economics, 2013, 26 (2): 25 - 40.

③ Jeffrey D. Sachs, Andrew M. Warner, Natural Resource Abundance and Economic Growth [J], NBER Working Paper, 1995, No. 5398.

④ Jeffrey D. Sachs, Andrew M. Warner, Natural Resource Abundance and Economic Growth - Revised Version [J], Harvard University, 1997 (11).

⑤ Jeffrey D. Sachs, Andrew M. Warner, Sachs, J, D, and A, M, Warner, Natural Resource and Economic Development: The Curse of Natural Resources [J], European Economic Review, 2001, 45: 827 - 838.

⑥ Davis Graham, Learning to Love the Dutch Disease: Evidence from the Mineral Economics [J], World Development, 1995, 23 (10): 1765 - 1779.

⑦ Brunnschweiler. C. N, Cursing the Blessings? Natural Resource Abundance, Institutions, and Economic Growth [J], World Development, 2008, 36 (3): 399 - 419.

源诅咒”的成因，国外学者也从不同的角度进行了解释①。Torvik（2002）建立了寻租模型，结果发现自然资源越丰富的地区，生产性资源分配的效率越低，越容易出现寻租行为，使资源型地区经济发展缺乏可靠、必要的制度保障②。Sala-I-Martin 和 Subramanian（2003）、Mehlum 等人（2006）将制度弱化作为重要的因素来解释“资源诅咒”③。Matsuyama（1992）和 Gylfason（2001）等人通过建立相关的人力资本模型进行了论证。结果显示，资源繁荣会弱化教育等人力资本方面投资的动力，进而导致无法实现显著的技术进步④。Anne W. Walker（2013）指出，资源禀赋状况与教育投资呈显著的反比关系。资源充裕的地区用于教育方面的经费支出较少，进而影响到该地区人力资本的发展以及经济增长速度⑤。Dawud Ansari（2016）的分析表明，劳动者移民能够将“资源诅咒”症状传递给其他经济体，这使得他们也更容易受到未来“资源诅咒”触发的影响，增加国家的政治不稳定性⑥。

20 世纪 70 年代以后，由于一些资源型地区开始面临自然资源日趋枯竭的困境，国外学者的研究开始关注资源地区产业结构优化问题。根据方式不同，产业具体转型可分为两类⑦：第一类，产业延伸模式。以资源开采为基础，将产业链延展至下游加工业，最终形成一个包含自然资源开采、深度加工的产业集群。例如，NIU W. Y.（1996）指出，美国休斯敦的石油企业通过纵向延伸资源产业价值链，由一座典型的石油开采城市演变为一座石油研发城市，并成功带动了物流、机械、钢铁等相关产业的发展，实现了产业结构由单一化向多元化的转变⑧。第二类，产业替代模式。利用资源开采所积累的资金、技术等要素，建立

---

① 曾传晖，资源与经济关系及资源型经济转型的理论研究综述［J］，职教论坛，2012，（22）：82－86.

② Torvik. R，Natural Resources，Rent Seeking and Welfare［J］，Journal of Development Economics，2002，67（2）：455－470.

③ Sala－I－Martin. X，and Subramanian. A，Addressing the natural resource curse：An illustration from Nigeria［J］，NBER Working Paper Series，2003，No，9804.

④ Matsuyama，K，Agricultural Productivity，Comparative Advantage and Economic Growth［J］，Journal of Economic Theory，1992，58（2）：317－334.

⑤ Anne W. Walker，Three Essays on Economic Growth and Natural Resources［D］，Morgantown，West Virginia，2013：1－15.

⑥ Dawud Ansari，Resource curse contagion in the case of Yemen［J］，Resources Policy，2016，（49）：444－454.

⑦ 徐周舟，国内外资源型城市产业转型升级的相关研究综述［J］，中国市场，2011，（41）：136－137.

⑧ NIU W. Y.，The Forecast of its Environmental Situation in the 21st Centuryo［J］，Journal of Environmental Management，1996，(47)：101－114.

一个基本脱离原有资源开采、加工产业的新产业集群。譬如英国伯明翰，原本是一座典型的煤炭城市，在资源枯竭之前便开启了向非资源型城市转型的历程，着力发展金融业、专业咨询、会展业和零售业等服务业，成功实现了产业的转型升级。法国洛林亦是如此，在煤炭和铁矿产业完全失去竞争力时，政府果断采取措施，于1966年成立了"洛林工业促进与发展协会"和"土地整治与地区行动领导办公室"，首先关闭了煤矿、铁矿、炼钢厂等资源消耗量大且会带来严重环境污染的企业，接着采取了一系列政策措施促进替代产业顺利发展，加之法国政府和欧盟为产业转移提供大量的资金支持，洛林的汽车、电子和塑料加工业逐步取代传统的煤炭和铁矿开采业，成为新的支柱产业[①]。Peng Kuai 等人（2015）通过构建一个系统动力学模型（SD 模型）来评估不同产业转型的规划方案，结果将有助于从更广泛的角度为决策者改造工业体系提供理论依据[②]。

1.2.1.2 国内关于资源型地区产业结构优化研究的述评

产业结构优化是资源型地区转型发展的关键所在，我国学者在资源型地区产业结构调整模式方面进行了大量研究，并取得了丰富的成果。沈镭、程静（1998）把资源型经济产业结构的转换总结为优势替代、优势再造、优势互补、优势延伸和优势挖潜共5种模式[③]。刘云刚（2000）认为，资源型地区产业结构转型的关键在于改变传统经济运行体制、机制模式，营造有利于产业结构调整的环境[④]。张米尔、武春友（2001）指出，对应于资源开发的不同阶段，资源型地区的产业政策也应有所不同，而非千篇一律。张米尔还将资源枯竭型地区产业优化分为3种模式：一是将原有主导产业延伸；二是寻找新的主导产业；三是将原有主导产业与新兴主导产业结合的优化模式[⑤]。叶蔓（2010）认为，资源型地区经济优化要依靠新兴产业的植入，并构建了主导产业选择的指标体系，采用因子分析法为资源型地区选择新兴主导产业、彻底改变对资源的依赖提供可供操作的手段[⑥]。祁泉淞（2010）也明确提出资源型地区要通过引入新兴产业和培育其他

---

① TODD D., North-South Energy Resource Transfers in German and the Port Intermediary [J], Applied Geography, 1997 (3): 45-47.

② Peng Kuai, An Application of System Dynamics for Evaluating Planning Alternatives to Guide A Green Industrial Transformation in A Resource-based City [J], Journal of Cleaner Production, 2015, (104): 403-412.

③ 沈镭、程静，论矿业城市经济发展中的优势转换战略［J］，1998，(6)：5-10。

④ 刘云刚，大庆市资源型产业结构转型对策研究［J］，经济地理，2000，(5)：26-29。

⑤ 张米尔、武春友，资源型城市产业转型障碍与对策研究［J］，经济理论与经济管理，2001，(2)：35-38。

⑥ 叶蔓，基于因子分析的资源型城市主导产业选择研究［J］，中国人口·资源与环境，2011，(12)：343-346。

替代产业来打破对资源产业高度的依赖。引入新兴产业是一种外生型的优化方式，培育其他替代产业则是一种内生型优化方式①。李玲娥、周荣飞（2012）在总结澳大利亚、美国、北欧等发达国家资源型经济转型经验的基础上认为，我国资源型地区产业发展应重视市场的作用，充分调动不同利益主体的能动性，尽量避免政府的直接干预②。孙永平、叶初升（2012）通过 Panel Data 模型进行实证分析发现，引发“资源诅咒”现象的是资源依赖度，而非资源丰裕度，资源依赖度的增加会阻碍产业结构多元化和高度化发展，使产业结构扭曲。因此，建立合理机制实现资源收益的正确配置是阻断“资源诅咒”的有效途径③。高辉清（2014）认为，资源型城市产业结构优化应以摆脱经济发展对自然资源的高度依赖为目标。因此，在产业结构优化的两种基本模式中，产业延伸模式只是一个中间的过渡模式，产业更新模式才是最终的解决方案④。高福平（2014）以吉林松原市为例证进行分析，表明资源型地区要通过推动产业多元化发展解决产业结构不合理的问题；通过延长产业链和培育新型产业来促进产业结构高级化发展⑤。白云朴、李辉（2015）提出要从注重生态环境保护、加强科技投入和人力资本投入三方面带动资源型地区产业结构优化，并制定了具体的实现路径，揭示了运行机制⑥。

正确选择新的主导产业，对资源型地区的产业结构优化具有重要意义，也是学者关注的重点。国内关于主导产业选择的研究始于 20 世纪 80 年代末期。主导产业选择的实质是利用综合评价的方法对各产业进行评估的过程。当前文献中用到的评价方法可分为模糊评价法、灰色关联法、层次分析法等主观评价法，以及主成分分析法、因子分析法、数据包络法等客观分析法。罗月丰（2005）基于灰色聚类的思想，采用主导产业优度的数学模型——定权聚类评估模型对辽宁省阜新市主导产业选择进行了实证分析⑦。刘爱文、郑登攀、赵璟（2010）建立了包含产业存在、产业发展、产业相关、可持续发展四个方面、两个层次的资源型城

① 祁泉淞，资源型城市经济转型的模式研究［J］，特区经济，2010（8）：238－239。

② 李玲娥、周荣飞，国外资源型经济可持续发展的做法及启示［J］，经济纵横，2012，（4）：93－95。

③ 孙永平、叶初升，自然资源丰裕与产业结构扭曲：影响机制与多维测度［J］，南京社会科学，2012，（6）：1－8。

④ 高辉清，产业延伸更新是资源城市转型的最佳模式［N］，上海证券报，2014－3－26（A03）。

⑤ 高福平，产业结构优化是资源型城市转型发展的突破口［J］，社会科学战线，2014，（11）：57－61。

⑥ 白云朴、李辉，资源型产业结构优化升级影响因素及其实现路径［J］，科技管理研究，2015，（12）：116－122。

⑦ 罗月丰，基于灰色系统理论的资源型城市主导产业选择［J］，资源·产业，2005，（6）：109－112。

市主导产业选择评价体系，采用 BP 逻辑模糊神经网络对主导产业进行测评，并以陕西省榆林市为例，确定了该资源型城市的主导产业①。王树林、梁莎（2010）则从产业发展潜力、产业关联、区域产业比较优势等 6 个方面构建了资源型城市主导产业选择的指标评价体系，采用因子分析模型对主导产业选择进行了分析，并以大庆市为例进行了实证研究②。李友俊、刘鸿霄、邵强（2012）考虑了影响主导产业选择的区域比较优势、资源优势、竞争优势、产业优势、可持续发展 5 个方面，构建了资源型城市主导产业选择的评价指标体系，并使用基于关联度的灰色综合评价法，对典型资源型城市大庆市主导产业进行实例分析，为其主导产业选择提供依据③。王红梅、孟影（2014）以河北省唐山市为例，采用熵权法计算评价指标权重，并对唐山市产业进行了评价和选择④。

21 世纪以来，我国很多资源型地区面临资源枯竭的困境，逐渐步入产业转型期，如何衡量产业结构的转型效果成为许多学者探讨和研究的问题。朱洪瑞等学者（2008）提出使用产业转型度这一指数来判定资源型城市产业发展所处的阶段和产业转型的必要程度，并从资源、环境、经济、人口四方面、三层次设计了产业转型度评级指标体系，共涵盖 33 项具体评价指标。测算产业转型度指数值，能够对资源型城市产业发展状况做出客观、合理的评价，为进一步制定产业政策提供理论依据⑤。张团结等学者（2008）以新兴替代产业与传统资源型产业之间的契合度作为衡量资源型城市产业转型效果指标，通过模型具体构建了产业契合度评价体系，为判断资源型城市产业转型发展效果，进而提出针对性的政策建议打下理论基础⑥。徐君（2011）在考虑资源型城市特点的基础上设计了包括产业

---

① 刘爱文，郑登攀，赵璟，基于 BP 逻辑模糊神经网络的资源型城市主导产业选择研究——以陕西省榆林市为例［J］，科技管理研究，2010，（6）：153 - 156。

② 王树林、梁莎，基于因子分析的资源型城市主导产业选择研究［J］，哈尔滨工业大学学报（社会科学版），2010，（7）：88 - 93。

③ 李友俊、刘鸿霄、邵强，基于灰色综合评价的资源型城市主导产业选择研究［J］，价值工程，2012，（20）：187 - 189。

④ 王红梅、孟影，资源型重工业城市主导产业选择研究——以河北省唐山市为例，河北经贸大学学报［J］，2014，（3）：89 - 92。

⑤ 朱洪瑞、刘家顺、邱利，资源型城市产业转型度的评价及案例，河北理工大学学报（社会科学版）［J］，2008，（2）：58 - 64。

⑥ 张团结、王志宏、从少平，基于产业契合度的资源型城市产业转型效果评价模型研究［J］，资源与产业，2008，（1）：1 - 3。

增长潜力、产业关联度、产业经济效益等在内的资源型地区产业结构优化评价体系[①]。陶晓燕（2013）构建资源型城市产业优化能力评价指标体系，并运用主成分分析法对河南省5个地级市，即平顶山、焦作、鹤壁、濮阳、三门峡市的产业优化能力进行了评价[②]。李荣华、惠树鹏（2014）以资源型城市转型为出发点，构建了经济、社会和环境三大系统18个具体指标体系，采用主成分分析和因子分析方法，对国家首批资源枯竭型城市进行产业转型效果评价[③]。孙浩进（2014）选取了11个有代表性的资源型城市、16个反映产业转型效果的指标，通过因子分析、聚类分析等手段对11个资源型城市的转型效果进行了统计分析，从中发掘资源型城市产业转型的瓶颈，并提出包容性和差异化两种转型路径[④]。唐红祥、胡德期（2015）利用产业转型系数对桂西资源富集区产业转型程度进行度量，其中产业转型系数属于空间向量测定法，将n个部门产业所构成的n维向量在两个时期间的夹角作为反映产业转型程度的指标[⑤]。冯亚娟等（2018）以陕西省为例，运用DEA模型测算了影响资源型地区产业结构转型效率的影响因素，结果表明，技术进步的贡献率最高[⑥]。

作为典型的资源型地区，山西省产业结构的优化问题也引起学者的广泛关注。方仲平等（1986）采用收入乘数分析法，对山西省劳动力的分布以及各个部门收益进行了测算。结果表明，山西省大多数经济部门属于劳动密集型、投资效益低、对外经济技术联系少的类型，需要尽快加以优化[⑦]。梁中堂（1999）首先明确了产业结构调整的原则，即追求经济效益；在此基础上指出山西省产业结构优化的根本出路在于市场化改革，通过引入先进技术、发展非国有经济、把教育事业当作一种产业来抓等措施优化产业结构[⑧]。郭春明，申亚楠（2003）详细总结了山西省产业结构存在的九大问题，包括结构性效益低下、农业发展薄弱、能

---

① 徐君，资源型城市产业转型评价指标体系研究，会计之友［J］，2011，（14）：36－37。

② 陶晓燕，基于主成分分析的资源型城市产业转型能力评价［J］，资源与产业，2013，（2）：1－5。

③ 李荣华、惠树鹏，资源型城市产业转型效果评价——以国家首批资源枯竭型城市为例［J］，生产力研究，2014，（11）：61－63。

④ 孙浩进，我国资源型城市产业转型的效果、瓶颈与路径创新［J］，我国资源型城市产业转型的效果、瓶颈与路径创新，经济管理，2014，（10）：34－43。

⑤ 唐红祥、胡德期，桂西资源富集区产业转型度量与评价［J］，经济参考研究，2015，（11）：77－81。

⑥ 冯亚娟、钟永涛、祁乔，资源型地区产业转型效率研究——以陕西省为例［J］，广州大学学报（社会科学版），2018（8）：57－64。

⑦ 方仲平、阎心艾、张春雷，从收入乘数分析看山西产业结构［J］，经济问题，1986，（7）：17－21。

⑧ 梁中堂，关于优化山西产业结构的几个问题［J］，经济问题，1999，（12）：47－51。

源产业的支柱地位过于突出、第三产业发展缓慢、对生态环境破坏严重等[①]。刘晔（2005）指出山西省要解决产业不合理、工业发展过分依赖能源、高科技产业发展落后等问题，必须通过发展接续产业、拉长产业链（“小转型”）和发展替代产业（“大转型”）并举的“循序渐转”的方式来实现[②]。李红卫（2009）通过比较研究山西省与德国鲁尔区在产业结构调整模式和制度安排上的异同，明确了山西省产业结构优化的路径[③]。刘波（2010）认为确保国家能源安全，应是山西省产业结构优化的政策取向之一。因此，加强传统产业新型化、可持续发展和促进可再生能源的发展，是山西省产业结构优化的重点[④]。牛冲槐等（2011）提出以自组织能力作为山西省产业结构合理化的评判基准，重新确定了山西省的主导产业，即煤层气产业、食品工业和网络产业，在此基础上阐明了国家资源型经济转型综合配套改革试验区（转型综改区）的背景下山西省产业结构合理化的调整重点[⑤]。李玲娥（2011）指出，山西省要走出资源衰竭的困境，必须建设具有山西特色的现代产业体系，包括提升传统产业的集中度和现代化水平、培育新型产业、加快发展服务业以及推进农业产业化等[⑥]。蔡飞（2014）认为山西省产业结构失衡的主要原因是市场调节机制失灵和政府引导失策，因此优化产业结构关键要激活市场调配的力量，充分发挥政府的引导作用[⑦]。刘晓辉（2014）提出应从产业结构合理化和高度化两方面提升山西省产业结构[⑧]。冯江茹、范新英（2015）构建了产业结构合理化和高度化的衡量指标，并以山西省为例进行了测度。结果发现，山西省产业结构合理度不高、波动较大，且对经济增长促进作用较小；而产业结构高度化提升效果显著，但对经济增长的推动作用并不明显[⑨]。

---

① 郭春明、申亚楠，山西产业结构存在的主要问题分析［J］，山西高等学校社会科学学报，2003，（5）：93－96。

② 刘晔，建设“新型能源和工业基地”——山西在“中部崛起”中实现资源型经济转型的理性选择［J］，中共太原市委党校学报，2005，（5）：23－25。

③ 李红卫，资源型区域的产业结构优化：山西省与德国鲁尔区的比较研究［J］，经济社会体制比较，2009，（3）：150－154。

④ 刘波，国家“能源安全”与山西产业结构优化［J］，中国能源，2010，（6）：12－14。

⑤ 牛冲槐、赵秀花、樊燕萍，转型综改区下的山西产业结构合理化研究［J］，2011，（11）：32－35。

⑥ 李玲娥，略论资源型城市转型及可持续发展的路径——以山西为例［J］，2011，（12）：45－47。

⑦ 蔡飞，产业结构失衡与优化的市场机制研究——山西产业结构优化的再思考［J］，技术经济与管理研究，2014，（3）：90－96。

⑧ 刘晓辉、吕佳文浅析转型发展背景下山西产业结构优化问题及对策［J］，山西高等学校社会科学学报，2014，（10）：22－25。

⑨ 冯江茹、范新英，资源型地区产业结构优化测度及对经济增长的影响——以山西省为例［J］，中国科技论坛，2015，（9）：92－96。

1.2.1.3 国内外关于资源型地区产业结构优化研究评价

总结梳理以往文献可知，虽然国内外对资源型地区产业结构优化的研究已经较为全面，但资源型地区的可持续发展仍然是一个世界性的难题，值得国内外学者深入研究。对于资源型地区的已有研究大多是以封闭条件为前提进行的，鲜有文献用国际产业转移的视角来研究国际贸易、国际外包、外商直接投资（FDI）对于资源型地区产业结构优化的影响。研究方法也主要以描述性统计分析、实证研究较为常见，理论性的研究寥寥可数。对资源型地区的理论研究无法满足当前资源型地区经济转型和产业结构优化的实践需要。

1.2.2 国际产业转移影响产业结构优化研究述评

回顾历史，国际产业转移不仅是世界上发达国家优化产业结构、实现全球战略的重要举措，也是促进发展中国家经济增长、优化产业结构、增强综合竞争力的重要手段。伴随着经济全球化和区域经济一体化进程的加快，新一轮国际产业转移正在加速进行。与此同时，国内外经济学家对该领域的研究也越来越深入、成果越来越丰富。

关于国际产业转移对产业结构影响的研究国外学者起步较早，主要从理论方面展开，而后为了更加清晰地说明两者的关系，愈来愈多的学者开始用实证的方法进行研究。

1.2.2.1 国际产业转移影响产业结构优化理论研究述评

在马克思生活的时代，尽管对外直接投资已经出现，但还不是一个普遍的现象。马克思虽然没有专门论述国际产业转移问题，但在马克思的著作中多处存有产业转移的思想和观点。他认为，国际产业转移的前提是国际分工和世界市场的形成；国家之间以及地区之间存在着显著的地域分工差异，产业必然会向具有比较优势的地区转移①；而伴随着资本的流动，劳动工人也会相应地在生产部门之间进行移动，最终导致社会内部分工发生根本性变革，隐含着产业结构会随之改变的思想。最早明确提出国际产业转移理论的是日本发展经济学家赤松要（1935）。他在《我国羊毛工业品的趋势》一文中勾勒出一幅以日本为“领头雁”的东亚地区国际分工体系的雁行图景。他主要解释了发展中国家如何通过引进发达国家的成熟产业来发展本国产业，而对发达国家产业发展过程等问题解释力度

---

① 韩艳红，马克思的国际产业转移理论及其当代价值［J］，当代经济研究，2012，(10)：23-27。

较小。美国经济学家弗农（R. Vernon）于1966年提出了产品生命周期理论。该理论详细阐述了在一个完整的产品生命周期里，最发达国家（美国）通过国际贸易将本国落后产业转移至其他发达国家（日本、德国等），最终转移至发展中国家（中国、印度等）的过程。发展中国家则通过国际贸易承接到了与本国技术水平相比较为先进的产业①。日本学者小岛清（1978）将新古典经济学原理引入国际产业转移的理论分析，提出“小岛清模式”。该理论主要揭示了发展中国家对外投资的动因和特点，主张中小企业在制造业投资方面，相比大型跨国企业更容易与当地生产要素相匹配、占领当地市场，因而更具优势。该理论表明在对外投资过程中应从本国的边际产业②开始、依次进行，因此也被称为边际产业扩张理论③。美国经济学家阿瑟·刘易斯（1977）主要揭示了发达国家20世纪60年代将部分劳动密集型产业转移至发展中国家的原因。他认为这是发达国家人口自然增长率下降导致普通劳动力缺乏、成本上升，从而丧失了对部分劳动密集型产业的比较优势引发的国际产业转移④。美国的另一著名经济学家刘易斯·威尔斯于1977年在《发展中国家企业的国际化》一文中提出“小规模技术理论”，为经济落后国家对外产业转移提供了理论依据。威尔斯认为，发展中国家企业的比较优势主要表现在拥有为小市场需求服务的技术优势、民族产品优势以及价格优势等3个方面⑤。该理论是研究发展中国家跨国公司对外投资理论的代表性成果，但很难解释发展中国家高新技术企业的对外投资行为，也无法有力解释发展中国家对发达国家的直接投资日趋增长的现象。

1.2.2.2 国际产业转移影响产业结构优化实证研究述评

当代学者关于国际产业转移对承接国产业结构影响的研究偏重于实证研究，主要从两个方面展开。

一是国际产业转移与一国或地区产业结构的关系研究述评。从现有研究来看，国际产业转移对承接地产业结构的影响有正面效应，也有负面效应。Caves（1974）以澳大利亚和加拿大的制造业数据为例，通过实证分析发现两国的劳动生产率、企业利润率与利用外资规模显著正相关，由此判定外商直接投资促进了

---

① 许崴、魏攀，国内外产业转移相关理论研究综述［J］，哈尔滨金融学院学报，2011，（8）：64－67。

② 边际产业指一国或地区已经处于或即将处于比较劣势的产业。

③ 小岛清（日），对外贸易论［M］，天津：南开大学出版社，1991，56－58。

④ 阿瑟·刘易斯（美），国际经济秩序的演变［M］，北京：商务印书馆，1984，32－36。

⑤ 刘易斯·威尔斯，第三世界跨国公司（中译本）［M］，上海：上海翻译出版公司，1986，65－121。

两国的产业结构升级[①]。Das（1987）则证明，跨国公司在东道国投资早期会导致一定的市场垄断，但长远来看能起到促进东道国产业结构优化的作用[②]。王子先（1999）总结了改革开放前后我国进出口商品结构的变化，研究表明，外商直接投资、加工贸易、后发优势是我国贸易结构和产业结构优化的主要因素[③]。宋群（2005）的研究也表明，外商直接投资会带动我国产业结构优化，特别是带来重化工业的快速发展[④]。Feenstra（2008）的研究结果表明，跨国公司通常把一些技术含量较低的非核心业务外包给发展中国家，在使得本国产业结构升级的同时，还可以有效促进承接国家的产业结构优化[⑤]。范文祥（2010）主要通过多元回归方法研究发现，国际产业转移对我国产业结构升级的影响具有阶段性特征，并且证明我国在承接技术水平较高的国际产业转移方面存在障碍[⑥]。张琴（2012）则通过实证检验发现，我国利用外商直接投资总额与第二、三产业在国民经济中的比重成正比[⑦]。Timothy Uy 等人（2013）通过模型研究了国际贸易如何通过提高技术水平、消费结构提升产业结构，并以韩国作为例证进行了实证检验[⑧]。刘丹（2013）综合运用模型分析法和投入—产出法，测算出国际产业转移对我国三次产业结构优化的效果，结果显示外商直接投资对第二产业发展的贡献度最大，对第一产业最小[⑨]。徐春华、吴易风（2015）在运用马克思经济学和西方经济学对国际产业转移动因、转移方式等分析的基础上，对我国产业发展提出了针对性意见[⑩]。R. Hule，H. Stocker（2014）通过使用 Davidson-MacKinnon J. 测

---

① Caves. R. E，Multinational firms，Competition and Productivity in Host Country Markets［J］，Economica，1974，(41)：176 – 193.

② Das，Externalities and Technology Transfer through Multinational Corporations：A Theoretical Analysis［J］，Journal of International Economics，1987，(1)：171 – 182.

③ 王子先，改革开放以来我国外贸结构的优化产业升级［J］，国际贸易问题，1999，(3)：1 – 6。

④ 宋群，“十一五”时期统筹我国产业结构升级与国际产业转移的建议［J］，经济研究参考，2005，(52)：1 – 17。

⑤ Feenstra，Robert C.，Offshoring in the Global Economy［R］，Ohlin Lectures，Presented at the Stockholm School of Economics，2008，(9).

⑥ 范文祥，国际产业转移对我国产业结构升级的阶段性影响分析［J］，经济地理，2010，(4)：619 – 623。

⑦ 张琴，国际产业转移对我国产业结构的影响研究——基于 1983—2007 年外商直接投资的实证分析［J］，国际贸易问题，2012，(4)：137 – 144。

⑧ Timothy Uy，Kei-MuYi，Jing Zhang，Structural Change in an Open Economy［J］，Journal of Monetary Economics，2013，(6)：667 – 682.

⑨ 刘丹，国际产业转移对中国产业结构升级的影响度与承接模式研究［J］，现代产业经济，2013，(6)：56 – 63。

⑩ 徐春华、吴易风，国际产业转移理论：马克思经济学与西方经济学的比较［J］，经济学动态，2015，(5)：67 – 77。

试发现，外国直接投资对产业结构升级具有滞后效应①。

关于国际产业转移对东道国产业结构影响的负面效应，胡红梅（2006）指出，国际产业转移将对我国主导产业体系发展构成更大的威胁，同时可能加大对我国产业自主开发技术体系的进一步挤压和控制，并在我国部分行业形成一定的行业垄断，抑制了国内产业竞争力②。吕政、杨丹辉（2006）认为，由于跨国公司产业转移在一定程度上加剧了我国产业结构调整的路径偏差、外部依赖以及我国对外贸易的低水平扩张，同时外商投资企业技术转让水平偏低等原因，国际产业转移会抑制国内产业竞争力和市场份额的提高③。陈勇（2007）的研究结果表明，FDI对国内产业和内资的挤出效应明显，使产业整体技术层级和自主研发能力间势差扩大④。

二是国际产业转移影响产业结构变动的传导机制研究述评。按照具体转移的路径划分，国际产业主要通过以下3种方式进行转移：国际贸易、国际外包和以国际直接投资完成的产业转移。因此，本书分别梳理现有文献基于3条路径的产业结构传导机制。

第一，基于国际贸易路径的产业结构优化传导机制。Crossman和Helpman（1991）的研究认为，出口方通过国际贸易得以从国外消费者处获得许多关于产品设计和产品质量的信息，有利于其技术改进，推动产业结构优化升级⑤。Coe和Helpman（1995）最早通过实证分析得出进口贸易的两种技术溢出效应：进口种类效应和进口数量效应⑥。毛其淋（2010）利用我国1998—2007年的省际面板数据，采用动态面板广义矩估计的计量方法进行实证分析，研究结果表明，进口贸易在一定程度上促进了我国技术创新能力的提升⑦。陈明森（2012）指出，首先，国际贸易直接促进了进出口部门的快速增长，尤其使出口部门的增长速度

① R. Hule, H. Stocker, Economic Consequences of Hysteresis Effects in FDI [J], Institute of Economic Theory, Economic Pdicy and Economic History, 2014.

② 胡红梅，国际产业转移与我国产业结构优化 [J]，探索，2006 (1)：77-80。

③ 吕政、杨丹辉，国际产业转移的趋势和对策 [J]，经济与管理研究，2006 (4)：9-15。

④ 陈勇，FDI路径下的国际产业转移与中国的产业承接 [M]，辽宁：东北财经大学出版社，2007：136-138。

⑤ Crossman G., Helpman E., Innovation and Growth in the Wold Economy [M], Cabridge MA: MIT Press, 1991.

⑥ Coe D., Helpman E., International R&D Spillovers [J], European Economic Review, 1995, (39): 859-887.

⑦ 毛其淋，进口贸易对我国技术创新能力提升的影响效应——基于动态面板数据GMM方法的经验分析 [J]，财经科学，2010，(4)：94-51。

快于非出口部门，直接带来了产业结构的优化；其次，国际贸易带来技术溢出效应，将带动相关产业发展，推动产业结构升级[①]。王菲（2012）实证研究了中国1994—2010年间出口贸易结构影响产业结构的机制，发现出口部门的技术溢出效应会对非贸易部门产生正效应，进而促进中国产业结构的升级[②]。洪金晖、彭耀桃（2013）通过研究发现，福建省出口贸易结构和产业结构之间存在长期协整关系，但前者对后者的影响存在滞后效应[③]。

第二，基于国际外包路径的产业结构优化传导机制。20世纪90年代以来，承接国际外包订单是发展中国家承接国际产业转移的主要模式。国内外研究成果中，专门针对国际服务外包对产业结构的影响研究并不多。Amighini（2005）对中国ICT产业的分析表明，虽然该类产业在参与国际分工时从低端起步，但技术扩散效应最终对整个产业结构升级产生了积极影响[④]。戴宏伟（2007）指出，当今服务业国际转移已成为国际产业转移的主流，发展中国家应把握历史机遇，通过积极承接国际服务外包优化本国产业结构[⑤]。陆聪哲等（2009）的研究发现，承接国际服务外包可以提高承接国人力资本素质和科学技术水平，为本土产业结构由劳动密集型向知识密集型的转变奠定坚实基础[⑥]。姚志毅（2012）运用Antras的不完全契约下产品生命周期模型，分析国际外包下产业结构升级的机制，揭示了发展中国家通过承接发达国家中间产品生产，进而模仿、创新来提升本国产业结构的作用机制[⑦]。

第三，基于FDI路径的产业结构优化传导机制。FDI对承接国的结构优化传导效应，主要通过技术溢出效应、产业关联效应和市场竞争效应等途径实现。其中，关于FDI的技术溢出效应对承接国产业结构升级的影响是学术界的研究热点

---

① 陈明森，国际产业转移的结构传导与区域互动——基于中国承接国际产业转移的实证分析［M］，北京：社会科学文献出版社，2012，22。

② 王菲，中国出口贸易结构影响产业结构的机制——基于贸易内生技术进步经济增长模型的实证研究［J］，华东经济管理，2012，（3）：83－87。

③ 洪金晖、彭耀桃，福建省出口贸易结构和产业结构联动性分析［J］，福州党校学报，2013，（4）：45－50。

④ Amighini，China in the International Fragmentation of Production：Evidence From the ICT Industry［J］，The European Journal of Coparative Economics，2005，（2）：203－219.

⑤ 戴宏伟，国际产业转移的新趋势及对我国的启示［J］，国际贸易，2007，（2）：45－49。

⑥ 陆聪哲、郭敬、梁浩，人力资本视角下承接服务外包对产业结构的影响［J］，财会通讯，2009，（35）：34－35。

⑦ 姚志毅，基于国际外包视角的产业结构升级机制和途径［J］，湖南财政经济学院学报，2012，（2）：57－61。

之一。Caves（1974）对FDI的水平溢出（产业内溢出）做了计量分析①，Kugler（2000）对FDI的垂直溢出（产业间溢出）做了计量分析②。Aitken和Harrison（1999）以委内瑞拉制造业为例证进行实证研究。结果表明，跨国公司的进入降低了东道国企业的技术水平③。Fosfori等人（2001）认为FDI存在溢出效应，并将溢出效应总结为技术溢出和资本溢出两大类④。Nigel（2004）发现外资企业主要通过生产力和技术外溢效应影响国内产业结构的发展，对外资企业的投资回报率总体要高于本土企业⑤。然而，也有学者通过计量分析得出了不一样的结果。王飞（2003）采用索洛增长速度方程和回归分析的方法，得出了FDI溢出效应对我国工业技术进步影响并不明显的结果⑥。张海洋（2005）用行业数据直接分析FDI对中国工业部门高科技行业研发的影响。研究表明，由于本土企业技术水平与外资企业差距较大，FDI并没有带来技术溢出，反而产生了逆向技术扩散⑦。王昕（2019）利用VAR模型实证分析后发现，由于FDI投资结构不合理，其对产业结构优化作用有限，甚至会产生负向效果⑧。

除了技术溢出效应之外，学者还关注了FDI结构传导效应的产业关联效应。Eva（2006）以捷克为例证研究发现，FDI的产业关联效应可以促进东道国产业结构的优化⑨。Rodriguez-Clare（1999）的研究也得出了相似的结论，外商直接投资在最终产品生产过程中投入种类繁多的中间产品，会带动前向和后向相关产业技术进步和发展，最终引发整个产业结构的优化升级⑩。文东伟等

---

① Caves R. E.，Multinational firms，Competition and Productivity in Host Country Markets［J］，Economica，1974，4（41）：176－193.

② Kugler M.，The Diffusion of Externalities from Foreign Direct Investment：Theory ahead of Measurement［J］，Discussion Papers，2000，（1）：1－32.

③ Aitken B.，A. Harrison，Do domestic Firms Benefi from Foreign Investment? Evidence from Venezuela［J］，American Economic Review，1999（89）：605－618.

④ Fosfori A.，M. Motta and T. Ronde，FDI and Spillovers through Workers Mobility［J］，Journal of International Economics，2001，（53）：205－222.

⑤ Nigel Driffield，Regional Policy and spillovers from FDI in the UK［J］，Regional Science，2004，（38）：579－594.

⑥ 王飞，外商直接投资促进了国内工业企业技术进步吗？［J］，世界经济研究，2003，（4）：39－44。

⑦ 张海洋，中国工业部门R&D吸收能力与外资技术扩散［J］，管理世界，2005，（6）：82－88。

⑧ 王昕，自贸试验区背景下外商直接投资产业结构优化效应研究——以珠三角为例［J］，湖北社会科学，2018，（12）：75－82。

⑨ Eva K，Sectoral linkages of foreign direct investment firms to the Czech Economy［J］，Research in International Business and Finance，2006，19（2）：251－261.

⑩ Rodriguez-Clare & Andres，Multinationals，Linkages and Economic Development［J］，American Economic Review，1996，88（5）：1290－1310.

（2009）的实证分析表明，FDI 的产业关联效应会对承接国的产业结构发展带来积极效应[①]。

FDI 对东道国企业的竞争效应也会影响其产业发展。Aitken 等（1999）提出了市场窃取（market stealing）的概念，认为外资企业通过引入新的差异化产品或工艺创新降低自身产品价格，这将导致东道国企业生产的产品丧失优势，从而大幅度提升在东道国的市场份额[②]。蒋殿春等（2005）运用面板数据模型分析了 FDI 对中国高科技产业内企业技术创新能力的影响，发现外商的进入会通过培训和人员流动效应产生积极影响，但由此带来的竞争效应将吞噬东道国的市场空间，打击本土企业的创新积极性[③]。Salvador Barrios 等（2005）通过建立三部门的开放模型研究发现，FDI 的竞争效应呈现出先负面后正面的"U 型"曲线效应[④]。

1.2.2.3 国际产业转移影响资源型地区产业结构优化研究评价

通过对国际产业转移相关理论和实证研究的梳理，会发现这些研究成果都极为深刻，为本书研究奠定了坚实的基础，提供了很好的借鉴。然而，目前针对国际产业转移效应的研究还是主要停留在某一具体的方式下，特别是外商直接投资是学者们研究的热点，而学者们对于国际外包路径下的国际产业转移及其影响研究较少，还没有形成系统的理论框架。较少文献将国际产业转移各种不同路径纳入一个理论框架进行研究，分析其对一国或一个地区的产业结构变动产生的影响。就研究对象而言，已有对国际产业转移的研究大多停留在国家层面，对于地区层面的探讨基本上以发达地区为主，鲜有学者以欠发达的资源型地区为例来研究国际产业转移的影响。此外，在研究国际产业转移对产业结构影响的传导机制时，大多数学者只是停留在路径研究上，较少探讨国际产业转移促进产业结构优化的制约因素，毕竟国际产业转移会影响产业结构的转变，但并不一定会引起产业结构优化。因此，研究特定区域国际产业转移促进产业结构升级的制约因素是很有必要的。

---

① 文东伟、冼国明，垂直 FDI、区位选择与工资差异［J］，南开经济研究，2009，（6）：54－75。

② Aitken B. J.，Harrison A. E.，Do Domestic Firms Benefit from Direct Foreign Investment? Ebidence from Venezuela［J］，American Economic Review，1999，（89）：605－618.

③ 蒋殿春、夏良科，外商直接投资对中国高技术产业技术创新作用的经验分析［J］，世界经济，2005，（8）：3－11。

④ Salvador Barrios，Holger Gorg，Eric Strobl，Foreign Direct Investment，Competition and Industrial Development in the Host Country［J］，European Economic Review，2005，（49）：1761－1784.

1.3 研究内容与研究方法

1.3.1 研究内容

针对现有文献分析的不足以及资源型地区产业结构优化所要解决的现实问题，本书主要从以下5个方面进行论述。

第一，资源型地区产业结构优化的理论分析。首先是相关概念的界定，主要对“资源型地区”“资源型经济”“产业结构”和“国际产业转移”这4个概念的内涵、特点进行阐述。其次，本书在总结资源型经济发展特点的基础上归纳、阐释了资源型地区产业结构优化的3个目标，即合理化、高度化和生态化。最后，文章对比分析了封闭条件和开放条件下产业结构的演进特点，初步得出承接国际产业转移将通过改变产业供给和市场需求两个方面，推动产业结构优化的结论，为后续的分析搭建理论框架。

第二，国际产业转移推动资源型地区产业结构优化的机理分析。首先，本书详细阐明了国际产业转移促进资源型地区产业结构优化的理论依据、内在关联机制和制约因素；其次，本书构建了国际产业转移的产业结构传导效应模型，将国际产业转移的3条路径融于一个理论分析框架，利用数理分析方法进一步论证、比较了国际贸易、国际外包与国际直接投资对承接地产业结构优化的促进效果，并按照转移项目的技术难度等级将承接国际产业转移分成3个阶段，为后续对山西省的实证分析奠定理论基础。

第三，国际产业转移促进资源型地区产业结构优化的实证分析。本书以典型的资源型地区山西省为例，回顾了其1985年以来承接国际产业转移的历程，并分阶段对国际产业转移推动山西省产业结构优化的效应进行描述性统计分析。为进一步的实证研究奠定现实基础。

第四，国际产业转移对资源型地区产业结构优化影响的实证检验。在选定代表国际产业转移3条路径和衡量产业结构优化的具体指标后，本书通过协整模型、误差修正模型等方法对山西省历年数据进行统计分析和实证检验，深度研究国际产业转移不同路径对山西省产业结构变动的影响和效果差别，通过实证结果找到山西省承接国际产业转移与产业结构优化之间的偏差，为资源型地区产业结构优化提出具体的思路、政策建议提供了现实依据。

第五，探讨国际产业转移视角下，资源型地区产业结构优化的具体策略。本书在上述理论分析、实证分析和实证检验的基础上，分别就如何利用国际产业转移，打破资源型地区经济发展路径依赖和要素锁定效应，实现产业结构的合理化，如何利用国际产业转移，破除资源型地区自然资源对技术、人才等要素挤出效应，有效推动产业结构高度化发展，以及如何利用国际产业转移，改变资源型地区粗放型的经济增长模式，促进产业结生态化发展，提出相应的调整思路、实现途径和政策安排。

1.3.2 研究方法

本书综合运用政治经济学、产业经济学、国际经济学、国际贸易学、新制度经济学、宏观经济学、系统动力学等学科理论进行详细论述，采用比较静态分析法、数理分析法、逻辑演绎法、基模分析法和计量统计分析法，对国际产业转移视角下我国资源型地区产业结构优化问题进行研究，具体方法如下：

（1）比较静态分析法。该方法主要用于外部条件发生变化后，新旧均衡状态的对比分析。本书分别勾勒出封闭条件下和开放条件下资源型地区产业结构的演进路径；运用比较静态分析法，说明国际产业转移可以突破在封闭条件下对资源型地区产业结构优化的限制。

（2）数理分析法。本书在现有研究的基础上重新构建了国际产业转移的产业结构传导效应三部门数理模型，进一步对国际产业转移 3 条路径的产业结构效应进行比较分析，并通过转移产业的技术水平，将承接国际产业转移划分成 3 个阶段。

（3）逻辑演绎法。国际产业转移路径依循的是比较优势原理，而地区比较优势会因国际产业转移等客观条件的变化呈动态演化的特点，并将进一步改变国际产业转移模式和地区产业结构。因此本书在阐述国际贸易、国际外包和外商直接投资，促进资源型地区产业结构优化的理论基础和内在关联机制时用到了逻辑演绎的方法。

（4）基模分析法。本书结合资源型经济发展特点，借用系统动力学中的基模分析法，分别总结了国际贸易、国际外包和外商直接投资对于资源型地区产业结构优化的制约因素。

（5）计量统计分析法。本书从产业结构合理化、高度化、生态化 3 个方面构建了衡量产业结构优化的指标体系，并以山西省的实际数据进行实证检验；同时构建了协整模型、误差修正模型，通过计量统计方法分别检验山西省承接国际产业转移对产业结构合理化、高度化和生态化的影响程度。

1.4 研究思路及结构安排

资源型地区经济发展过度依赖自然资源，造成当前产业结构单一、发展动力不足、社会问题突出、生态环境破坏严重等一系列顽疾，资源型地区经济转型升级迫在眉睫。产业结构优化是资源型地区可持续发展的关键所在，如何实现产业结构优化，进而实现经济稳定、可持续增长是本书研究的重点。资源型地区多位于我国的中西部内陆省份，经济开放程度不高，而构建开放经济发展模式更有利于实现资源型地区的技术进步和产业结构优化。本书研究的具体思路如下：

（1）提出问题：资源型地区发展除具有“一业独大”的特征外，还具有明显的路径依赖特性，封闭条件下自主转型动力不足构成资源型地区产业优化升级的惰性；在开放条件下，可以通过引入外来资本、技术、管理以及竞争推动资源型地区产业优化。这便引出本书所要讨论的主要问题：如何在新一轮国际产业转移背景下，加速资源型地区的产业结构优化。

（2）文献梳理：在回顾和评述国内外学者相关研究文献基础上，总结现有文献的不足之处，为本书的研究找到视角和方向。

（3）理论分析：首先，在介绍相关概念的基础上明确了资源型地区产业结构优化的目标；其次，分别构建了封闭条件下和开放条件下资源型地区产业结构演进路径，为后续分析搭建理论框架。

（4）机理分析：具体阐述国际产业转移三条路径促进资源型地区产业结构优化的理论基础、作用机制和制约因素，并通过构建国际产业转移的产业结构传导效应模型进行数理论证和比较分析，为本书分析奠定理论基础。

（5）实证分析：以典型资源型地区山西省为例，分阶段研究国际产业转移对于资源型地区产业结构优化的影响，为本书的分析提供现实依据。

（6）实证检验：通过计量模型验证理论分析的合理性，同时根据实证结果分析国际产业转移制约资源型地区产业结构优化的原因，为下文的政策分析提供依据。

（7）提出对策：借鉴理论和实证结果，对资源型地区如何抓住国际产业转移的新契机，实现产业结构合理化、高度化和生态化发展提出可能的发展路径和针对性的政策建议。

本书的技术路线如图 1.1 所示。

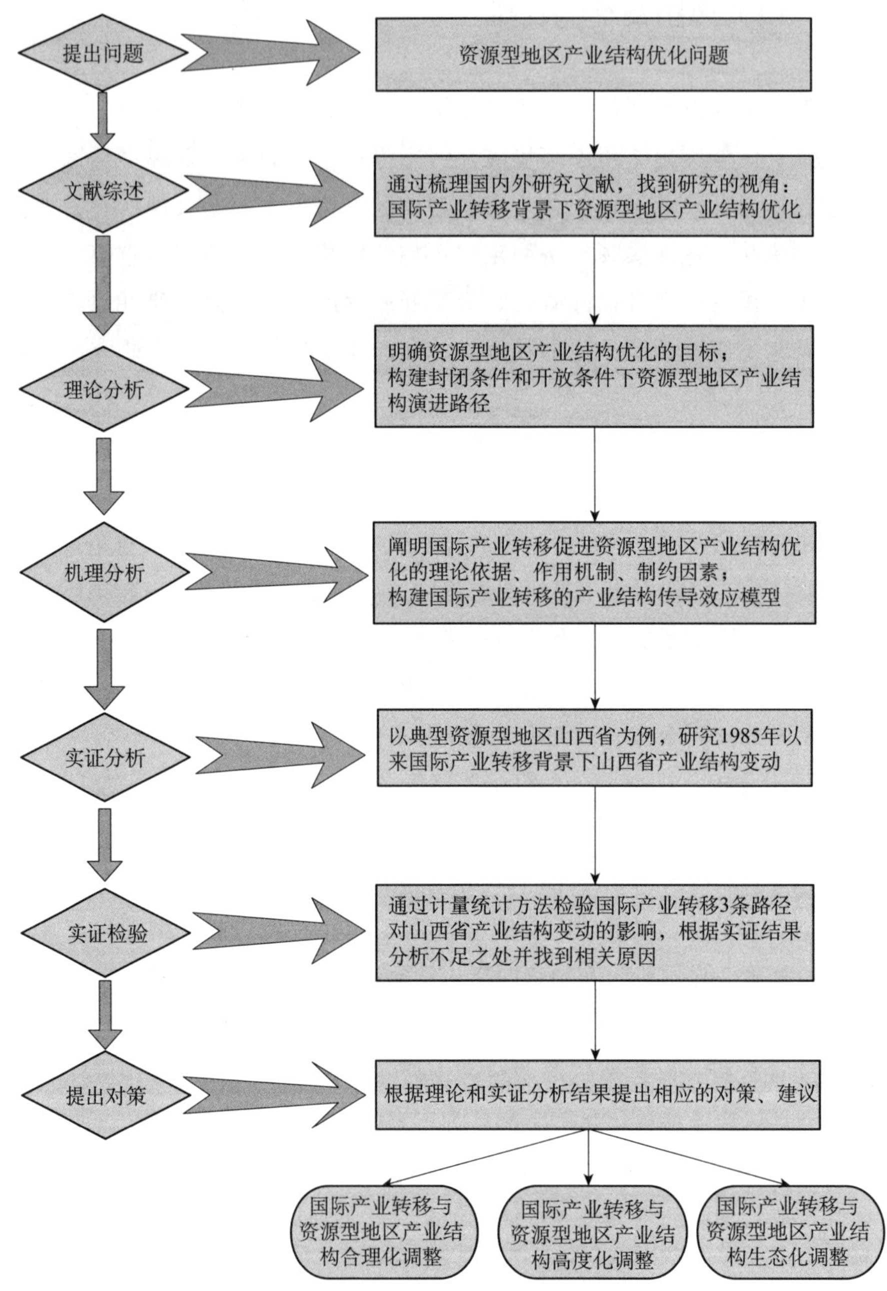

图 1.1　本书的框架与技术路线图

1.5 创新之处

首先，本书构建了国际产业转移的产业结构传导效应模型，将国际产业转移3条路径纳入一个理论分析框架进行综合分析。

针对目前国际产业转移效应的研究主要停留在某一具体的方式下，特别是外商直接投资是学者们研究的热点，而对于国际外包路径下的国际产业转移研究较少。本书在前人研究的基础上，将国际产业转移的3条路径整合于一个理论分析框架当中，比较分析其对资源型地区产业结构的影响，并依照转移产业的技术等级差异，将承接国际产业转移划分为3个阶段，即以国际贸易为主的初级阶段、以国际外包为主的中级阶段和以外商直接投资为主的高级阶段，进一步充实了国际产业转移的相关理论。

其次，本书以资源型地区为研究对象，研究承接国际产业转移对产业结构优化的影响。

目前国内学者对于承接国际产业转移的研究主要站在全国或者国内发达地区的角度，对于欠发达地区，特别是资源型地区承接国际产业转移研究较少。毕竟我国疆域辽阔，各地的资源禀赋、经济基础、政策环境不尽相同，对于全国的总体研究并不能涵盖各个地区的具体情况。本书以开放条件为出发点，将国际产业转移等多学科理论综合运用于资源型地区产业结构优化实践，试图探索承接国际产业转移对于资源型地区产业结构变动的影响，并勾勒出国际产业转移视角下，资源型地区产业结构优化的总体思路和具体策略。

最后，本书结合资源型地区自身特点，总结国际产业转移促进产业结构优化的制约因素。

目前在研究国际产业转移对产业结构影响的传导机制时，大多数学者只是停留在路径研究上，较少探讨国际产业转移促进产业结构优化的制约因素（仅有一些学者对FDI路径下的制约因素进行了分析），毕竟国际产业转移会影响产业结构的转变，但并不一定引起产业结构优化。只有结合资源型地区自身的特点，找到国际产业转移促进产业结构优化的制约因素，才能提出针对性的政策建议。本书应用系统动力学的基模分析方法，探明国际产业转移促进资源型地区产业结构合理化、高度化和生态化的制约因素，使相关理论研究更具有现实指导意义。

第2章　资源型地区产业结构优化理论分析

资源型地区与非资源型地区相比，产业结构有着鲜明的特征，在相对封闭条件下，要想实现产业结构的优化可谓困难重重。在新一轮国际产业转移背景下，利用国际贸易、国际外包和国际直接投资，促进我国资源型地区产业结构优化，对实现经济的稳定、可持续发展具有重要意义。本章对资源型地区、资源型经济、产业结构和国际产业转移的概念进行了界定。鉴于资源型地区产业结构的特殊性，本书提出了资源型地区产业结构优化目标，即合理化、高度化和生态化发展，在此基础上分别构建了封闭条件下和开放条件下资源型地区产业结构的演进路径，为后续分析打下坚实的理论基础。

2.1　相关概念界定

2.1.1　资源型地区

本书的主旨是研究国际产业转移视角下资源型地区产业结构的优化问题，因此有必要首先对资源型地区的概念进行界定。资源型地区以其丰富的资源储备和开采量而得名，目前相关文献中尚未有关于资源型地区的统一定义，早期学者多从定性角度来界定资源型地区，譬如有学者将其定义为“因自然资源的开采而兴起或发展壮大的地区”；有学者认为“主要依赖提供资源类产品发展经济的区域是资源型地区”。[1]本书认为资源型地区是指那些矿产、森林等自然资源储量丰富，在经济发展过程中以自然资源的开采、加工、销售为主导产业，且在国际分工或地区分工中，主要输出资源型产品或初级加工品的区域。

然而，仅从定性角度去确定资源型地区，主观因素较多，难以做到科学、准确，因此还需引入定量方法综合考虑。胡魁（2001）从矿业总产值、矿业产值占国内生产总值的比重、矿业从业人数3个方面提出了界定矿业城市的指标体系，并以 1999 年为基准，最终确定了 426 座矿业城市（镇）。[2]国家计委宏观经济研究院课题组（2002）在《我国资源型城市经济结构转型研究》报告中，从采掘业占工业总产值的比重、采掘业产值规模、采掘业从业人员规模及占全部从业人员比重等 4 个方面提出具体的衡量指标，并由此确立了 118 座资源型城市。[3]陈旭升（2003）首先建立了三级城市分类指标体系，接着应用概率神经网络方法，通过计算机编程对黑龙江省地级以上城市进行了分类，结果与实际情况相吻合。[4]不同于以往学者以城市职能作为界定资源型城市的依据，刘云刚（2006）从城市发生学分类的角度重新界定了资源型城市，共划分了五大类 63 个资源型城市，其中最集中的省份有黑龙江、辽宁、山西、河南等省。[5]肖劲松，李宏军（2009）主张将资源主导行业和服务部门在产值、就业、投资、税收诸方面占总量的比重作为资源型城市的判定准则，最终确定了 156 座资源型城市。[6]高天明（2010）利用聚类分析和正态分布的分析方法对 264 个地级市进行了分析，最终认定"满足采掘业从业人口百分比大于 10%，或矿业产值占 GDP 的比重大于 6% 的城市为资源型城市"。[7]国务院 2013 年出台的《全国资源型城市可持续发展规划（2013—2020 年）》分别对矿业城市和森工城市设置了不同的判定标准，在遵循定量界定为主、定性判别为辅的原则上，最终确定 262 个资源型城市（地区）。

此外，现有研究大多是基于市县级层面的，省域层面的界定标准较少。关于省域层面资源型地区的界定，蔡飞、金洪（2010）构建了由资源型产业地区生产总值区位熵、资源型产业劳动力区位熵，以及煤炭开采与选洗业指数 3 个指标组成的评价体系，并通过纳尔逊方法确定各指标的临界值。最终作者根据计算结果认定山西、黑龙江、陕西等 7 个省份为资源型地区。[8]伏虎（2015）借鉴"区位熵指数"的概念，采用定量方法设定了资源型产业产值、就业人口、资源余量等指标，以各指标均值的偏离幅度作为资源型地区判定标准，并依据比较优势产业将资源型地区进行了分类。通过计算认定，山西省是以煤炭产业为支柱产业的资源型地区。[9]通过对学者研究成果的梳理可以看出，无论用哪种方式加以论证，都可以得出山西省是典型的资源型地区的结论，故本书以山西省作为例证加以研究。

2.1.2 资源型经济

资源型经济是一种特殊的经济发展模式，具体而言，主要是指拥有丰富的煤炭、石油、天然气等能源产品或者铁、铜等矿产资源，并以对自然资源的开采、初级加工为主导产业发展经济的模式。通常而言，资源丰裕的国家和地区依照比较优势发展经济的结果，便会进入资源型经济发展阶段。相比一般经济而言，资源型经济通常具有以下显著特征：

2.1.2.1 经济增长对自然资源具有高度依赖性

首先，资源型地区经济与资源的可开采储量密切相关，在资源开采初期，资源禀赋丰富，本地区的经济水平随着资源的开采、销售呈现上升态势，原始资本迅速积累；但是自然资源具有可耗竭性、不可再生性，长期来看，随着资源的逐渐枯竭，资源型地区的经济发展水平也急剧回落，并伴有各种社会环境问题的出现。其次，自然资源特别是矿产品的价格波动性较强，直接导致资源型产业的兴衰，进而引致资源型地区经济的不稳定发展。当自然资源价格上涨时，资本、劳动力等生产要素出于逐利的目的向资源型产业集聚，推动资源型产业快速发展，进一步带动资源型地区经济的高速增长。当自然资源价格处于下行期时，由于资源型部门存在资产专用性强、沉淀成本高的特点，高昂的退出成本抑制了要素的合理流动，不仅造成资源型产业的衰退，还严重制约了当地经济可持续发展。因此，资源型地区经济往往呈现剧烈波动的特征。[10]

2.1.2.2 产业结构单一，以资源型产业为主

资源型地区长期以输出原材料、初级产品和输入资源型产业相关制成品的方式参与国际和区域分工，这种分工格局对于技术水平和人力资本的要求较低，而且资源型产业对于经济要素特殊的吸纳效应，以及资源依赖型经济增长方式所形成的锁定效应，使得资源型地区的产业结构单一、层次难以提升，人才、资本、技术等要素积累困难，并随着贸易条件不断恶化，贸易利益逐渐流失而形成产业结构低级化陷阱，[11]如图 2.1 所示。

首先，贸易条件恶化导致要素积累困难。在现实的生活当中，低价输出资源、高价买进工业制成品的贸易模式，使得资源型地区被牢牢锁定在弱势地位；随着技术的进步，各种资源替代产品逐渐出现，进一步打击了资源型地区的贸易地位。同时，伴随着资源日益枯竭，采掘业成本逐步上升，资源型地区贸易条件的恶化加剧，经济利益遭受损失，进而导致大量资本、高级人才流失，削弱了资源型地区的要素积累能力。

其次，要素匮乏导致产业结构优化困难。人力资本、资金、技术供给状况是促进地区产业结构优化的重要保障。资源型经济存在对人力资源与技术的强大挤

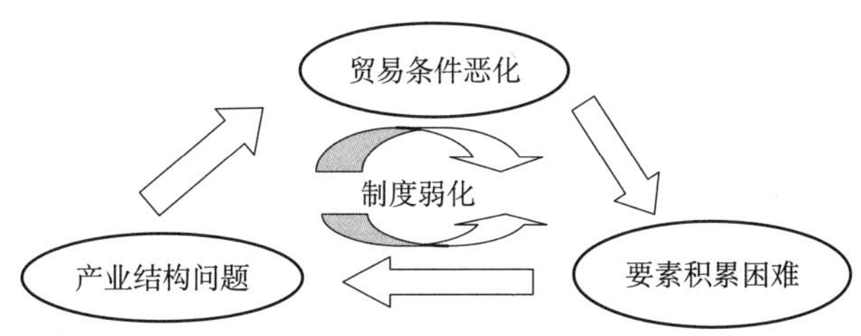

图 2.1　资源型地区产业结构低级化陷阱

资料来源：王必达等，从资源依赖到创新驱动——我国资源枯竭型地区经济转型研究［M］，北京：经济科学出版社，2014，110。作者略有改动。

出效应，资金又大多锁定于资源型产业，故要素积累困难已成为资源型地区产业结构优化的“瓶颈”。

最后，产业结构不合理进一步导致贸易条件恶化。经济增长初期，资源型地区依靠自然资源开发，形成以低附加值、高能耗的资源类产品生产为主的产业结构。较低的产业结构层次形成了向发达国家或地区输出资源和资源密集型产品，进口与资源开采、加工相关的矿产品以及相关技术密集型产品的贸易结构。产业结构的不合理使得资源型地区的贸易条件长期趋于恶化，贸易条件的恶化造成相当一部分财富和收入转移至发达国家和地区。此外，资本、劳动力、土地等生产要素会随着资源型产业逐步繁荣，在部门间流动和重新配置，导致非资源型部门（特别是制造业部门）要素短缺、价格上升，进而削弱了其他可贸易部门的产业国际竞争力，贸易条件进一步恶化。

2.1.2.3　对资源过度开采造成生态环境破坏严重

长久以来，资源型地区形成了以牺牲生态环境换取经济发展的状况。自然资源开发则具有显著的负外部性，即会带来土地资源占用、地面塌陷和大气污染、水质污染等生态环境破坏，严重影响当地居民的生活质量。同时，由于自然资源大多具有不可再生性，资源的过度开采将引起资源的损耗，直至资源枯竭。

2.1.2.4　长期积累的社会问题十分突出

长期积累的社会问题包括矿产资源开发带来的严重生产安全问题等。世界卫生组织已认定，矿业是全球劳动条件最差、作业环境最复杂和危险的产业。近些年来，我国资源开采行业安全事故居高不下，造成了难以弥补的人员伤亡和不可估量的经济损失。此外，由于资源型地区缺乏相关的制度安排，资源开发收益大多被采矿权人所拥有，收入分配不合理的现象十分严重，由争夺采矿权而引发的寻租和腐败问题也层出不穷。另外，当资源产品价格上涨时，巨额财富集中到少数人手中，使得资源无法合理使用，非理性消费、资本外逃屡见不鲜。资源型地区的这种消费和投资特点使得资源收益对当地经济发展的促进作用十分有限，并未成为经济持续增长的动力，反而在很大程度上扰乱了正常的经济秩序。资源价格回落时出现的矿工待业、失业，资源型企业的转型问题又成为困扰资源型地区经济发展和社会安定的一大难题。

笔者认为，在资源型地区众多问题当中，产业结构问题尤为突出。产业结构是影响地区经济增长和社会稳定的关键因素，产业结构的优劣已成为地区经济发展质量和水平的重要标志。因此，抓好产业结构优化就等于牵住了经济转型的牛鼻子。

2.1.3 产业结构

在经济发展过程中，随着专业化分工越来越细致，各种生产部门相继产生，具有某种同类属性的生产部门的集合便构形成了产业的概念。在一个经济体当中，不同的经济发展阶段和发展时点上，各产业部门的构成及相互之间的联系、比例关系不尽相同，对经济增长的贡献大小也不同。学者把包括产业的构成、各产业之间的相互关系在内的结构特征概括为产业结构①。关于产业结构的分类，不同学者的看法也不尽相同。

马克思在分析社会资本简单再生产和扩大再生产的实现条件时，根据产品在生产过程中的不同作用，将物质生产部门分为两大部类，即将生产生产资料的部门划归为第Ⅰ部类，将生产消费资料的部门划为第Ⅱ部类。从静态角度看，为了使社会再生产顺利进行下去，两大部类的价值构成和实物构成必然要在简单再生产和扩大再生产中满足一定的比例关系。此外，马克思还从动态角度研究了，随着时间的推演和经济的发展，产业两大部类之间关系的变化特征。列宁则在马克思的研究成果基础上，将资本有机构成引入分析，阐明了在经济增长过程中，第Ⅰ部类比第Ⅱ部类的增速更快。在新中国成立后至改革开放之前的相当长的时间内，我国曾借鉴苏联的做法，将经济活动中的物质生产部门分为农业、轻工业和重工业三大类别。该方法与马克思的两大部类分类理论相比更具有实际操作性，在当今许多社会主义国家仍被广泛应用。但是，这种划分方法仍然是针对物质生产领域的，没有涵盖非物质生产部门，且随着一些新兴产业的出现，农、轻、重

---

① 芮明杰，产业经济学［M］，上海：上海财经大学出版社，2012，151。

产业划分界限越来越模糊，为产业经济的统计和研究工作带来困难。因此，该分类只适用于工业化进程较低的发展阶段。

1935 年澳大利亚经济学家费歇尔在著作《安全与进步的冲突》中首次按照产业发展的层次顺序与自然界的关系作为标准，提出三次产业的分类方法。在人类经济活动的初级阶段，主要生产活动是农业和畜牧业，费歇尔将该阶段的产业称为第一产业；自 18 世纪 60 年代开始的第一次工业革命开始，纺织、机器、钢铁等制造业迅速崛起，此时的产业被视为第二产业；20 世纪初，大量的资本和劳动力流入非物质生产部门，包括商业、运输业、金融、保险业、教育产业等领域，处于第三发展阶段的产业被划为第三产业。三次产业分类方法经克拉克和库兹涅茨等经济学家的应用后，逐渐为各国所接受，并已成为世界通行的统计方法。现阶段，我国对于产业结构的划分便是在此基础上建立起来的。但这种方法也存在一定的争议性。譬如，第二产业的采掘业和矿业是依赖自然资源的开发和利用进行的生产活动，本应划分为第一产业。此外，该方法所划定的第三产业内容过于庞杂，行业差别巨大，很难科学总结其规律和特点。

根据不同产业在生产过程中对资源依赖程度的差异，即以生产要素集约程度的不同，可以将全部生产部门划分为劳动密集型产业、资本密集型产业和技术（知识）密集型产业。这种方法可简单地判定一个经济体产业结构所处的发展阶段和发展趋势，受到学者的广泛认可，但该方法也有划分界限较为模糊、易受主观因素影响等局限性。

2.1.4　国际产业转移

国际产业转移很早便引起国内外学者的普遍关注。目前，对国际产业转移较为公认的定义是：国际产业转移是指产业由某些国家或地区转移到另一些国家或地区，是产业在空间上移动的现象。[12] 国际产业转移的基本形式是：产业由发达国家或地区向发展中国家或地区梯度转移，具有综合性、层次性、阶段性、梯度性等特点。譬如，造船行业，在 19 世纪曾是全球技术最为先进的工业，当时的发达国家（如英国）具有垄断优势，但到了 20 世纪中叶，与航空、信息等新兴行业相比，造船的技术已趋于成熟，发达国家不再具有该产业的技术垄断优势，于是造船业便从当时的发达国家转向当时的发展中国家（如日本）。

理论研究和世界经济发展历史均表明，国际产业转移是实现全球产业链合理分工、优化生产力布局的有效途径，亦是推进地区产业结构优化升级的必然要求。第二次世界大战后，国际产业转移先后经历了三波浪潮。20 世纪 50 年代起，欧美发达国家经济率先进入工业化中后期，在本国主要发展通信、半导体、电子计算机等新兴技术密集型产业，而将钢铁、纺织等传统工业产品生产或传统工业转移到日本、德国、加拿大等国家，承接国借此极大加快了工业化进程。20 世纪 60 年代至 80 年代，日本、德国等国经济发展，技术水平不断提高，逐步丧失劳动密集型产业的比较优势，中国台湾、韩国等次发达地区和国家则凭借其劳动力优势积极承接产业转移，较快实现了产业更迭，发展为新兴的工业化国家或地区。20 世纪 90 年代以来，美国、日本、欧洲部分发达国家和地区逐步迈入知识经济时代，其产业结构也呈现服务化和知识化的特点，第二产业在 GDP 中占比不断下降，服务业占比明显上升，主导产业转向知识密集型的第三产业，将制造业等本国不再具有优势的产业转移至发展中地区。从以上论述不难看出，产业结构调整是国际产业转移的重要驱动力，与此同时，国际产业转移也将会带来产业结构的优化升级。

2.1.4.1 国际产业转移的主要途径

国际产业转移是一个具有时间和空间维度的动态过程，起初仅包含国际贸易和国际投资两种基本路径，并通过上述两种活动的长期积累，导致国际分工深化及国际产业结构演化的必然结果。随着国际分工进入产品内分工层面，当今国际产业转移已深入生产过程中的工序和工艺环节的片段化转移，因此国际产业转移除了国际贸易和国际投资两种基本路径之外，又延伸出基于国际外包路径的国际生产转移。

第一，基于国际贸易路径的国际产业转移。由比较优势原理可知，在国际比较利益机制诱导下产生的国际分工，使发达国家与发展中国家之间实现产业的双向转移。随着产品生产技术不断从发达国家扩散至发展中国家，产品的比较优势也呈现相同的动态转移过程。在此过程中，移出国的移出产业相比其他国家或地区而言生产成本较高，不再拥有技术垄断优势，在国际市场上缺乏竞争力，因此将该国的落后产业转移至发展中国家或地区，产业转移后对该产品的需求缺口往往通过单纯进口别国产品来满足；同时，因为丧失了技术垄断优势，所以不会以国际外包或直接投资的方式在别国生产。国际贸易路径下的产业转移伴随着产业控制权向移入国的转移。[13]

第二，基于国际外包路径的国际产业转移。外包（outsourcing）是针对传统企业内部寻找资源而言的。国际外包是指一个国家的企业将其部分非核心业务或项目剥离出来，委托给国外专业企业去完成的经济活动。绝大多数项目外包的企业，出于优化资源配置、降低生产经营成本的目的，将公司非核心的生产等环节，发包给成本较低的发展中国家或地区企业完成，以此保留最具竞争力优势的核心资源，提高企业竞争力。一言以蔽之，外包的本质就是专业的公司做专业的事情，其余非核心、非专业的业务从企业外部采购。譬如美国耐克公司几乎从不做任何制造，公司仅专注于产品的研发、设计和销售等内容，生产环节则外包给发展中国家来完成。中国台湾鸿海精密工业股份有限公司是世界上最大的代工企业，也是自 2012 年以来行业的领头羊，旗下子公司富士康科技集团（以下简称富士康）已经发展成为世界领先的电子产品供应商，它服务的品牌包括苹果、索尼、戴尔等家喻户晓的品牌。从本质上说，外包反映的是国际分工的深化发展，国际分工越过产业的界限，开始在产品的生产环节、工序和零部件等中间品寻求国际分工。不同于传统的以产品为基本对象的国际分工形态，国际外包路径下的国际产业转移是以产品内分工发展为基础的，即以工序、区段和生产环节为对象的分工体系。

第三，基于外国直接投资路径的国际产业转移。与国际贸易方式不同的是，FDI 是基于绝对优势，是资本、技术由处于竞争优势的发达国家，向处于竞争劣势的欠发达国家或地区的单项转移。如果一个国家在现有产业中失去了比较优势，它的产业专用资本可以通过外商直接投资的形式转移到其他国家。跨国公司，特别是发达国家的跨国公司是外国直接投资路径下国际产业转移的承担主体。蒙代尔（R. A. Mundell）基于 H－O 模型认为，在存在国际贸易壁垒的情况下，跨国公司沿着特定的轨迹对外直接投资，便能够在相对最低的生产要素转移成本基础上实现对商品贸易的替代。[14]但需要注意的是，在国际直接投资路径下的产业转移过程中，产业主导权始终在发达国家手中。20 世纪 60 年代，作为“亚洲四小龙”之一的韩国，便是抓住西方发达国家向发展中国家转移劳动密集型产业的机会，实现产业结构优化，迅速走上工业发达国家的道路。

需要注意的是，国际贸易、国际外包以及直接投资是国际产业转移的 3 种主要途径，但又是不同于国际产业转移的。实际上，国际产业转移至少在以下两个方面有所不同：首先，单独的国际贸易、国际外包和直接投资外包不等于国际产业转移，只有形成一定规模的、稳定的国际贸易、国际外包和直接投资才会推动国际产业转移。其次，国际产业转移所引发的产业结构优化升级通常是渐进性、累积性的，只有当一种产品的生产实现规模化和集聚性时，所发生的产业转移才能引起产业结构的转变。因此，国际产业转移是一种新型的经济运动过程。[15]

2.1.4.2 国际产业转移的新特点

产业分工与产业转移是一个有久远历史的经典话题，但对国际产业转移及其对世界各国经济结构影响的深入系统探讨，却是在20世纪后半叶随着经济全球化而逐步兴起的。进入20世纪90年代后，伴随着经济全球化加速、互联网等新技术兴起，国际产业转移出现了一些新的特点及趋势。

第一，产业链整体转移是国际产业转移的新趋势。在社会分工和生产专业化日益显著的条件下，国际产业转移正由过去单纯的产业链中某一个环节（如制造业）的转移，逐步延伸为全产业链的转移，最终将形成涵盖设计、生产、供应、销售等全部产业链的企业集群式、组团型的转移，这一趋势将愈发明显。[16]

第二，国际产业转移的集群效应日益突显。产业集群是指具有某种关联的企业，通过某些方式联系在一起，在空间上集聚，从而产生明显的群体竞争优势和规模效应。[17]产业集群所形成的优势和效应对承接国际产业转移地区的经济发展产生重大影响，能够产生“1+1>2”的效应。随着当今国际分工的不断深化，跨国公司的社会化协作程度愈来愈高，其在东道国的直接投资往往会带动当地企业的相关投资行为。同时，对于跨国公司而言，投资聚集所带来的效益，要大于因偏离运费最低点和劳动费最低点增加的成本。为了降低成本，跨国公司会带动和吸引当地相关生产服务企业以及供应商一同投资，加大当地企业供给零部件的力度，进而发展相关配套产业、建立产业集群。[18]

在形成产业集聚的同时，区域集聚的特征也日趋明显。从当前情况来看，很多产业都呈现明显的区域集聚特征。例如，众多韩国产业转移往往选择至我国山东半岛地区，特别偏爱烟台市和青岛市；同样，大量的港、澳、台商资本则聚集于江苏省苏州市的轻纺制造业，形成了明显的区域和产业集群效益；浙江省宁波市则是东南亚华侨企业产业转移的重点地区；“珠三角”的深圳、顺德、珠海等地则是港澳资金密集的地区。这些产业集群呈现明显的国家或区域特征，并且有进一步扩大的趋势。[19]

第三，国际产业转移结构高端化。20世纪50—80年代，西方发达国家为了保持竞争优势，选择重点发展附加值较高的技术、知识密集型产业，而将初级产品和原材料加工等劳动力密集型产业向其他国家和地区大规模转移，此时的国际产业转移主要是由发达国家向发展中国家进行单向转移。进入20世纪90年代以后，世界经济正在兴起以信息技术为主要标志的新技术革命浪潮。发达国家一方面持续向发展中国家或地区转移劳动密集型产业，另一方面也逐渐将一部分资本、技术密集型产业转移至发展中国家。引入的资本、新技术也为发展中国家或地区传统产业优化升级以及发展新兴产业带来了难得的机遇。

第四，国际产业转移方式趋于多元化。长期以来，以实物资产转移的国际贸易和国际直接投资一直是国际产业转移的基本方式。近十多年来，随着全球劳动分工的不断细化，国际外包逐渐成为国际产业转移的重要方式。在给发包企业带来利益的同时，国际外包加强了外包方企业与接包方企业的战略合作，在合作过程中，协助承接外包项目的发展中国家或地区，培育并发展自己的配套产业。

第五，服务业成为国际产业转移中的新热点。20 世纪 60 年代以来，无论在国家之间还是地区之间，产业转移的主体均为制造业。20 世纪 90 年代以来，跨国企业为了适应经济活动区位分散化的需求，开始将制造业以外的设计、物流等服务业转移至发展中国家或地区，以便更好地在全球范围内组织和调配资源。于是，各种服务业等高附加值的产业转移逐步成为国际产业转移的新热点。以中国为例，2006—2017 年的短短 10 年间，中国的服务外包企业就从 500 多家迅速扩展至 4.3 万多家，行业从业人员由最初的不足 6 万人猛增至 928.9 万人，增长了 154 倍。其中，大学以上学历人员占整个从业人数的比重超过 64%，服务外包行业已成为我国高学历人才集聚度最高的行业①。

2.2　资源型地区产业结构优化目标

一国或地区经济的发展不仅表现在经济总量上的持续增长，关键还体现于该国或地区产业结构的优化升级。产业结构是在特定的环境下形成并发展起来的，且在不同的历史阶段随着供求结构、区域贸易与投资、政府政策的变化不断变动、演进。从理论上讲，国民经济的供求均衡意味着产业结构达到最优状态，然而在现实生活当中，均衡状态是极其偶然的，国民经济供求结构的不平衡才是常态，并会带来产业结构的偏差。因此，产业结构优化是对不理想的产业结构进行有关变量的调整，使资源在产业间实现合理配置和高效利用，各个产业部门协调、高速、健康发展，最终实现国民经济持续健康增长的目标。在产业结构优化方面，当前资源型地区仍然存在较严重的转型发展内生动力不足的缺陷。譬如，

---

① 对外贸易创新高，中国为世界经济注入正能量，http://tradeinservices.mofcom.gov.cn/article/tongji/guonei/buweitj/swbtj/201902/77718.html.

产业发展对自然资源的依赖性较强；现代制造业、高技术产业等尚处起步阶段；接续替代产业发展缺乏必要的资金、人才、技术支持等。但需要注意的是，资源型地区产业结构优化并不意味着完全摒弃传统的资源型产业，而是要改变其传统的生产模式，引导其向高效、环保的方式转变，并降低资源型产业在地区生产总值中的比重，实现资源型地区产业多元化的发展格局，使资源的开发、利用与当地的经济、社会、生态环境发展相互协调。[20]

关于产业结构优化的目标，主流经济学者认为主要包括两个方面：产业结构的合理化和高度化。鉴于资源型地区产业发展的特点，本书认为资源型地区产业结构优化过程还应该考虑到产业结构的生态化发展。

2.2.1 资源型地区产业结构合理化

目前，国内学者对于产业结构合理化的理解不尽相同，总结起来大致有结构协调论、结构功能论、结构动态均衡论和资源配置论等 4 类定义。[21]考虑到资源型地区的特点，本书对资源型地区产业结构合理化的定义更加倾向于资源配置论，即资源型地区产业结构合理化是指对应于一定的经济发展阶段，产业结构与市场需要和资源结构相匹配，通过生产要素在产业间的合理配置，保证国民经济按比例协调发展，以达到各个产业之间有序发展的状态。产业结构合理化的标准主要有以下 4 点：[22]

第一，各产业的产出能力趋向协调。这里的产出能力协调，并不是指各产业的生产效率和技术水平达到完全一致的状态，而是产业之间的劳动生产率不存在鲜明的差距，技术水平没有显著的隔阂。它主要表现为各产业的资源配置在数量上比例合理、和谐匹配。

第二，各产业在经济发展中的相对地位趋向协调。在产业结构系统中，各产业增长速度及其对经济发展的贡献有所不同，因而有着轻重、主次之分。处于不同地位的各个产业的有序组合，便形成了一个具有协调性、层次性的产业结构。当产业结构失衡时，产业内各部门的相对关系、在经济发展中的地位便会处于杂乱无章的状态，产业之间的轻重、主次关系混沌不清，甚至出现错位。[23]同时，产业间的关联程度也会受到影响，无法使各产业发挥互相服务、互相促进的作用。

第三，各产业的增长速度趋向协调。现实生活中，各产业部门的增长速度无法实现完全一致。但是，产业间的增速差距过于悬殊将直接影响再生产的顺利进行，导致产业结构性滞差，最终将影响整体经济的稳定发展。

第四，各产业的空间布局趋向协调。依照区域经济学的相关理论，各产业只有处于最有利于自身发展的区域内，才能满足产业成长对资源获取以及市场开拓的需求。因此，实现产业结构合理化还需要各产业在空间布局上实现相互协调，相互转化，亦即位于不同区域的生产要素可以在产业间自由、方便地流动，能以较低的交易成本满足产业间合理分工、协作的需求。

2.2.2　资源型地区产业结构高度化

当前，理论界对产业结构高度化含义的认识较为一致。所谓产业结构高度化，是指产业结构从低水平状态向较高水平状态发展的动态演化过程，最终实现资产结构高级化、技术结构高级化、劳动力结构高级化，进而产值结构高级化。产业结构的高度化一般以新技术的研发和应用作为基础，它是针对某一经济发展阶段的社会生产力，特别是科技发展水平而言的。因此，产业结构高度化是一个永不停息的过程，会随着时代的变化而不断改变。产业结构的高度化是按照与经济发展历史相匹配的逻辑序列顺向演进的，它主要表现为 3 个方面：首先是三次产业之间比例关系的变动。从整个产业结构的长期发展趋势来看，产业结构是沿着第一、第二、第三次产业依次占优势地位顺向递进的方向演进，即由第一次产业占优势比重逐渐向第二、第三次产业占优势发展。其次是产业生产要素密集度的转变。从产品生产过程中主要使用的生产要素来看，产业结构的变动通常沿着劳动密集型产业、资本密集型产业、技术（知识）密集型产业分别占优势地位，依次顺向演进[24]。最后是产品附加值的增加过程。依照对劳动对象加工深度的不同，产业发展通常沿着初级加工、粗加工占优势地位，逐步到深加工、精加工占优势地位的方向演进。可见，产业结构实现高度化的过程，就是技术不断提升的过程，也是提高产业结构作为资源转换器效能和效益的过程，亦是加强传统产业的高新技术改造、技术密集型产业比重不断提高的过程。[25]

在实际研究中，学者对产业结构高度化进程的理解，多停留在第三产业或第二、三产业占 GDP 比重、就业比重或资本比重上，并将产业间的比例关系与工业化不同发展阶段相对应。诚然，这些指标在一定程度上能反映产业结构高度化的演进，但不得不说这些指标具有很强的片面性，特别是针对资源型经济的实用性并不强。长期以来，资源型地区在经济发展过程中，以资源型产业为主的第二产业一直占有绝对的比重，如果单纯以上述指标衡量产业结构高度化水平，资源型地区较全国其他地区将率先进入工业化后期阶段。然而，当前资源型地区的人均 GDP 还远远达不到工业化后期的水平。显然，产业间比重关系并不是衡量产业结构高度化的本质。本书认为，产业结构高度化的本质主要体现于各产业劳动生产效率的提升，而劳动效益的提升主要依赖技术的进步。倘若一味地追求第二、三产业占 GDP 的比重，就有可能出现违背经济发展客观规律的产业结构“虚高度化”现象。短期内若人为以“虚高度”方式提升产业结构高度，终将付出巨大的代价。[26]

2.2.3 资源型地区产业结构生态化

优化产业结构的目的是获取最佳效益——这里的效益不是仅指经济效益，而是包含了经济效益、社会效益、环境效益的综合效益。特别对于资源型地区而言，开采和加工资源不可避免地会对生态环境带来相当严重的损害，除了一般工业城市普遍存在的工业污染外，还存在大量的地表沉陷、地下水位严重下降、大气污染、水源污染、废渣污染等问题。与此同时，在资源型地区转型发展过程中，还会出现一系列突出的社会问题，诸如资源型企业生产的安全问题，企业下岗职工的培训、安置问题等。因此，资源型地区要坚持经济与环境、社会协调统一发展的战略原则，在产业结构优化过程中，不仅要注重产业结构的合理化、高度化，更要关注产业结构的生态化。本书认为，产业生态化是在生态学等相关原理的指导下，遵循产业生产低碳循环、社会和谐发展的原则，建立起一种产业与自然、社会之间相平衡、协调的新型产业发展模式，实现产业系统健康、和谐发展，这是资源型地区实现可持续发展的必由之路。具体而言，产业结构生态化内涵主要包含两方面内容：

第一，产业与自然的和谐发展。产业发展是包含于自然发展之中的，如果产业发展是以牺牲生态环境为代价的，这样的发展无异于是无源之水，无本之木，如建大厦于流沙，最终只会走向泯灭。因此，产业生态化发展进程应是连续的、持久的，既要满足当代人的需要，又不能对后人构成危害。要实现产业发展与生态平衡之间的和谐发展，就必须在合理利用自然资源的同时，减少对自然界的损害。也就是说，产业发展过程中一方面要提高对资源的利用效率，减少对资源的无效消耗；另一方面积极发展循环、环保产业，实现对废弃物的安全处理和循环利用。

第二，产业与社会协调发展。产业发展应与社会发展、经济发展和谐统一，产业经济发展不能长期脱离社会发展，更不能以牺牲社会发展换取暂时的经济繁荣，必须要适应社会发展，服务于社会发展。[27]产业发展的好坏不能只看是否推动了经济增长，还应该考虑是否提高了社会福利水平，充分体现“以人为本”的发展理念。

综上所述，产业结构优化过程是产业间的数量比例关系，由不协调走向协调的合理化过程，是产业结构由低效率向高效率演进的高度化过程，是产业生产方式由粗放型不断向集约型转变的生态化过程。[28]

2.3 资源型地区产业结构演进规律

2.3.1 封闭条件下资源型地区产业结构的演进规律

产业结构的发展和演变是任何一个国家或地区经济发展过程中必然发生的经济现象。现代经济发展的历程显示，一个国家经济发展的过程，不单单体现为国民生产总值的增长，而且伴随着产业结构的成长。同时，产业结构的演进进一步推动了经济的发展。在封闭条件下和开放条件下，产业结构的演进规律又存在着不小的差异。

如果一地区的产业结构与外部环境不发生任何关联，其结构的维系与变动完全由地区内的相关变量决定便是封闭结构。前文已述，我国资源型地区主要分布于内陆地区，开放程度与东部沿海地区相比还有较大差距，改革开放以来失去了很多与外界交流、互动发展的机会。因此，其产业结构演化路径更偏向于封闭条件下的产业结构演化规律。封闭经济条件下，产业结构的演进、成长主要取决于本地区需求结构、资源供给、制度变迁、技术进步等因素，具体如图 2. 2 所示。

第一，市场需求。在经济社会中，满足市场需求是生产的最终目的，因此市场需求是产业结构演进的直接拉动力。也就是说，市场需求结构的变动将引发生产结构的变动，进而导致产业结构的演进。市场需求结构主要包括个人消费结构、中间产品的需求结构等几个方面，其中尤以最终消费结构对产业结构的拉动作用最强烈。经济学家拉姆塞在《数理的储蓄理论》一文中提出，最优的经济增长率与最优的消费增长率密不可分，阐明了个人消费在社会经济发展中的重要性。个人消费结构不仅直接影响产业结构，还将通过影响中间产品的需求和结构影响产业结构的变动。随着人均收入水平的提高，个人需求也日益多样化和高度化、个性化和时尚化，这样的消费结构必然带动多层次的产业结构递进升级，促进产品附加值的提升，带动信息、高科技密集型产业的发展。

我国资源型地区普遍存在收入分配不合理、贫富差距过大的问题，导致高端消费外流，本地消费结构低端锁定的现象；资源型产业则以资源开发利用为基础和依托，导致中间产品市场需求层次不高，这些是资源型地区需求结构低端锁定的主要原因。

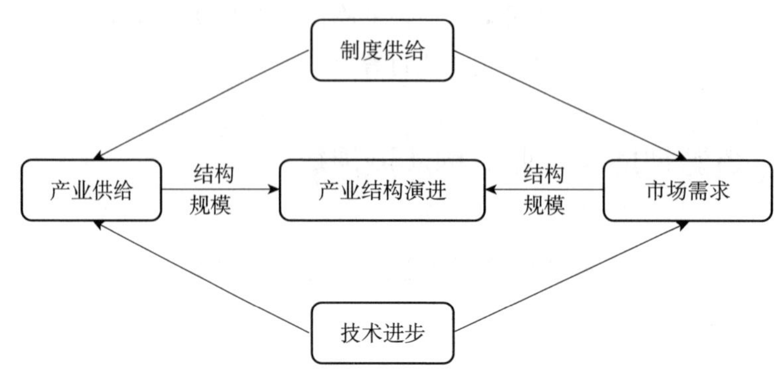

图 2.2　封闭经济条件下产业结构演进机理

资料来源：陈明森，国际产业转移的结构传导与区域互动［M］，2013，25。作者略有改动。

第二，供给因素。显然，市场需求的满足需要相应的市场供给能力，因此，产业供给是产业结构演进最直接的推动力。供给因素主要包括自然资源禀赋、人口因素、资金供应状况、环境因素等内容。首先，自然资源在很大程度上影响着一个国家或地区的产业结构，自然资源丰富的地区往往优先发展资源型产业，而资源匮乏的地区便无法形成资源开发型产业。其次，一个地区资金的丰裕程度对该地区产业的发展层次和水平有着举足轻重的作用。资金投入除直接促进产业发展之外，还会有间接的推动作用，资本增加会通过乘数效应而数倍增加当地居民收入，提升居民的消费需求结构，而需求结构的变动将会拉动产业结构升级。再其次，人力资本投入对产业结构的优化效应体现为对内部生产机制的推动作用；从生产的内部来看，产业结构优化升级离不开技术水平的提升。罗默和卢卡斯的新经济增长模型证明，人力资本投入能提高生产效率、降低生产成本，提高经济效益，并且人力资本不仅会实现自身规模收益递增，还具有带动其他要素投入规模收益递增的特点，进而推动经济增长。最后，环境因素也会直接影响到产业结构的变动，包括政府的产业政策、政治、经济和文化等因素。

在我国资源型地区，资源型产业投资回报率较高，吸引了大量的资本流入，产业异常繁荣；同时由于资源型产业具有很强的固定资产专用性，资产流动性差，导致整个地区产业结构被牢牢锁定于产业链低端。此外，资源型产业对劳动者的文化素质、技术水平要求不高，致使生产过程中企业对人力资本投入的动力不足，形成了对人才的挤出效应。人才纷纷外逃或流入政府部门等非生产性部门，造成人力资源错配的后果。这些因素均导致了资源型地区产业供给结构的锁定效应。

第三，技术进步。技术进步是推动一国或地区产业结构优化的主要因素。技术通过改变资源的组合方式，改善供给和需求结构，推动一国或地区产业结构的高度化演进。从供给方面看，某部门的技术进步能够更新和完善原有的生产工艺和技术，提高生产效率，降低成本，最终促使该产业规模扩张。技术进步则带来新生产工具、新生产工艺和新材料，进而大大提升产业结构的水平。此外，技术进步还能创造新的需求。技术进步使得一部分潜在的市场需求转变为现实的市场需求，同时还可能改变消费者的习惯和偏好，刺激某些产品需求的增长。

由于资源型地区经济发展严重依赖自然资源，并且对自然资源的开发、利用多处于初级阶段，使用的技术相对落后，对高新技术需求动力不足。因此，资源型产业对技术的挤出效应加剧了产业结构的锁定效应。

第四，制度供给。制度是一个外生变量，它会在很大程度上促进产业结构的优化升级。制度变迁表现为一种效率更高的制度对另一种效率较低制度的替代过程，通过提升劳动者的积极性和主动性，提高劳动生产率，进而实现产业结构的优化升级。同时，制度的有效变迁会带动生活水平的提高，破除消费者需求不足的制约，引导消费向高级化、绿色化转变，从而带动产业结构的变动。当新制度所带来的边际效益等于或低于维持现有制度所耗费的边际成本时，制度变迁将趋于停滞，而新条件出现所引发的对新制度的需求将激发新的制度变迁。本书所言的制度供给既包括一国政府对经济体制、经济发展模式的选择，也包括该国政府各类经济政策的供给。

制度供给方面，资源型地区由于市场机制不健全，主要以政府强制的制度供给为主。这就可能造成制度安排不当导致的制度不完善、在执行中制度变形等问题。[29]具体而言，我国资源型地区存在创新体制、竞争机制、资源开采机制、环境保护机制等一系列制度建设较为落后的情况，无法保障产业结构合理化、高度化和生态化的发展。

综上所述，在相对封闭的条件下，我国资源型地区产业结构存在严重的供给结构和需求结构的锁定效应，再加上制度建设和技术水平较为落后，若依靠自身的力量进行产业结构优化升级，难度大、时间跨度长、成功概率小（如图 2.3 所示）。唯有通过外界力量打破资源型地区供给结构和需求结构的锁定效应，才能促进产业结构的优化和升级。

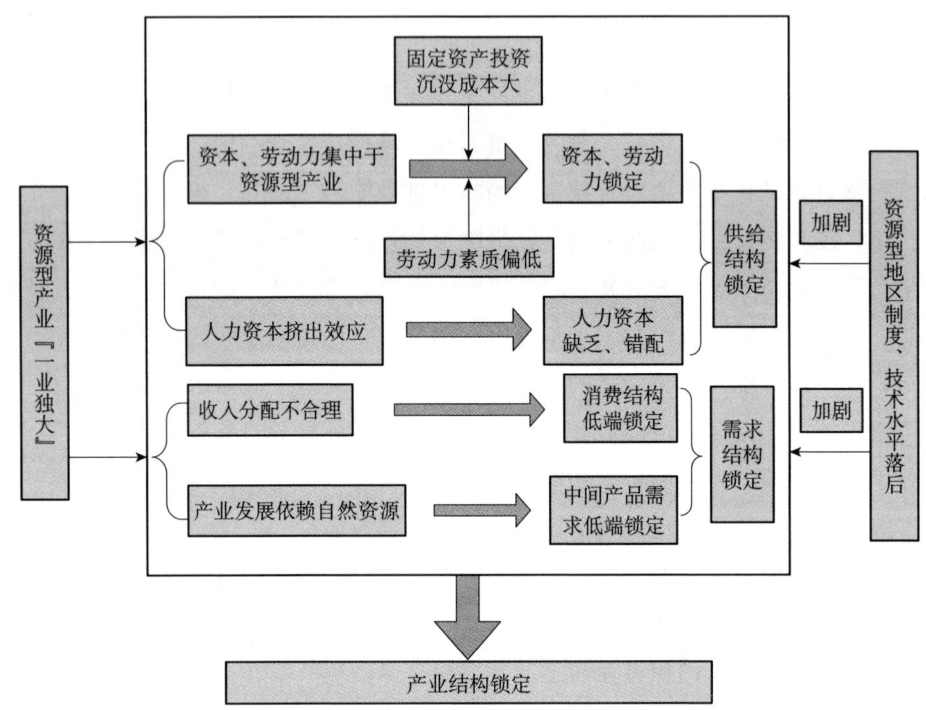

图 2.3　封闭条件下资源型地区产业结构锁定效应

2.3.2　开放条件下资源型地区产业结构的演进规律

在封闭经济条件下，资源型地区的产业结构优化主要是通过经济体内部要素的流动与配备实现的，产业发展会受到本区域内部资源供给数量和市场需求份额的限制。在开放条件下，则可以通过国际生产要素流动和配置，以产业跨国转移的形式来实现产业结构优化，如图 2.4 所示。

一方面，国际产业转移会直接影响产业供给和市场需求，从而推动产业结构的变动。首先，从供给角度看，在国际大市场效应下，产业供给规模也会相应扩大，随之带来的规模经济效应会提升产业生产效率，带动生产成本的下降。同时，随着外资逐步流入具有发展潜力的新兴行业，高技术产业或高质量产品比重增大，劳动力、人力资本也将重新调整，实现合理配置。另外，通过“干中学”

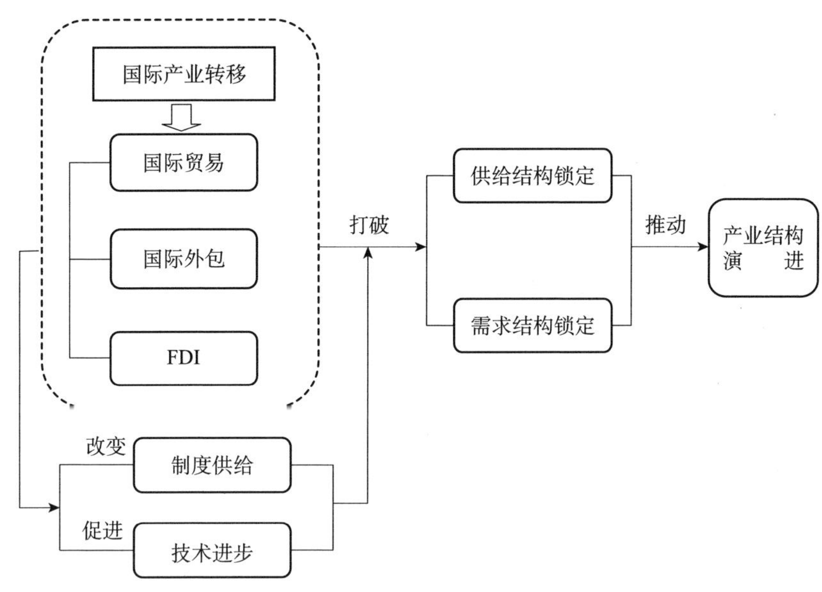

图 2.4　开放条件下资源型地区产业结构演进机理

和示范效应，劳动者的技能水平也将得以提升，这是产业结构优化的重要保障。总之，国际贸易、承接国际外包、国际直接投资会为资源型地区传统产业升级和新兴产业发展提供所需的资金、原材料、中间产品等要素。这将破除资源型地区资源禀赋的固有限制，打破封闭条件下资源型地区产业结构优化的供给结构锁定，直接促进产业结构的优化。其次，从需求角度看，国际产业转移带来的新产品信号有助于刺激新的消费需求产生；而引入的新兴产业对相关中间产品的需求又将引致中间产品需求结构向高端转变。因此，消费需求和中间产品需求的结构和层次将相继发生变化，变化了的需求结构破坏了原有产业结构格局，最终推动了资源型地区产业结构优化进程。供给结构和需求结构的改变将使资源型地区经济发展摆脱原有对资源、资源型产业的严重依赖，促进产业结构的多元化和高级化发展。

另一方面，国际产业转移通过加快制度变迁和技术进步，影响产业供给和市场需求，间接推动产业结构的演进。首先，资源型地区传统制度存在很多的缺陷，如现代企业制度建立滞后、投融资体制不健全、资源产品市场机制没有完全形成等。尽管有诸多不完善之处，但是由于制度存在一定的路径依赖，初始的制度选择会强化和刺激现存制度的惯性，使制度沿着原有路径和方向前行，资源型地区主动寻求制度创新的动力不足。国际产业转移将为传统制度注入活力，有效改变制度供给，通过政策和制度的重新设定，吸引高技术人才流入，激发劳动者的活力；同时可有效引导消费者的需求结构、企业的投资结构改变，以达到优化产业结构的目的。因此，国际产业转移作为一种外在的驱动力量，会影响资源型地区相关制度变迁，进而影响当地产业发展环境与产业结构的演变。其次，资源型地区由于存在对技术、人才等要素的挤出效应导致技术自主创新缺乏动力，高新企业和产品比例较低。国际产业转移为资源型地区的技术进步提供了新渠道，通过技术转移及技术溢出效应推动资源型地区产业结构优化升级。

2.4 小结

如何实现资源型地区产业结构优化是本书研究的重点，因此本章首先对资源型地区、资源型经济、产业结构和国际产业转移的基本概念和特征进行了介绍。通过分析发现，资源型地区产业结构是影响地区经济增长和社会稳定的关键因素，应予以重点关注。其次，在结合资源型地区经济发展特点的基础上，本书归纳出资源型地区产业结构优化的目标——合理化、高度化和生态化——并分别对其内涵进行了阐释。最后，本章分别构建了封闭条件下和开放条件下资源型地区产业结构演进模型。研究结果表明，理论上讲，承接国际产业转移可以突破在封闭条件下对产业结构优化的限制，通过国际生产要素流动和有效配置，直接或间接改变当地产业供给与市场需求结构，加速资源型地区产业结构优化的步伐。

第3章 国际产业转移推动资源型地区产业结构优化机理分析

目前针对国际产业转移对产业结构影响的研究还主要停留在某一具体的路径下，如外商直接投资或国际贸易。本章将国际产业转移3条路径整合于一个理论分析框架中，通过逻辑演绎的方法研究国际贸易、国际外包和FDI促进资源型地区产业结构优化的理论依据、作用机制和制约因素。为了使研究结论更加严谨，本章通过数理模型进一步论证了国际产业转移的产业结构传导效应，并依据转移产业的技术难度等级，将承接国际产业转移划分为3个阶段。

3.1 国际产业转移促进资源型地区产业结构优化的作用机理

3.1.1 国际贸易促进资源型地区产业结构优化的作用机理

3.1.1.1 国际贸易促进产业结构优化的理论依据

- 比较优势原理

比较优势理论由英国古典经济学家大卫·李嘉图在其代表作《政治经济学及赋税原理》中提出的，该理论为自由贸易和国际分工的形成提供了坚实的理论基础。李嘉图通过模型证明，各国由于在要素禀赋、技术水平等方面有所差异，在不同产品的生产效率上亦有所差别，参与国际分工和交换的国家应该遵循“两利相权取其重，两弊相衡取其轻”的原则，生产各自具有比较优势[1]的产品，进行专业化生产，以便在国际贸易中获得更大的收益。

当然，随着时间推移，一国（或地区）的要素禀赋、技术水平等条件将呈

---

① 比较优势：如果一个国家在本国生产一种产品的机会成本低于在其他国家生产该产品的机会成本的话，则该国在生产该种产品上具有比较优势。

现动态变化的特点，比较优势也将相应改变。最初，发展中国家（或地区）在资源密集型或劳动密集型产品生产上具有比较优势，因此生产并出口资源密集型或劳动密集型产品。但伴随着资源日益枯竭、劳动者工资水平的上升，资本和技术不断积累，发展中国家（或地区）具有比较优势的产品最终由资源密集型或劳动密集型向资本和技术密集型转变。相对应的是，产业结构也将实现优化升级。日本经济学家筱原三代平（1955）在对第二次世界大战以后日本经济迅速崛起的现象做了大量研究的基础上，将传统的比较优势理论动态化。他认为，一国的要素禀赋、政府政策、经济环境都会随着时间的推移而发生变化，这种变化将会引发各国或地区动态优势的变化，进而在世界经济发展以及国际分工中的相对地位发生变化。该理论对后发国家积极利用各种手段转变要素禀赋，变劣势条件为优势条件，以此获得新的比较利益，实现产业结构优化有重要的指导意义。

- “雁行形态发展模式”理论及其拓展

“雁行形态发展模式”又称“雁行形态说”，是立足于后进国家参与国际分工、实现产业结构优化的理论。该理论由日本学者赤松要在考察了日本棉纺工业的发展史后于1935年提出的，并被很多学者通过实证检验予以证实。此后，赤松要又多次发表有关该模式的研究，其中常常被人引征的是其1943年和1962年的论文，前者赤松要用“雁行形态发展模式”来比喻日本国内产业的成长过程，后者则论述了当日本经济发展到一个新阶段后，向海外产业转移的意愿和行为。[30]具体而言，该模型最初是用来描述作为经济后进国家的日本，如何借助动态比较优势来完成赶超过程的。在工业化初期，日本主要出口棉纱、丝绸等劳动密集型的产品，同时进口发达国家的纺织机械等资本密集型的产品，用于生产本国的纺织品；随着纺织机械进口量的增加，生产技术也随之传入，日本开始对进口纺织机械进行替代性生产，带动了日本机械工业的繁荣；机械工业的发展又相继带动机电、钢铁等资本密集型产业的兴盛；继而日本通过国际贸易所积累的资金和技术逐渐转向研发领域，生产自主研发的技术密集型产品。[31]

总结日本产业结构的演进过程可以看出：后进国家受到资金和技术等方面的制约，可能无法创新和生产一些技术领先的产品。发展进口替代产业是发展中国家促进工业化的关键切入点，通过对国外先进商品的引进、研究、吸收，并与本国廉价生产优势相结合，即遵从“进口—进口替代（国内生产）—出口”的模式完成产业结构的优化。这3个阶段相继更替，顺序演进，类似雁阵飞翔，故称为“雁行形态说”，如图3.1所示。第一只雁是进口阶段，由于后进国家的产业结构脆弱，通过对外开放，国外产品大量涌入该国市场。第二只雁代表进口所引发的国内生产浪潮。技术会随着外国商品的涌入而不断渗透至后进国家，后进国家在掌握进口产品的生产技术后，便可利用本国具有优势的自然资源以及廉价劳动力进行替代性生产。第三只雁表示生产规模扩大引致的出口浪潮。当后进国家生产规模达到一定程度后，高新技术转化率和转化速度的提高、经营管理的改善，使其生产优势进一步提高，产品在国际市场上的竞争力进一步扩大，最终形成原进口产品逐步占领国际市场的浪潮。

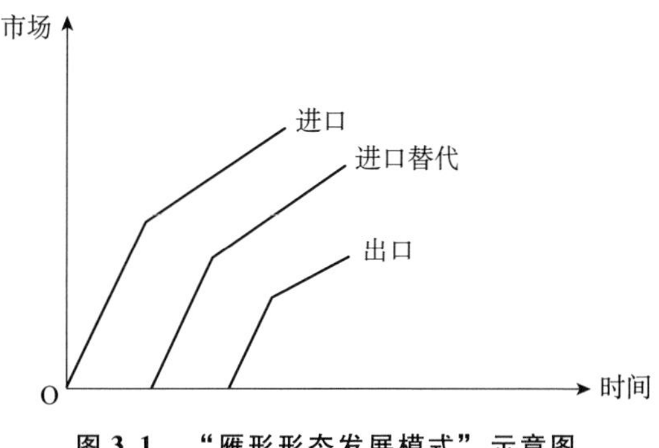

图 3.1　"雁形形态发展模式"示意图

资料来源：李悦，产业经济学（第二版）[M]，北京：中国人民大学出版社，2004，38。

后来，该模型被用来解释东亚经济腾飞的模式，"雁行形态发展模式"中的"雁"也演变成了不同的国家和地区，即日本作为"领头雁"进一步将劳动密集型产业转移至"亚洲四小龙"、中国沿海省份的动态变化过程。此外，日本学者山泽逸平对赤松要的"雁行形态发展模式"理论进行了拓展，将该模式细分为"引进—进口替代—出口成长—成熟—逆进口"5 个阶段；更加详尽地勾勒出后进国家通过国际贸易方式实现国内产业结构的演进、经济的腾飞。

• 产品生命周期理论及其拓展

1966 年美国经济学家弗农提出了产品生命周期理论，他以工业发达国家开发的新产品在国内市场上出现作为分析的逻辑起点。他认为产品是有生命的，产品的生命周期要经历开发、引进、成长、成熟、衰退的阶段。相对应的情况是，发达国家遵循"国内生产消费—出口—进口"这一路径来实现产品的创新生产、出口和将落后产业向发展中国家转移，如图 3.2 所示。

产品生命周期的第一个阶段为产品创新期。根据弗农的意见，创新国（特指美国）凭借雄厚的经济实力、强大的科研力量开发出新的产品，并主要在本国国内销售。第二个阶段为产品的成长期。随着时间推移，该产品技术也逐渐趋于成熟，开始进入大规模生产阶段。此时的产品不仅能满足国内市场的需求，剩余产品还将出口至技术水平略低的其他发达国家。第三个阶段为产品的成熟期。随着其他发达国家逐渐掌握了该项技术，且凭借要素价格优势，这些后来的国家的产品的竞争力会逐渐超过创新国。第四个阶段为产品的衰退期。在这一阶段，该产品在创新国的生命周期基本结束，比较优势也从创新国转移至发展中国家，创新国由出口国变为进口国。由该理论可以看出，随着发展中国家的经济进步，原有的比较优势会发生变化，如果不从动态角度适应本国的比较优势变化，进而加入国际分工，那么欠发达地区的经济发展就会受到影响。

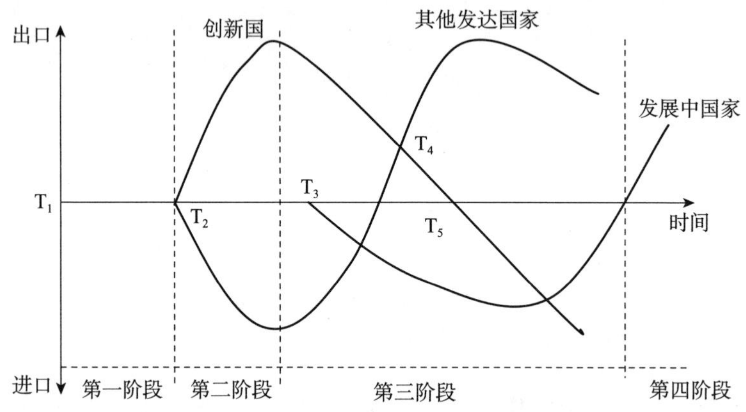

图 3.2　产品生命周期理论示意图

资料来源：吕春成，国际贸易原理［M］，北京：中国财政经济出版社，2002，164。

日本学者小岛清（1972）将雁行模式和产品生命周期理论结合起来，改造成新的“小岛清模式”。[32]不同于以往对外投资理论总是以美国作为研究主体、以企业的垄断优势理论为对外直接投资的基础，小岛清以日本为研究对象，认为日本对外直接投资是从即将丧失或已经丧失比较优势的产业（即“边际产业”）开始，以获得东道国廉价的原材料和中间产品；而对于东道国来说，投资国转移的产业恰好是承接国正处于或趋于比较优势的产业。这种边际扩张的产业转移，会给投资国和承接国带来“双赢”的结果。

增长与发展委员会（Commission on Growth and Development）在2008年发布的里程碑式的研究成果《增长报告：持续增长和包容性发展战略》中提到，“世界上处于经济快速增长时期的国家和地区都充分利用了世界经济，它们至少在两方面是这样做的：首先，它们从世界其他地方引进创意、技术和专业技能；其次，它们开拓了全球的需求。”总之，所有成功的经济体都“进口世界其他地方之所知，出口世界其他地方之所需”。不成功的经济体与之背道而驰。

3.1.1.2　国际贸易促进资源型地区产业结构优化的途径

● 通过新产品的需求信号刺激新产业滋生

通过实施进口替代战略，建立在国内市场需求旺盛且在国外市场具有较强竞争力的产业，是扶植新兴产业发育与成长的重要途径。对于资源型地区而言，产品结构与发达国家或地区相比落后、单一，资源配置不甚协调、合理。同时，资源型产业通常具有较大的沉没成本①，企业缺乏主动转型升级的动力。因此，从需求角度看，在封闭条件下消费者较为被动，只能以本地区生产的产品满足消费需求，无法刺激新兴产业的诞生。在国际产业转移背景下，通过进口新产品，引导消费者偏好，向这些新的进口产品转移，进而导致资源型地区需求结构的变动。变化了的需求结构使得当地产业的供求关系相应发生改变，原有落后产业供过于求，而一些新兴产业产品供不应求，致使这些产品的价格也会随之变化。当这种价格刺激信息达到一定程度时，将促使本地区企业扩大现有的产业规模，并吸引产品价格下降部门的资源转移至新兴产品生产部门，促进资源型地区产业结构的合理化。同时，从发达国家移入的新兴产业相比本地采掘业而言，对环境的破坏力较小，因而促进了资源型地区产业生态化的发展进程。

通过进口替代战略，建立具有强劲的国内需求和出口能力的各种产业，是扶植幼稚产业的发育与成长的必由之路。日本历史学家大野健一说，“明治时期的工业化是一次‘轻’工业革命，它使得日本从尽快转向国内生产到转向出口。在这次转型过程中，棉花生产起到了关键作用。钢铁、造船、化学工业以及电器制造等产业都还在婴儿期，日本全国依旧处于模仿西方的学习过程中……到明治晚期，私人部门的造船、铁路车辆和机器制造业已经开始缓慢出现”。[33]

● 通过技术引进、模仿、创新加速产业成长

对于我国资源型地区而言，产业结构面临的主要症结在于经济发展过度依赖资源开发，以采掘业及其初级加工为主的第二产业，在地区经济发展中起主导作用，产业结构呈低水平、高污染状态。现有文献研究表明，首先，技术进步是资源型地区摆脱资源约束，实现产业结构优化升级的主要途径。技术进步提升了原有产业的生产效率，在科学技术革命中，某些传统产业并非彻底消亡，而是以新

---

① 沉没成本是指当企业退出某产业时，因原来的专用设备、技术等不能收回而构成的一种成本损失，它是阻止企业退出的主要障碍。企业原有的规模越大，在产业中已从事的生产活动时间越长，则沉没成本越大。

的面貌出现，生产效率更高、资源消耗更少，有的甚至还是其他新兴产业赖以建立的物质条件之一。其次，技术的创新与进步将催生新产品、新材料、新能源、新工艺等，进一步扩大社会分工范围，创造新的需求、新的生产领域，进而形成新的产业形态。最后，技术发展能降低生产过程中对于自然资源的过度依赖，避免出现资源耗尽、环境破坏的严重后果。所有这些作用和影响都会使产业结构不断高级化、生态化。

在封闭条件下，人力资本积累、R&D的持续投入是推动技术进步的主要途径，但需要人才、资金支持且创新周期较长。在资源型地区，资源型产业过度繁荣，生产要素大量流向资源型产业，逐渐形成了对其他部门的挤出效应，特别是研发部门，资金和人才投入严重不足，逐步陷入“资源依赖—技术水平较低—资源枯竭—经济衰退—研发投入不足—经济发展缓慢—研发投入不足”的低技术水平经济发展循环困境，短期内难以实现自主创新。技术的低级化又反过来影响产业结构的优化升级。在国际产业转移背景下，国际贸易提供了一个跨国产品、技术、信息交流的平台。资源型地区可以借助国际贸易这一平台，通过国际贸易的技术溢出效应实现本地区知识存量增长以及技术进步。

美国作家马松·库利曾说过：艺术始于模仿，成于创新。这同样适用于产业和技术的升级。首先，资源型地区在引进新产品的同时，通过技术模仿、复制逐步学习到产品的相关技术，包括设计理念、生产技艺等；其次，将先进的技术本土化，尽可能在不失产品性能的前提下，采用本地区已有的原材料、零部件进行本地化生产，提高产品的生产效率；最后，在技术消化吸收、实现本土化的基础上进行改进型创新，在创新技术的推动下加速本产业及相关产业的成长。由此可见，在我国资源型地区发展转型的早期，由于人力资本较为缺乏，创新能力较低，采取“引进模仿—消化吸收—再创新”的技术升级路径推动产业结构优化，无疑是一种成本更为低廉、效果更为明显的技术进步方式。当然，这是一个渐进积累的进化过程，是一个量变与质变并存的多维过程。

- 进口所需的原材料和中间产品满足产业发展需求

长期以来，资源型地区产业主要以资源型产品的开采和简单加工为主，若要实现产业结构的优化，必须在提高资源型产业生产效率的同时，加快战略新兴产业的发展，而新兴产业的建立与发展，通常需要高附加值的仪器、设备等中间产品的供给，这在技术水平相对落后的资源型地区内部是难以解决的。国际贸易为进口国或地区打开了一扇窗，提供了更多的选择空间，使其能够在全球范围内选择更多样化、更先进的中间产品和机器设备，从而满足本地区相关产业的发展需求，并借助前向、后向关联推动产业结构变化。

• 发挥国际大市场效应促进产业稳步发展

当国内现期市场受到收入、消费理念、供求关系等条件限制趋于饱和时，积极开拓海外市场、寻求新的利润增长源泉便成为国内众多企业的出路。[34]在我国，资源型地区经济发展水平普遍不高，居民总体收入水平较低，但当地消费者消费意愿不强，有悖于凯恩斯的消费理论——收入越低，边际消费倾向越高的规律，这主要是由于矿产品价格波动较大，以资源型产业为主导的经济增长波动强烈，当地居民出于预防性动机将本就不多的收入存入银行，以此避免由于经济波动、收入减少导致的损失，因此当地居民消费意愿不强。例如，2016年，煤炭产量最高的典型资源型省份，如内蒙古、山西、陕西，最终消费占GDP的比重分别为44.3%、57.1%、45.3%，除山西外，内蒙古、陕西的指标都低于53.9%的全国平均水平①。在封闭条件下，市场消费能力的不足无法为新产业的发展提供丰厚的土壤。

在国际产业转移背景下，国际贸易将国内市场向国外延伸，极大程度地扩大了需求规模，进一步促进企业规模的扩大，使其产生规模经济效应。与国内的需求较为同质化不同，国际市场更为广阔、需求也就更加差异化，这就迫使国内企业的竞争更加侧重于产品和服务的创新，而非单纯的价格竞争。间接提高产业的创新能力，为推动产业结构高度化发展提供动力。此外，通过出口，有产业转型预期的资源型企业可以将资源开采、加工用的固定资产转移至国外，降低产业转型带来的损失。

• 通过出口提高居民收入水平拉动产业结构优化

收入水平决定着人们的购买能力，是影响市场需求的重要因素。通常来讲，平均收入水平越高，当地消费者对技术水平高、加工程度深、价值较大的高档商品的需求就越高，低收入国家或地区消费者则以低档商品的消费为主，以满足基本生活需求。因此，资源型地区随着产品出口的不断增加，居民的人均支配收入也会逐渐提高，需求结构的中心也将由必需品转向非必需品。由于低级产业②消费品的收入需求弹性较小，人们对此类产品的需求降低、甚至趋于饱和时，便会转向高级产业形态的替代品消费。在市场机制的作用下，低级产业将逐渐被淘

① 指标数据是作者根据《中国统计年鉴》相关数据计算所得。

② 低级产业指技术含量较低的劳动密集型产业。

汰，生产要素转而流向高级产业，终将促成主导产业的优化。因此，资源型地区随着出口增加、居民收入水平提高，消费结构也必然由低档的生活必需品向高档品及服务转变，由此先后引导和带动农业、轻工业、重工业和现代服务业的蓬勃发展，有力地推动产业结构优化。[35]

国际贸易不仅可以提高居民的整体福利水平，还可以改变居民的收入分配格局。斯托尔珀、萨缪尔森在《保护主义与实际工资》（1941）一文中阐述了自由贸易中产品价格的变化与要素价格、收入分配之间的关系，提出了著名的斯托尔珀—萨缪尔森定理。他们的研究表明：自由贸易会造成一个地区相对丰富要素所有者的收入得到提高，而使相对稀缺的要素所有者的收入下降。资源型地区是典型的自然资源、劳动力密集型地区，出口也主要以资源密集型产品、劳动密集型产品为主。按照斯托尔珀—萨缪尔森定理，通过国际贸易，从事出口行业的普通劳动者的收入水平将得以提高，这将对资源型地区消费结构的变化产生重大影响。众所周知，虽然近些年来资源型地区居民的消费结构正在由吃、穿等生存型消费向发展型消费转变，但与全国相比平均收入水平低、贫富差距大已是不争的事实。以山西省为例，2014 年城镇居民平均收入 24 069 元，位于全国 31 个省、自治区、直辖市中的第 23 名，农村居民收入则位于第 26 名，居中部六省末位。城乡差距、行业差距还在不断拉大，仅靠少数富裕人群实现消费结构的升级是不可能的事情。通过上文分析可知，出口贸易在提升居民整体收入水平的同时，可以进一步改善居民收入分配格局，提高资源型地区丰富要素所有者——普通劳动力的福利水平，这将在一定程度上起到提升需求结构，进而提升产业结构的作用。

譬如，近些年来，资源型国家智利通过传统的资源主导型产业，如采矿业、林业、渔业的多样化，以及强烈的出口增长愿望实现了经济的高速增长。此外，韩国的化肥工业、造船工业、钢铁工业，以及正在成长中的汽车工业，也都是通过实施进口替代战略逐步壮大，成为在国际市场上竞争力越来越强的产业部门。

国际贸易的产业结构优化效应作用机制可通过图 3. 3 综合反映。

3. 1. 1. 3　国际贸易发挥产业结构优化效应的制约因素

• 过分依赖引进技术的“舍本逐末”基模分析

系统基模（archetype）是系统动力学中分析复杂系统的一个主要工具，它的主旨是将影响问题的各个因素之间的复杂关系，通过图形、符号简洁明了地勾勒

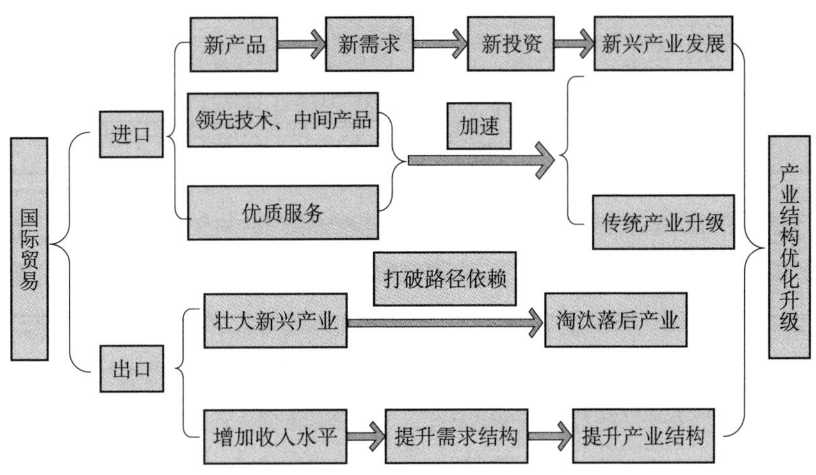

图 3.3　国际贸易促进资源型地区产业结构优化机制示意图

出来。这些影响因素之间形成一个个被称为反馈环的闭合环路，这些反馈环又由一定的逻辑关联在一起。[36]系统基模的思想强调，在分析和处理问题的过程中始终从整体来考虑，把整体放在第一位，而不让任何部分的东西凌驾于整体之上。美国管理学大师彼得·圣吉在其著作《第五项修炼》中，以附录形式给出了 9 种基模。本书将运用基模分析法逐个分析国际贸易、承接国际外包和 FDI 在资源型地区发挥产业结构优化效应的制约因素，并提出相应的建议。

所谓的“舍本逐末”基模，是指在一个复杂的系统模型中，人们往往只看到最明显、最表层的问题，而忽略了症状隐晦的潜在问题；或即使发现了根本问题，也因为需要付出高昂的代价去解决，而选择避重就轻，采用一些简单易行、立竿见影的办法解决问题。

技术作为一种独立于资本和劳动的生产要素，对产业结构优化升级的作用受到学者们的广泛关注和认可。然而，正如前文所述，资源型地区产业发展中会遇到技术瓶颈，因此通过引进先进的技术促进产业结构的优化升级是一条捷径。然而，这个看似简便易行的“解”只能暂时“改善症状”，不能改善资源型地区技术落后的本质。资源型地区可能会出现过分依赖技术引进，对引入的技术不加筛选的问题，忽略了引进的技术应当与本地区的吸收、消化、自主创新能力相匹配。如果引进的技术在现有技术水平基础上无法消化、吸收，不能直接转化为当地的生产力，更谈不上二次开发和自主创新，那么引进的技术再多、再先进，亦无助于提高本地区的科技水平和技术创新能力，更无助于长久地促进产业结构优化升级。

若资源型地区过分注重引进技术而忽视本地区对于技术的消化、吸收、创新，将造成“舍本逐末”的结果，即潜在的问题不但没有解决，反而更为恶化，最终使系统丧失解决潜在问题的能力，具体如图 3.4 所示。

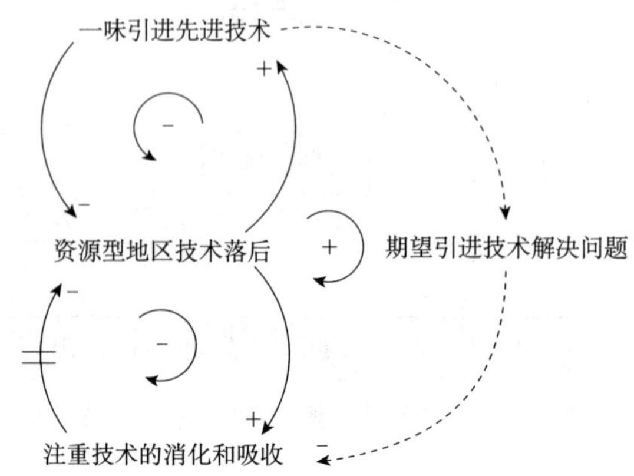

图 3.4 过分依赖引进技术的“舍本逐末”基模分析

“舍本逐末”基模由两个调节环路构成，这两个环路都试图解决问题。上面的环路代表引进先进技术提升资源型地区技术水平，是快速见效的症状解。它迅速解决问题症状，这种短期而立即见效的诱惑力很大，但只是暂时的；在这种情况下，潜在的问题不但没解决，甚至可能恶化。下面的环路包含了时间滞延，它代表较为根本的解决方式，即通过对技术的消化、吸收和创新，改善资源型地区技术水平落后的现状，而其效果在短时间内不能体现，但它可能是唯一持久见效的解。此外，可以看出单纯期望通过引进技术来解决资源型地区技术落后的状况，不重视对技术的消化、吸收，将无法促进该地区技术水平的长足进步和自主创新能力的提升。

根据彼得·圣吉提出的管理原则：想要彻底改变舍本逐末的状况，需要同时增强治本的反馈、减弱治标的反馈，将问题聚焦在根本解决方法上，加强能力建设。因此，对于技术水平落后的资源型地区，一方面，政府对于企业的技术引进应给予宏观指导，以免由于企业信息失灵而盲目引进技术，从而尽可能引进与本地区现有科技水平和经济发展水平相适应的“适用技术”；另一方面，关键要加大对于引进技术的消化、吸收、创新的投入，否则引进再先进的技术也难以从根本上改变技术落后的局面。

- 出口过度竞争引发的“公地悲剧”基模分析

“公地悲剧”基模旨在描述对于没有排他性的公共资源，系统内成员个人理性的聚集造成非理性的结果，即公共物品、公用资源的过度使用造成的资源枯竭、破坏和浪费等问题。本书借鉴张桂梅、崔日明（2008）的研究成果，用“公地悲剧”基模来解释目前无序的出口竞争状况，这一问题在资源型地区尤为显著。[37]

如前文所述，在封闭条件下资源型地区由于本地市场有限，导致产能过剩，难以扩大生产规模，降低成本。因此，在开放条件下通过发挥国际大市场效应获得规模经济利益，是促进产业稳步发展的可行途径。然而，对于众多出口厂商来说，国外市场份额是一种稀缺资源，总需求也是有最大容量限制的。每一个理性的出口商都希望通过扩大产品的国外市场占有率使得自身收益最大化，最终出现各出口厂商通过竞相降价挤入国际市场的非理性现象。由于资源型地区企业出口多属于劳动、资源密集型产品，技术含量较低，品牌效应较差，产品同质化现象严重，这样恶性竞争的结果是两败俱伤，既缩小了企业的利润空间、造成了资源的浪费，又削弱了企业技术创新的动力，最终将影响整个产业生产效率的提高。更严重的是，进口国政府出于对本国相关产业保护的目的，也必然对进口产品的数量和增速有一个最大的容忍限度，一旦超过这个限度，进口国便会采取反倾销、反补贴等措施限制进口数量，甚至禁止进口，反而使得单个企业获得的国际市场份额逐步下降。这与通过扩大出口规模促进产业结构优化的初衷相背。

资源型地区出口过度竞争引发的“公地悲剧”基模分析如图 3.5 所示，A、B 均为资源型地区企业。最初，单个企业共同使用公共资源——国际市场份额，并通过竞相降价的方式扩大对于公共资源的占有份额。公共资源最初看起来很充裕，因此单个企业便快速、无序地吞噬这项资源，使自己的产品迅速占领国外市场，并形成增强环路，使得成长越来越快。但实际上国际市场总份额这一公共资源是有限的，国际市场终将瓜分殆尽，此时企业发现出口愈加困难、收益迅速递减。因此，单个企业都认为必须更加努力，进一步降低产品价格以获取更多利益。但事实上，愈努力成长愈事与愿违，最终导致公共资源消耗殆尽，造成共同的悲剧。

“公地悲剧”基模给予我们的启示：单一个体的非理性只是造成公地悲剧的一个必要条件，对公共财产缺乏严格、有效的监管是另一个必要条件。[38] 因此，“公地悲剧”是可以通过政府调控来避免的。政府应该一方面鼓励企业自主创新，利用产品差异性抢占市场，而非一味降价；另一方面，应该建立真正有权

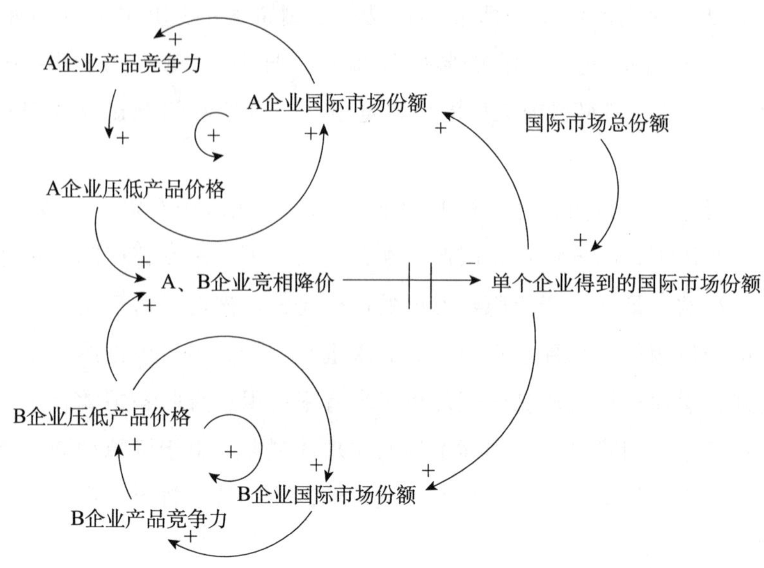

图 3.5 出口过度竞争引发的“公地悲剧”基模分析

威、有公信力的行业协会来制定市场规则、规范企业行为，同时树立各个行业的价格标准，对企业的违规行为进行有效监管和预警提示，达到有秩序地开发国际市场的目的。

• 企业家精神不足的“目标侵蚀”基模分析

“目标侵蚀”基模反映的是这样一种现实：任何系统都有自己既定的目标，但由于制约因素的作用，或既定目标难以实现，而不自觉或被迫地逐渐降低目标。本书将用“目标侵蚀”基模描述资源型地区企业家精神不足而制约新兴产业发展的现实。

产业的发展依靠企业，企业家是企业的决策主体，因而影响企业成长方向、发展速度的关键因素便是企业家精神①。企业家精神是一种特殊而重要的无形资源和竞争力，也是企业健康长存的基因和要穴。[39]企业家精神主要体现在创新精神、冒险精神、执着精神等方面。企业家素质的差异直接影响着企业对新市场、新产业认知和前景的判断。

图 3.6 所示的“目标侵蚀”基模由两个调节环路构成，上面的环路是资源型地区产业结构优化的长期目标与企业家及时获利的短期目标之间存在差距，因企业家精神不足导致的短期行为，及由此产生的差距进一步扩大的后果。下面的环

① 企业家精神是指企业家组织建立和经营管理企业的综合才能的表现。

路则表明资源型地区充分发挥企业家精神所产生的有利于实现长期目标的行为虽然与发展新兴产业这一最终结果存在时滞，但只要坚持下去就达到长期目标。

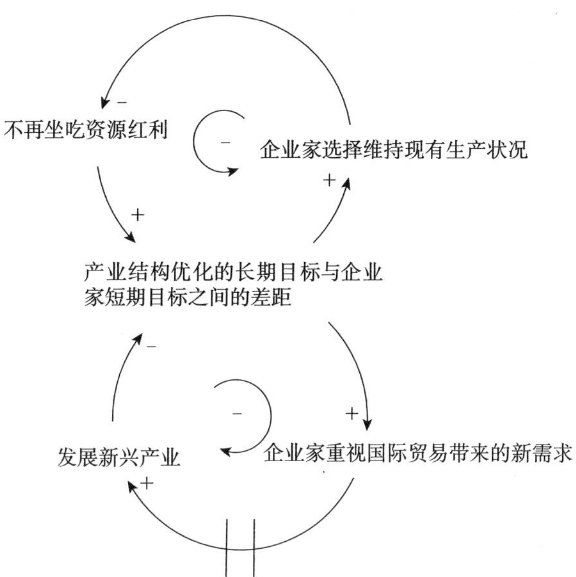

图 3.6　企业家精神不足的“目标侵蚀”基模分析

《第五项修炼》管理法指出：在厘清长期根本目标的基础上，始终坚持该目标、标准或愿景。由于资源型地区企业家普遍缺乏企业家精神，造成了只看中眼前利益的短期行为，这不利于企业的长期发展，更不利于资源型地区的产业结构优化，因此政府应充分调动当地企业家精神，激励企业家树立远大目标，并让大家看到达到根本目标之后的美好景象，应该是一种极其有效的手段。

3.1.2　国际外包促进资源型地区产业结构优化的作用机理

当今随着科学技术的迅速发展，全球范围内的信息交易成本和运输成本不断下降，全球化分工进一步深化。与此同时，制造业模块化的生产方式越来越普遍，生产环节的全球化也成为一种新的发展趋势。许多国家，特别是发展中国家，以承接国际外包的方式积极参与国际产业转移。20 世纪 90 年代以来，国际代工成为发展中国家承接国际产业转移的主要模式。卢峰（2004）指出，国际代工就是发达国家品牌制造商提出一定的设计、生产要求，并向国外制造商下订单，后者依照要求自行生产，或者将生产环节进一步分解，分包给不同企业，产品完成后加贴发达国家的品牌予以出售。[40] 此过程是经济全球化大背景下“生产分散化”与“贸易一体化”两个趋势结合的产物，也为发展中国家或地区融入国际生产分工体系、推动产业结构优化提供了契机。可以说，国际外包路径下的国际产业转移，是基于合同生产、许可经营等契约形式，实现产业由一个国家或地区向另一个国家或地区转移。

3.1.2.1 国际外包促进产业结构优化的理论依据

• 马克思国际价值理论的拓展

国际价值理论对丰富国际贸易分工理论具有重要的贡献，也是马克思劳动价值论在国际范围内的应用。虽然马克思在有生之年未能系统地为国际价值理论著书，但是在其众多的经济学手稿中仍能找到关于国际价值理论的痕迹。

世界市场形成之后，商品得以在国家之间进行交换。此时，商品价值的确定就不能再以国别价值为基础，而应该由生产该商品的国际社会必要劳动时间，即国际价值来确定。[41]关于“国际价值”这一概念，马克思在《资本论》第一卷第二十章中明确指出，每一个国家都有一个中等劳动强度指标，在这个强度以下的劳动，生产一种商品时所耗费的时间要多于社会必要劳动时间，所以不能算作正常质量的劳动。在一个国家里，只有超过国民平均水平的劳动强度，才会改变单纯以劳动的持续时间来计量的价值尺度。在以各个国家作为组成部分的世界市场上，情形就不同了。国家不同，对中等劳动强度的界定也就不同：有的国家高些，有的国家低些。于是各国的平均数形成了一个阶梯，它的计量单位是世界劳动的平均单位①。这里所讲的“平均单位”就是国际价值，只有将国民价值转化为国际价值，无差别的劳动才真正具有国际意义。通过“世界劳动的平均单位”这个计量单位，就可以将每个国家的社会必要劳动还原为国际社会必要劳动。每个国家生产商品所耗费的社会必要劳动，在国际市场上表现为国别价值。[42]由于所处时代久远，马克思不可能完全预知当今社会国际分工的具体形式，但其国际价值理论的相关思想，对于新的国际分工格局仍具有一定的指导意义。

在马克思所处的19世纪，国际贸易是遵循比较优势原理展开的，交换的标的物为最终产品，因此国际价值规律主要作用于最终产品的交换领域。资本主义发达国家凭借资本和技术优势，向发展中国家输出工业制成品，同时从落后国家输入工业生产需要的初级产品。但是，随着科学技术和通信手段的飞速发展，国际贸易模式呈现新特点，由最初的产业间分工扩展至如今以产业内分工、产品内

① 马克思，资本论（第1卷），北京：人民出版社，1975，613-614。

分工为主的国际分工格局，由原来以产品为标的物的贸易模式，发展为以生产要素为标的物的贸易模式。同时，国际交易成本的降低使得原本在一国国内完成的产品生产流程逐渐细化为可在多国实现的众多生产区段，产品生产环节的全球布局已成为常态。跨国公司为了在日趋激烈的竞争中取胜，纷纷开始实施全球化战略，充分利用各个国家或地区在不同环节上的要素优势，借助成熟的通信技术特别是互联网技术为支撑，在全球范围内布局价值链的各个环节。技术研发、产品设计、原材料采购、中间产品的生产、最终产品的组装、产品销售等环节都是在全球范围内展开的，使得要素分工、工序分工成为当今国际分工格局的主流，而国际外包便是当前实现国际要素分工的重要途径。

既然企业生产经营活动的各个环节分别在不同国家进行，那么这些中间环节产品的实际价值就是各环节产品生产地的国别价值，而最终产品的国别价值便是这些中间产品国别价值之综合，即实现了最终产品价值构成的国际化。由前文理论分析可知，跨国公司通过国际化生产出来的最终产品的国别价值，往往低于国际价值，但在世界市场上仍按国际价值售卖。这就意味着相对于其他国家，跨国公司的国际化生产模式可以在劳动时间相同的情况下创造更多的价值量，即产生更多的超额利润。值得注意的是，在跨国公司的全球产业链条整合中，各环节的增值能力存在相当大的差异，即价值链中各环节输出值呈“U 形”曲线（所谓的“微笑曲线”）。具体而言，处于价值链两端的研发和销售服务环节，其增值能力通常高于位于价值链中段的生产环节。另外，上游关键零部件生产环节的增值能力又高于处于下游的零部件组装环节。考虑到资源的有限性，跨国公司将专注于增值能力较强的核心环节，而将生产、组装环节等非核心业务“外包”给其他人力和自然资源丰富的国家生产厂商完成。因此，在要素分工成为当今国际分工主要形式的情况下，发展中国家或地区应审时度势、把握机遇，凭借自身特定要素的比较优势，积极参与全球产业链生产才能共享国际分工的好处。此外，应努力提升产品生产工序所处价值链的地位，积极利用国际价值规律培育要素优势，在积极参与国际分工的同时，努力提升在国际价值分配中的地位，加速当地产业结构的优化。

- 全球价值链（Global Value Chain，GVC）理论

近些年来，世界经济的显著变化之一，就是全球范围内国际分工的不断深化，以及由此带来全球价值链的形成。全球价值链的形成使 20 世纪 90 年代以来国际产业转移呈现新的特征，即跨国公司出于提升全球竞争力和利益最大化目

标，将附加值低的产品生产工序外包给其他国家或地区，自己则只完成产品设计、研发（R&D）和市场营销等附加价值高的工序或环节。就国际产业转移的对象来看，转移的已不再是某一产业或产品，而是该产业或产品中的不同附加价值的环节和工序。因而，此时国际产业转移浪潮的本质也变为不同国家或地区依据自身的优势，对价值链的不同环节进行承接。与全球价值链研究相关的早期研究有价值链、商品链、生产网络、全球商品链等，20 世纪 80 年代中期以来，经过分化演变，全球化方面的这些内容统一到全球价值链研究中。

GVC 理论的形成可以追溯到价值链和全球商品链的相关理论。价值链理论比较有代表性的当属迈克尔·波特 1985 年的研究成果。他在《竞争优势》一书中指出，公司的价值创造活动主要是由基本活动和支持性活动两部分组成①，这些活动构成公司价值创造的行为链条，这一链条被称为价值链。20 世纪 90 年代末起，国外学者开始用全球价值链的框架来分析东道国的产业升级问题。格雷菲（Gereffi，1999）的研究表明，在全球价值链下一国产业结构升级可以通过 4 个层次来实现：一是产品层次上的升级，即同类型产品由简单向比较复杂升级；二是经济活动层次上的升级，即提升对整体产品的设计和市场营销能力；三是部门内层次上的升级，包括从低价值环节到更高价值的产品和服务的生产等；四是部门间层次上的升级，包括从低附加值的劳动密集型产业向资本和技术密集型产业升级。[43]在格雷菲研究基础之上，哈姆弗雷和斯彻姆兹（Humphrey 和 Schmitz，2002）提出了建立在以企业为中心的四层次升级方法。第一，实现流程升级，即通过重组生产系统或是引入高级技术提高投入—产出比率；第二，实现产品升级，就是由附加值较低的简单生产线向高端的生产线转换；第三，实现功能升级，即增加价值链上比较新的或是更好的功能；第四，实现部门间升级，也就是把全球价值链特定环节中获得的能力应用于新的价值链，也称链升级。[44]从具体实践来看，发展中国家在嵌入全球价值链后，确实可以实现流程和产品升级，但以后的升级就会变得很困难，容易陷入“低端锁定”的局面。因此，现有文献大多在研究如何突破这种锁定，实现产业升级。

3.1.2.2 国际外包促进资源型地区产业结构优化的途径

- 为切入全球高技术产业链提供捷径

资源型地区要实现产业优化，加入全球价值链是必要条件。国际外包的迅速

---

① 基本活动包括生产、销售、运输和售后服务等；支持性活动包含材料供应、技术研发和财务管理等。

发展为资源型地区以较快的速度实现技术创新、沿着全球价值链攀升，进而促进产业结构优化提供新的途径。遵循比较优势理论，在承接国际外包初期，资源型地区定是利用其丰富的自然资源、廉价的劳动力从事简单加工、装配、组装生产嵌入全球高技术产业链，为跨国公司提供代工服务。客观来讲，这是一个既不得已又基于现实的理性选择，虽然代工企业仅能在产业价值链中获取微薄的利润，但通过学习国外跨国公司相对先进的生产技术和管理经验，发展中国家产业可以逐步实现“工艺升级→产品升级→功能升级→部门间升级”的路径升级。此外，由地区要素禀赋决定的国际分工并非固定不变，随着分工的不断进行，原有的要素禀赋也将发生改变，进而影响下一步的国际分工结构。通过“干中学”“边干边学”，资本以及劳动技能、先进技术等高级生产要素逐步积累；与此对应的是，其在全球产业链中的地位也将依低端工序生产—中端工序—高端工序顺次上升。[45]正如阿尔恩特（Arndt，1999）所指，随着工业品生产全球分工的逐步深入，发展中国家得以凭借劳动力比较优势参与资本技术密集的工业品生产过程，进而实现工业化的目标。[46]

霍布德（Hobday）通过对亚洲“四小龙”电子产业发展的研究发现，这些国家和地区在为日本和美国等发达国家代工过程中掌握了技术诀窍和产品、工艺技能，而且通过学习和消化、吸收获得了一定的创新能力。为此他提出，发展中国家的企业升级一般遵循的路径是 OEM→ODM→OBM。[47]资源型国家芬兰也是一个很好的例子。芬兰的经济发展是以伐木起步，然后通过橡胶靴生产等劳动密集型生产活动进行多样化发展；接着其著名企业飞利浦在“原始设备制造商”的协议下生产家用电子产品，在知识、技能、技术等生产要素积累到一定程度后才进军手机生产行业，并最终在移动电话领域成为全球的主要竞争者。因此，国际外包的迅速发展给资源型地区产业结构优化提供了较大的机会。

- 提升劳动者技能水平

马克思将劳动分为简单劳动和复杂劳动。简单劳动是指没有经过专门学习和培训便能够胜任的劳动；复杂劳动是指需要经过专门培训和学习，具有一定的技能和知识才能从事的劳动。[48]劳动者技能高低是影响产业结构优化的重要影响因素，在提高企业竞争力、推动技术创新以及科技成果转化等方面具有举足轻重的作用。[49]我们借鉴芬斯特拉和汉森（1996）、任志成（2012）的分析模型框架，以一个简单的外包模型来分析外包的技能升级效应。[50]

假设产品生产过程中使用3种生产要素：低技能劳动力 L 、高技能劳动力 H 和资本 K 。3种要素的收益分别为 w、q 和 r。产品在研发、生产和销售等过程中，需要的技能指数为 $z\in[0,1]$，行为值越靠近0，意味着需要的技能水平越低，行为值越是靠近1，需要的技能水平越高。$X(z)$ 表示用于外包生产的中间品数量，$a_H(z)$ 和 $a_L(z)$ 分别表示生产单位中间产品所需要的高技能和低技能劳动力数量。

假定有两个地区，一个是技术较为领先的发达国家，亦即价值链环节外移的输出国，另一个是技术水平相对落后的地区，亦即价值链环节转移的承接地，承接地用“※”表示。假设输出国的高技能劳动力和资本相对丰裕，而承接地低技能劳动力数量相对丰裕，则输出国的高技能劳动力相对工资、资本收益比承接地低，即 $q/w < q^*/w^*$ 、$r < r^*$ 。

将生产中间投入品的单位成本函数写成柯布—道格拉斯函数形式：

$$c(w,q,r,z) = [wa_L(z) + qa_H(z)]^{\theta}r^{1-\theta} \tag{3.1}$$

式子（3.1）中的 θ 表示劳动力在每一件中间品生产中所占的比例，由（3.1）可画出产业转移国和承接国的成本曲线 CC 和 C^*C^* ，如图3.7所示。

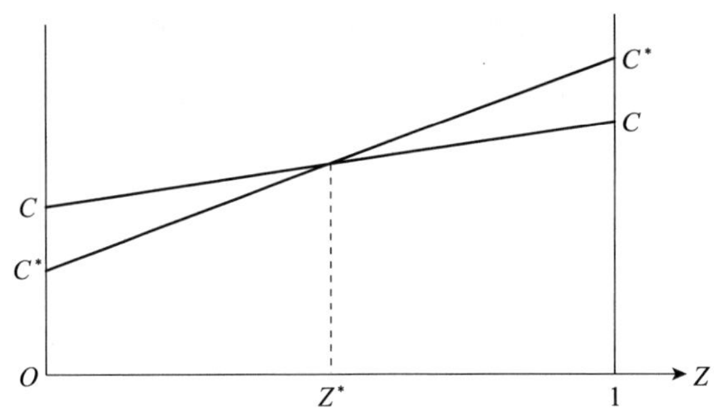

图3.7 发包国和承接地劳动力的技能分布图

资料来源：任志成，国际产业转移的就业效应研究［M］，北京：经济科学出版社，2012，133。

第一，初始技能分布。根据比较优势原理，如果产业承接地生产工序或环节成本比转移国低，那么发达国家一定会将产品生产工序外包出去降低成本。假设 CC 和 C^*C^* 至少相交一次，在交点 Z^* 处，$c(w,q,r,z) = c^*(w^*,q^*,r^*,z^*)$ 。当生产处于 $z < z^*$ 段，承接地生产的单位成本低于转出国，故会将［0，z］区段内的业务转移至成本较低的国家或地区生产。处于 $z > z^*$ 的工序，则需要较高的高技能劳动力，在技术发达国家本国生产成本低廉，没有业务外包。由此可得：移出国对高技能劳动力与低技能劳动力的相对需求为：

$$D(z^*) = \frac{\int_{z^*}^{1} \frac{\partial c}{\partial q} x(z) dz}{\int_{z^*}^{1} \frac{\partial c}{\partial w} x(z) dz}$$

承接地对高技能劳动力与低技能劳动力的相对需求为：

$$D^*(z^*) = \frac{\int_{0}^{z^*} \frac{\partial c}{\partial q} x(z) dz}{\int_{0}^{z^*} \frac{\partial c}{\partial w} x(z) dz}$$

正如前文所述，转出国和承接地高技能劳动力的需求 $D(z^*)$ 和 $D^*(z^*)$ 会随着高技能劳动力与低技能劳动力的相对工资的上升而下降，如图 3.8 所示。

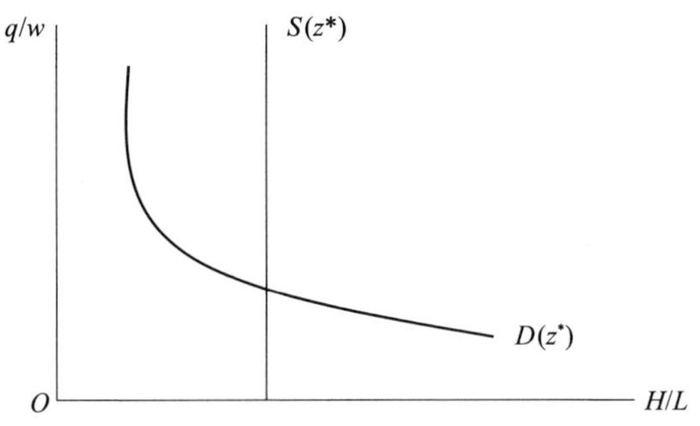

图 3.8　承接地高技能劳动力的供求曲线

资料来源：任志成，国际产业转移的就业效应研究［M］，北京：经济科学出版社，2012，134。

第二，就业技能升级。劳动力工资和资本价格的变化都会使成本曲线发生变化。外包国劳动力工资水平相对承接地提高，将导致外包国成本曲线相对上升或者承接地成本曲线相对下降。此时，成本曲线 CC 将向上移动，曲线 C^*C^* 向下移动。如图 3.9 所示，两条成本曲线的交点从 Z^* 移动到 Z'。因此，承接地外包生产的范围扩大到［0, Z'］，而发包方国内的生产缩小到［Z'，1］。这对每个国家高技能劳动力的相对需求均会产生影响。

具体而言，对转移国来说，生产范围从［Z^*，1］缩小到［Z'，1］。外包的［Z^*，Z'］区域内的生产，比仍在国内生产的技术密集程度要低。这样就降低了国内对低技能劳动力的需求，增加了对高技能劳动力的相对需求。外包承接国增加的［Z^*，Z'］区段比原来该国生产的技能密集程度要高。这种生产的逐步转移，也逐步增加了承接地对高技能劳动力的相对需求。

虽然转移至承接地的［Z^*，Z'］区段生产产品，在发达国家的产品结构中属于低技能劳动力密集型产品，但在承接地属于高技能劳动力密集型产品。因

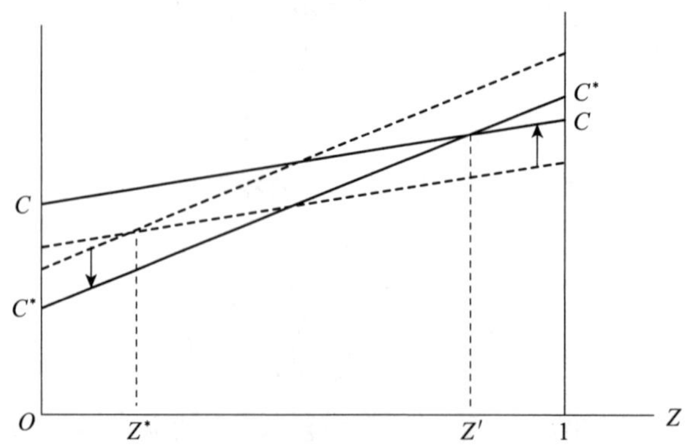

图 3.9　发包国和承接地劳动力技能分布的变化

资料来源：任志成，国际产业转移的就业效应研究［M］，北京：经济科学出版社，2012，135。

而，承接地对高技能劳动力的需求，以及高技能劳动力的相对工资都会继续增加，需求曲线 $D(z^*)$ 向右移至 $D(z')$，如图 3.10 所示。在高工资水平的刺激下，低技能劳动者就有不断学习、提高劳动技能的动力，高技能劳动力供给也会进一步增加，从而整体上促进了承接地劳动力的技能提升。

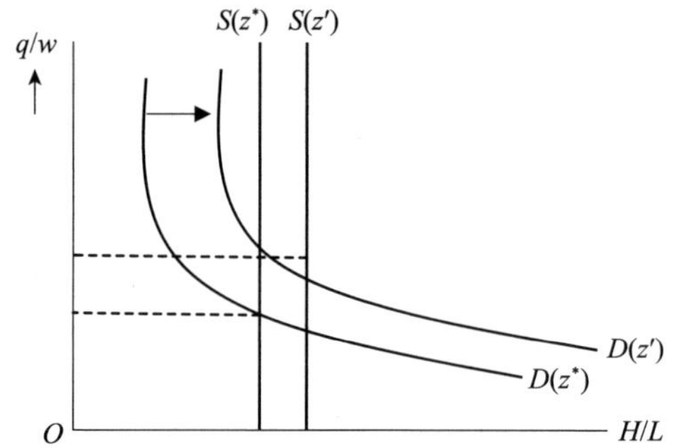

图 3.10　承接地高技能劳动力的需求变化引起供给变化

资料来源：任志成，国际产业转移的就业效应研究［M］，北京：经济科学出版社，2012，135。

- 通过“干中学”推动产业技术进步

技术进步是实现产业优化的根本驱动力，而导致资源型地区产业诸多问题的一个重要原因便是技术水平落后。利用承接国际外包的机遇可以提升本地区技术水平，进而促进产业结构优化。国际外包带动承接地技术升级，主要是通过当地劳动者“干中学”来实现的。“干中学”效应的概念最早由艾罗（Arrow，1962）提出。他指出发展中国家或地区在没有创新技术问世的情况下，生产过程中积累的经验同样可以提升劳动生产效率，这种现象称为“干中学”

效应。因此，缺乏自主技术创新能力的资源型地区企业可以通过国际外包的方式，边看边学，边干边学，学习技术的各种隐含性知识，最终实现技能的积累和技术的进步。具体说来，国际外包的“干中学”效应主要通过以下 3 个方面得以实现：

第一，通过国际外包的示范效应提高技术水平。首先，技术领先的发达国家通常不会轻易地将先进技术转让和传播出去，但是在国际外包过程中，发包方为了保证最终产品的质量，会将承接地暂时无法生产或质量无法满足需要的中间产品或零部件出口至承接地，隐含在其中的新技术、新工艺和新理念等也将随之引入。当地企业通过对进口零部件的“反求研究”模仿生产，逐渐掌握了隐匿于其中的先进技术。[51]其次，发达国家发包给承接地进行进一步加工生产的中间品在技术、工艺流程、品质、安全性、生态性等方面都是遵循国际标准的，这就为当地企业开发与生产同类产品提供了示范。最后，一部分加工贸易产品在承接地就地生产、就地销售，激发了该地区的新需求，为新型产业的诞生奠定了市场基础。改革开放以来，我国东南沿海地区通过承接电子工业产品外包，迅速成为全球重要的 IT 硬件制造基地便是一例。

第二，通过国际外包的关联效应提高技术水平。国际外包的关联效应主要体现在对上游企业的技术要求和技术援助方面。为了保证最终产品的质量、维护发包方企业的良好信誉，发达国家的企业在挑选接包方企业时，必然会综合考虑对方的技术水平、工艺流程、产品质量、生产成本等因素，并在全球范围内对所有符合条件的企业进行横向比较，最终选取最优企业合作。为了在激烈的竞争中脱颖而出，接包方企业不仅着力提升自身的生产技术水平，还对上游企业提供的原材料、零部件生产工艺、技术标准提出严格的要求，如此便能带动上游企业技术水平的提高。一般情况下，发展中国家或地区的承包商采购原材料及相关零部件的技术含量越高，技术外溢的效果就越明显，国际外包对发展中国家技术进步的促进作用也就越大。[52]此外，当上游企业无法实现相应的技术要求时，发达国家的发包方企业便会给予适当的技术援助，提高其技术水平和产品质量，以保证中间产品和最终产品的性能和质量。

第三，通过国际外包的培训效应提高技术水平。通常情况下，作为接包方的发展中国家或地区，人力资本质量较低，发达国家的企业会对接包方的员工进行培训，包括技术人员、管理人员和生产操作人员，以便使自己的产品理念有效地被接包企业所贯彻。承接地员工通过亲身参与高标准的生产经营活动，通过“干中学”积累了丰富的经验，并且随着这些人员在当地企业间的流动，技能得以进一步扩散，形成技术溢出效应。因此从长远看，国际外包是提高承接地人力资本质量、促进人力资本积累的有效途径。

国际外包促进资源型地区产业结构优化的作用机制如图 3. 11 所示。

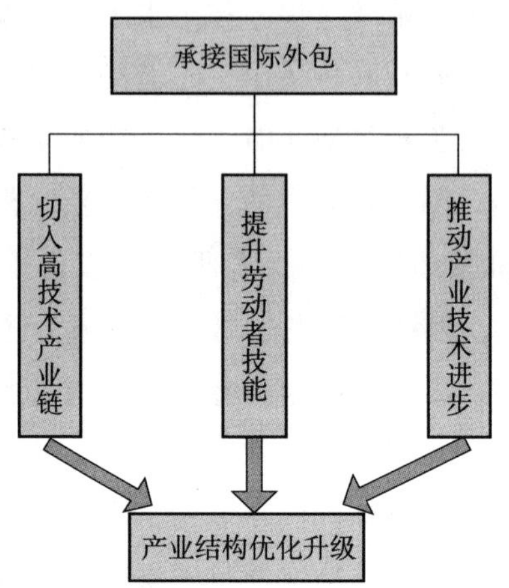

图 3. 11　国际外包促进资源型地区产业结构优化作用机制

3. 1. 2. 3　国际外包发挥产业结构优化效应制约因素

• 国际外包双方“富者愈富”的基模分析

彼得 · 圣吉的“富者愈富”基模与经济学中常提到的“马太效应”颇为相似，意指本就实力悬殊的双方经过系统运行，强者更强、弱者更弱的状况。

在承接国际外包的过程中，作为发包方的发达国家企业为了更好地协助接包方完成生产任务，通常会把技术标准、产品规范、管理经验等大量的知识和技能，有意或无意地转移给发展中国家或地区的企业。因此，积极主动地承接国际产业转移，是资源型地区以最低成本获得技术进步、产业升级的有效途径。然而，在国际外包过程中，由于发包方主要集中于发达国家的跨国公司，发包方与接包方无论在经济实力、技术水平、管理水平、议价能力等方面都存在着巨大的差距。此外，在形成国际分工过程中，发达国家的资本往往处于主动地位，发展中国家的自然资源、劳动力等生产要素则处于被整合的从属地位。因此，发展中国家或地区竞相采取优惠政策来吸引短缺资本的流入，这就导致发达国家的跨国资本在整个生产价值链中获取了较多的国际价值。

大量研究表明，为了保护自己的技术和品牌优势，发包方最终会将发展中国家或地区锁定在低附加值的制造和加工环节，获得不均等的全球化收益。如施密茨（Schmitz，2004）所分析的，发展中国家的企业参与的是俘获型的价值链。发达国家的领导型企业能凭借强大的市场势力和技术垄断优势，阻止发展中国家企业获取功能升级与产业链升级所需要的条件，以避免对其垄断实力与既得利益构成威胁。[53]作为接包方的发展中地区之间也存在着激烈的竞争。为了通过承接国际外包促进本地区的技术进步、产业结构优化，本就处于劣势地位的发展中地区纷纷采取一系列的优惠措施，甚至不惜牺牲眼前利益争取承接项目。因此，他们在和发包方谈判过程中势必处于弱势地位，在收益分配、技术转让等方面无法获得更多的利益，造成弱者更弱的结果，同时也不利于承接到较高端的产业链生产，对资源型地区产业结构优化升级的作用有限。

国际外包双方"富者愈富"的基模分析如图3.12所示。"富者愈富"的基模由上下两个增强环路组成，本来作为发包方的发达国家和作为接包方的资源型地区在诸多方面存在差距，这个差距通过两个"增强环路"运行之后会越来越大。

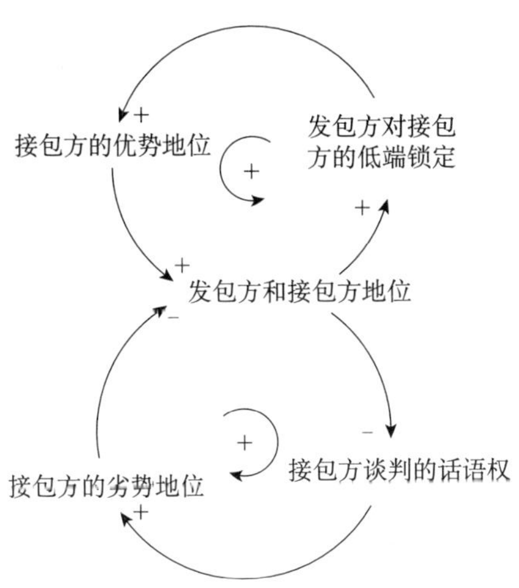

图3.12 国际外包双方"富者愈富"的基模分析

彼得·圣吉提出：寻求双方的共同目标，以使两者平衡发展。作为国际外包中的弱者，资源型地区要逐渐转变思路，不能长期寄希望利用优惠政策吸引项目。实践证明，通过扩大承接外包的规模和水平可以在一定程度上突破这种低端锁定效应。只要承接外包数量达到临界点，原有的发包方控制市场的力量将会发生改变，发包方和承接方在治理结构上的不对称现象，会在某种程度上得到缓解，即发包方利用其垄断优势"压榨"供应商的能力就会下降。接包方的议价能力提高的同时，在产业发展中会形成一定的主动性，加快技术、管理技能吸收的能力以及产业结构优化的速度，进而在收益分配上获得利己的主动地位。

- 忽视承接项目质量的“饮鸩止渴”基模分析

“饮鸩止渴”基模主要是反映一个措施短期内可能有效，但长期来看，会产生极其严重的后果，使本来的问题趋于恶化。在这种模式下，承接方为了实现短期目标，可能会更加依赖短期政策，形成恶性循环。这里用“饮鸩止渴”基模分析资源型地区忽视承接项目质量所引致生态环境恶化问题。

承接国际外包项目在给资源型地区带来资金、技术的同时，也可能造成生态环境恶化的负面效应，对产业结构生态化发展起到一定的抑制作用。以最为典型的加工贸易为例，很多学者通过实证分析发现，加工贸易与环境污染存在显著的正相关。刘婧（2009）利用ARMA模型实证检验的结果显示，与一般贸易相比，加工贸易与环境污染的关系更为密切。[54]朱雯君、陈红蕾（2010）通过构建VECM模型进行实证分析，结果表明，加工贸易都在相当程度上加速了我国环境的恶化。[55]

“饮鸩止渴”与“目标侵蚀”基模分析类似，但其后果更为严重。如图3.13所示，“饮鸩止渴”基模由一个增强环路和一个调节环路构成。在增强环路中，承接外包规模对资源型地区产业结构优化起促进作用；在调节环路中，承接项目质量低导致的环境恶化效应抵消了这种促进作用。环境恶化虽然对产业结构的负效应存在时滞，但长期来看，必然使得承接国际外包的产业结构优化效应大打折扣，甚至会阻碍资源型地区的产业结构优化。

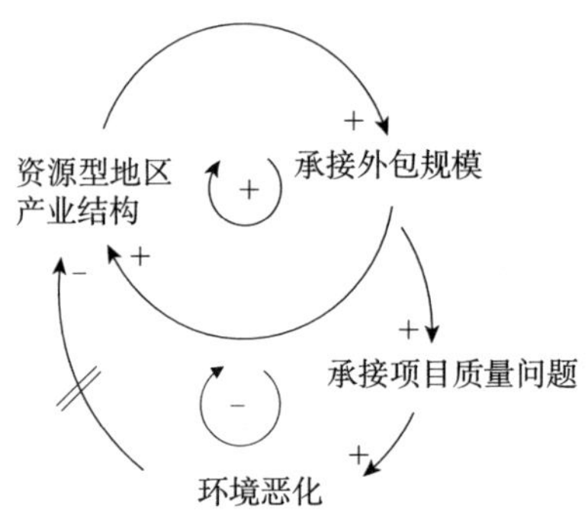

图3.13 忽视承接项目质量的“饮鸩止渴”基模

针对“饮鸩止渴”基模，彼得·圣吉的管理原则是：将眼光放长远、持续关注长期目标，切莫贪图片面、一时的正效应而忽视其负效应。因此，资源型地区在通过承接国际外包调节当地产业结构的同时，一定要注重承接项目的质量，有选择性地承接项目，否则将背离初衷，事与愿违。

• 劳动力素质的“成长与投资不足”基模分析

“成长与投资不足”基模旨在描述当系统成长接近上限时，通过增加要素的投资突破上限，实现持续增长的现象。但是，这种投资必须长久、持续，且应当在成长速度降低之前，不然将于事无补。本书将应用这一基模来分析资源型地区由于劳动力素质偏低，导致国际外包难以发挥产业结构优化作用的问题。

过去国际外包业务主要集中于技术水平较低的加工制造业，因此跨国发包企业在选择接包方时更看重承接地廉价的自然资源、劳动力等要素。当今国际外包业务所承载的技术含量越来越高，对承接地的劳动者要求也越来越高，特别是需要大量知识、技术、技能等综合实力较强的劳动力资本。高素质劳动者短缺是制约资源型地区完成接包业务，并通过“干中学”“学中干”实现技术消化、吸收、转移、创新的重要因素。

由图 3.14 可以看出，劳动力素质的“成长与投资不足”基模由一个增强环路和两个调节环路组成。增强环路表明承接高质量的国际外包项目，与资源型地区产业结构优化之间存在相互促进的关系；调节环路意味着能否吸引高质量的项目，受到资源型地区产业竞争力的制约，而产业的竞争能力又受制于该地区劳动力素质的高低。因此，加大对劳动力素质的投入，提升资源型地区劳动力的普遍素质，才是承接高质量外包项目、促进资源型地区产业结构优化的重要途径。

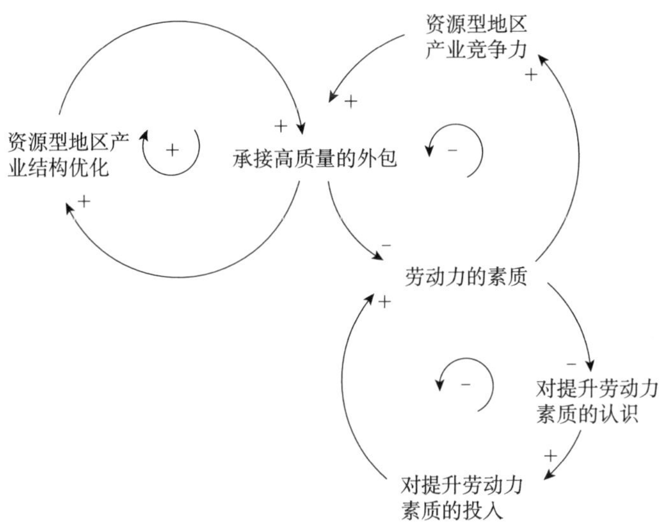

图 3.14　劳动力素质的“成长与投资不足”基模分析

因此，遵循彼得·圣吉提出的关于“成长与投资不足”基模的管理原则：一方面，一定要在成长上限来到之前提高自身的能力。资源型地区应加大对普通劳动者的培训工作，特别要把握住资源型产品价格低迷、产业不振、员工下岗的机遇期，加大对普通员工的教育和再就业培训工作，为转岗做好铺垫，也为承接高质量的国际外包做好人员储备；另一方面，要完善劳动力市场价格机制、社会保障制度，打破对劳动力合理流动的制约。

3.1.3 FDI促进资源型地区产业结构优化的作用机理

通过直接投资，发达国家落后产业的产能可以向别国转移，而对于资源型地区，承接的产业较本地区同类产业而言更为先进，通过资本效应、技术溢出效应、竞争效应等实现产业结构的优化。

3.1.3.1 FDI促进产业结构优化的理论依据

- 马克思产业转移理论及其拓展

在马克思生活的时代，尽管对外直接投资已经出现，但仍不是普遍现象。马克思虽然没有专门论述产业转移问题，但在其国际分工理论和世界市场理论中都体现了产业转移的思想和观点。马克思认为，国际分工反映了生产力发展的客观需求，由于分工可以提高劳动生产率，增加熟练程度，促进生产专业化，国际分工可以促进生产力的发展。马克思指出，“大工业把世界各国人民互相联系起来，把所有地方性的小市场联合成一个世界市场，到处为文明和进步准备好地盘，使各文明国家里发生的一切必然影响到其余各国”①。可以看出，资本主义大工业生产促成了世界分工格局的形成。同时，马克思的世界市场理论又提出，“世界市场使商业、航海业和陆路交通得到了巨大的发展”。这些条件的改善又在很大程度上为商品流通提供了便利，促进了商品在全球范围内的流动，使资本主义生产方式在世界范围内逐渐扩大。正如马克思所说，“资本一方面具有创造越来越多剩余劳动的趋势，同样它也具有创造越来越多的交换地点的补充趋势……创造世界市场的趋势已经直接包含在资本的概念本身中”②。

马克思的资本输出理论也隐含着外商直接投资的相关内容。在马克思经济学当中，“产业”属于物质生产领域的范畴，是产业资本的具体表现形式。然而随着经济发展不断加速，产业的概念也不仅仅局限于生产领域，各种非生产性产业

---

① 马克思恩格斯全集：第4卷［M］，北京：人民出版社，1979，361－362。

② 马克思恩格斯全集：第46卷（上）［M］，北京：人民出版社，1979，391。

如雨后春笋逐渐兴起。这样一来，不同产业便是不同资本的表现形式，而产业转移也只是资本跨部门流动的具体表现和结果。资本天然的逐利特性将驱动资本从利润率低的部门向利润率高的部门转移。随着资本主义工业革命时期生产力不断提升，资本有机构成的提高、利润率下降，过剩资本不断增加，在国内市场获利越来越困难，无法满足资本主义生产方式扩张的需求。马克思指出，为了获得更高的利润率，过剩资本必然会突破国界，走向世界，便出现了国际产业转移。资产阶级进行资本输出的结果，除了给当地带来诸如政治、经济、文化依附等不利影响外，也会改变当地的生产方式和产业结构。一些作为资本移出国的发达国家工业化进程较快、劳动生产率较高，通过先进的生产工具和方法，"使工人的职能和劳动过程的社会结合不断随着生产的技术基础发生革命，不断使社会内部的分工发生革命，不断地把大量资本和大批工人从一个生产部门投到另一个生产部门"①。由此可以看出，随着发达国家资本的流入，先进的劳动方式、生产技术会随之引入，并引导当地的资本和工人进行流动，从而实现产业结构的优化。

20 世纪初，资本主义进入垄断资本主义阶段。列宁虽也未系统地提出完整的 FDI 理论，但其在马克思的国际资本流动理论上，从帝国主义资本输出和社会主义国家利用外资两个方面对 FDI 理论进行了拓展。列宁认为，"在自由竞争占统治地位的旧资本主义时期，典型的是商品输出；在垄断占统治地位的最新资本主义时期，典型的则是资本输出"②。借贷资本输出和生产资本输出是资本输出的两种基本形式。列宁同时指出，在垄断资本主义阶段，发达国家资本输出的主要动力，仍然是通过与落后国家廉价资源、劳动力相结合，寻求高额利润率。因此，列宁将资本输出看成了帝国主义压迫和剥削其他国家的手段。与马克思所处时代不同的是，此时资本不仅是从发达的帝国主义国家流入落后国家，甚至有了发达国家之间的资本流动。列宁明确指出，"帝国主义的特点恰好不只是力图兼并农业区域，甚至还力图兼并工业极发达的区域"③。列宁还提出了关于社会主义建设中利用外资的理论，首次从理论上阐明了社会主义国家利用外资的必要性。苏联建国之后，作为第一个社会主义国家，其面临的首要问题便是发展经济。列宁深刻认识到，在经济极其落后的情况下，利用外商投资是壮大经济基

① 马克思，资本论（第 1 卷）[M]，北京：人民出版社，2004，560。

② 列宁选集（第 2 卷）[M]，北京：人民出版社，1995，626。

③ 列宁选集（第 2 卷）[M]，北京：人民出版社，1972，810。

础、发展社会主义生产力、巩固政权的有效途径。FDI在弥补社会主义社会经济建设资金不足的同时，也会带来先进的技术和管理经验。但是，利用外资也需要控制数量，并且加以监管。

邓小平理论博大精深，初步回答了解决当代中国社会主义发展的一系列基本问题，构思和设计了中国特色社会主义的一些发展战略。改革开放初期，邓小平根据我国经济发展的现实情况和具体特点，延伸了马克思主义的资本输出理论，为社会主义建设初期的中国如何利用外资提供了坚实的理论基础。邓小平深刻地认识到，处于社会主义初期的发展中国家，中国面临的根本任务便是发展生产力。那么，“一切有利于发展社会生产力的方法，包括利用外资和引进先进技术，我们都采用”①。邓小平表明，一方面要看清资本主义国家资本输出的剥削本质，另一方面也要合理利用外国资本，带动我国产业结构优化、经济快速增长。至于FDI对经济发展的具体作用，邓小平援引新加坡作为具体的例子加以佐证，“新加坡得到几个好处，一个是外资企业利润的百分之三十五要用来交税，这一部分国家得了；一个是劳动收入，工人得了；还有一个是带动了它的服务，这都是收入。我们要下这么个决心，权衡利弊、算清账，略微吃点亏也干，总归是在中国形成了生产能力，还会带动我们一些企业”②。邓小平谈到，引用外资的目的是更快地发展生产力，以此促进公有制的发展。因此，应以“三个有利于”作为标准，将对外开放、引进外资视为我国长期的经济发展政策。关于引用外资的形式，以合营为主，还可以采取补偿贸易、直接投资等方法。[56]邓小平理论为我国经济发展开辟了新的思路，在其对外开放理论的引领下，我国创立了深圳经济特区，自此开启了承接国际产业转移的新征程。

- 技术转移的周期理论

技术转移的周期理论认为，拥有技术垄断优势的企业，在对外经济发展战略上通常会经历3个阶段：出口新产品、对外直接投资和技术转让。3个阶段互有联系，按一定规律实行周期循环。[57]

如图3.15所示，在T_1之前，技术领先的国家在技术创新的初期，通常不会将新技术转让给其他国家。此时的对外经济战略是，利用新技术的独占优势制造新产品，并主要在国内市场销售；对于国外市场的需求，通过出口部分产品加以满足，以便防止新技术泄密。T_1至T_2阶段，当发展中国家或地区市场掌握新技术

---

① 邓小平文选（第3卷）[M]，北京：人民出版社，1993，130。

② 邓小平文选（第2卷）[M]，北京：人民出版社，1994，198-199。

开始生产该产品时，技术领先的企业为了降低生产成本，可选择到东道国进行直接投资牟利。发展中国家或地区也可以借此机会，通过吸引外商直接投资实现产业结构优化，因为通过国际直接投资转移的产业往往是那些在移出国缺乏成本优势，但尚存垄断利润，且移出国企业仍然掌握技术垄断优势的产业。随着外商资本的进入，技术也会慢慢渗透，当地企业则可以利用 FDI 的技术溢出效应、示范效应、产业关联效应等，逐渐完成对于新技术的转移和吸收，直至产品生产技术扩散至发展中国家或地区，移出国企业丧失了原有的技术垄断优势，当地企业便会进入该市场，依仗成本优势击败跨国公司，最终实现产业结构的优化升级。在第三阶段（T_2之后），当技术已经完全标准化，创新国企业不得不依靠技术输出来维持其收益。

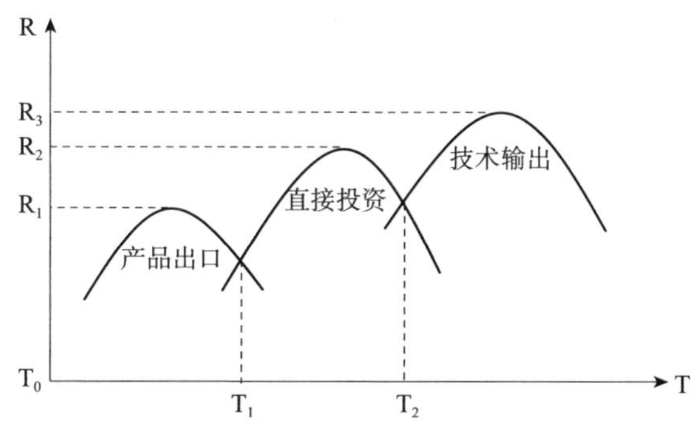

图 3.15　技术转移周期理论

资料来源：黄卫平、彭刚，国际经济学［M］，北京：中国人民大学出版社，2015，185。

由此可见，国际技术转移对于发展中国家或地区具有特别重要的意义。特别是在第二个阶段，外商直接投资不仅可以弥补发展中国家或地区资本的不足，而且还可以给当地引入先进的科学技术，这对发展中国家或地区的产业结构升级意义更为重大。

3.1.3.2　FDI 促进资源型地区产业结构优化的途径

- 弥补产业发展的资本缺口

资源型地区虽然储蓄率较高，但由于资源价格变动频繁、经济波动强烈，为规避风险，银行等金融机构不愿意对资源型区域的企业过多放贷，使得储蓄转化为投资较为困难，即存在“资本充足，投资不足”的情况。其次，资源型地区资源配置效率较低，与资源有关的产业投资过大，而对制造业等其他产业投资不足，致使产业整体效益水平较低，产业结构缺乏多元化发展的动力。

在国际产业转移背景下，外商直接投资可以弥补东道国或地区自身产业投资不足的缺口，形成资本促进效应，对其产业结构乃至整个经济发展产生深远的影响。美国经济学家钱纳里和斯特劳特（Chenery 和 Strout，1966）提出了“两缺口模型”。他们认为发展中国家在经济发展中普遍存在两大瓶颈：一是由储蓄不足导致的投资不足，即“储蓄缺口”；二是由外汇不足导致的资本品和中间产品进口不足，即“外汇缺口”。外国直接投资既带来了外汇资金，又带来了机器设备等投资品，有效地弥补了外汇缺口和储蓄缺口。FDI 的资本促进效应具体表现为以下 3 个方面。

第一，外资的引入能直接填补资源型地区的资金缺口，通过外资改善当地资源配置格局、提升资本使用效率，为资源型地区特定产业发展和整体产业结构优化注入新活力。绿地投资①是外商直接投资常见的形式，往往可以形成高质量的新增资产。外商资本在逐利过程中也会推动资源型地区比较优势的动态变化，为当地产业结构的优化提供可能。譬如，由于资源型地区起初自然资源、劳动力价格相对较低，跨国公司投资通常集中于资源或劳动密集型产业。然而，随着自然资源消失殆尽、劳动力成本逐步上升，资源型地区原有的比较优势便不复存在。同时，经济发展所带来的资本积累效也逐渐显现。此时，跨国企业在资源型地区进行投资时会优先选择资本、技术密集型产业，以此达到对潜在市场的更好挖掘与开拓。因此，产业结构在外资的推动下沿着资源、劳动力、资本、技术密集型产业的进程顺向演进。

第二，外资企业通常偏好综合实力较强、发展潜力较大的产业，而这些产业往往是东道国或地区尚处于幼稚阶段，有待进一步发展的部门。[58]随着资金的转移，技术、管理、市场网络等也会随之转移至东道国或地区，因此跨国投资又被称为“一揽子创造性投资”，可以明显改善原有产业的质量，也在一定程度上缓解了新兴产业发展中的技术和资金相对短缺的状况，为东道国或地区新兴产业的发展创造条件，也吸引其他资源向这些部门的相对集中。这是因为相对于内资，外资具有较强的资金运作能力和良好的借贷信誉，是国内资本市场青睐的优质客户，对于盘活当地闲散资金，促进投资具有较强的推动作用。[59]此外，外资企业具有技术和管理制度方面的优势，对当地的资金、人力资本等生产要素具有很强的吸引力。因此，外资企业相比当地企业，凝聚各种

① 绿地投资又称创建投资或新建投资，是指跨国公司等投资主体在东道国境内依照东道国的法律设置的部分或全部资产所有权归外国投资者所有的企业。创建投资会直接导致东道国生产能力、产出和就业的增长。

要素的能力更强，更容易促进资源的有效利用，进而可在资源型地区形成优势产业的聚集。[60]

第三，跨国公司对外直接投资带来乘数效应，通过前后向关联，对东道国资本形成产业连锁效应。一个跨国公司的投资项目需要与国内企业建立前后向关联，由此可以带动关联企业进行新建投资或扩大原有资本，从而促进关联企业资本增加，形成投资乘数效应。[61]因此，每增加一美元的国际直接投资，通过刺激本地投资会带来超过一美元的资本增加量。

• 通过技术溢出效应推动产业技术进步

有观点认为，出于对领先技术的保护，外商不可能将领先技术转移至东道国或地区，甚至认为参与其中的企业会被锁定或者俘获在产业链低端，从而会阻碍该地区技术进步和产业结构优化。事实上，技术进步并不单指技术的原始创新。技术进步也可以是基于现有成熟技术的再创新或二次创新，即在引进技术的基础上消化、吸收、再创新的过程。利用外商直接投资所引致的技术二次创新，同样有利于技术落后地区的技术升级，进而带动产业升级。[62]正如 Richard E. Caves（1982）所言，跨国公司对于投资国和东道国来说都有积极的意义，特别是在技术传播和技术转移方面。相比本地企业，跨国公司在技术方面更为领先，为了提高投资企业的效率，使最终产品在国际竞争中处于不败之地，跨国公司在 FDI 中会将领先的技术转移至东道国。[63]因此，资源型地区可以通过外商直接投资接触到更先进的技术。另外，跨国公司母国一般拥有较高的环境和安全标准，相较资源型地区，转移出的技术更为清洁、安全、高端，因此 FDI 可以促使资源型地区研发投入更多转向清洁和安全领域的技术和产品，提高资源型地区产业绿色化生产标准，实现产业和谐发展。

产业承接地获取 FDI 的技术溢出效应有两个重要渠道：第一，直接学习国外先进技术，包括由跨国公司在东道国或地区通过示范效应、竞争效应等引致的非自愿的技术溢出，以及跨国公司出于自身利益考虑，通过技术转让与共同研发等途径引致的自愿技术溢出。[64]第二，通过引进国外发明的中间产品间接获取先进技术。出于保证产品品质的目的，跨国企业会在拥有技术比较优势情况下，将先进的原材料或中间产品出售给东道国企业，此时本土企业就有机会通过“免费搭车”的方式学习其先进的技术、工序流程及管理经验。

• 打破制度变迁的“路径依赖”

关于制度、制度变迁，不同的人有不同的界定。其中，新制度经济学代表人物之一的美国经济学家道格拉斯·C. 诺斯的定义具有一定的代表性。他将制度概括为，“制度是一个社会的游戏规则，更规范地说，它们是为决定人们的相互关系而人为设定的一些制约”①。产业结构变动本质上为各产业部门生产要素的流动与重新配置，以及由此带来的各产业部门规模上的变动。此外，产业结构的变动势必带来各种交易成本、交易风险及机会主义的产生。合理的制度变迁可以通过提高资源的配置效率、激励机制以及降低交易费用、减少交易风险等促进产业结构的优化。林毅夫（2002）把制度变迁分为两类，即诱致性制度变迁和强制性制度变迁。由于个人或一群人为寻求获利机会自发倡导、组织和安排的制度变更为诱致性制度变迁；反之，若制度更替是由政府通过法律、命令等方式强制执行的，便为强制性制度变迁。新制度经济学派认为，制度变迁的诱因在于主体期望获取最大的潜在利润，当制度供给和需求处于非均衡状态时，便会引发制度变迁，而制度变迁通过调整制度安排的效率来影响经济增长。

消除资源型地区产业结构优化过程中体制机制上的障碍，包括发展观念、政府职能的逐步转变，才能使得产业结构优化之路更为顺畅。我国资源型地区通常处于相对封闭的中西部省份，其凭借丰富的矿产资源发展经济的模式，往往导致社会制度陷入僵化、低效的锁定状态，即制度变迁也将陷入“路径依赖”的困境。制度变迁是一个复杂、深刻、长期的变化过程，在相关利益集团的阻挠下，仅靠自身努力很难完成。在国际产业转移背景下，引入 FDI 会直接或间接激发资源型地区制度变迁的动力，保障要素的有效流动，促进产业结构优化。外资的进入会为地方政府的制度变迁带来外在压力，通过间接或直接的影响，带动资源型地区各方面制度的变革。

首先，进入资源型地区的外资企业大多来自市场机制较为健全的发达国家或地区。他们进入经济体制、市场机制不甚健全的目标市场后，本着实现自身收益最大化的目标，在具体的经济活动中必然会对当地的投资环境和制度变革提出要求。例如，东道国或地区市场化进程会影响跨国公司产业活动的交易费用，是跨国公司进入东道国市场所考量的关键因素。因此，为吸引国际产业转移，东道国或地区有必要加快市场化进程。其次，资源型地区政府也期望通过 FDI 的进入，缓解其经济发展的资金短缺问题以及就业问题，因此相比内资企业，外资企业更加具有与政府谈判的话语权，能够左右政府决策、敦促政策变革、加快制度实施

① ［美］道格拉斯·C. 诺斯，制度、制度变迁与经济绩效，刘瑞华译，上海：三联书店，1994，3。

进程。在外资企业这一外在经济主体的影响下，地方政府会通过推行优惠政策、完善服务职能、简化行政审批程序、保持政策的连贯性与稳定性，保证市场交易渠道的有效性等措施吸引外资，最终使得资源型地区政府的制度机制得以改善与进步。[65]最后，外资企业进入本地投资，必然会带动当地就业机制与人力资源培养机制的优化。为了使本地员工更好地适应外资企业的工作和文化，解决下岗职工的再就业问题，政府会加强在职员工的培训与下岗职工的就业再培训工作，努力提供能力较强、素质较高的合格人才，并以此作为吸引外资的比较优势。同时，外资企业的进入将给国内企业引入新的竞争压力，迫使当地企业不得不加快对经营、管理模式的更新换代，加快提高生产技术水平，从而带动当地企业生产效率的提升和企业制度的整体性变革。

- 发挥产业关联效应带动整个产业结构优化

资源型地区的工业是依托丰富的资源发展起来的，主导产业具有显著的资源型特征，如产业关联度低、整体协调性差、产业带动作用较小等。FDI 在促进投资产业发展的同时，带来的新技术、新经营管理理念等，在前后向产业关联效应的作用下，也促进了本土其他相关联产业的发展，进而推动当地产业结构的优化。

产业间的关联关系主要分为两种，即前向关联和后向关联关系。跨国公司需要在东道国当地购买原材料或零配件时，便与上游企业建立起前向的产业连锁关系，并对中间产品的质量、技术和性能提出较高的要求，对于暂时无法满足要求的关联企业，会提供相应的技术援助，必要时还会有偿提供资金支持，以提升上游产业的生产工艺、技术水准与产品品质。这种与外资形成的长期稳定的交易关系，不仅会提高中间产品的国产化率，使大批本土企业通过跨国公司快速融入国际分工体系；更重要的是，国内中间产品供应商可以付出较低的成本获得外资企业的技术支持，这是提升中间产品生产商工艺流程和技术水平的重要渠道。[66]后向关联效应则作用于外资企业产品的本地经销商和服务商。当跨国企业出于尽快占领东道国市场的目的，选择当地企业作为其产品的经销商，或从当地企业购买产品或服务作为中间产品进一步投入生产时，外资企业便建立起与下游企业的后向产业关联，通过售后服务和培训产生技术扩散，[67]在促进当地产业进一步发展的同时还将带动相关产业的投资。

譬如，自 20 世纪 90 年代以来，欧美汽车巨头纷纷投资于中国家用轿车制造业并就地销售，由于外商对原材料和零配件的规格、品质要求较高，上游企业改进生产流程、提高生产技术的动力加大，客观上促进了企业生产效率的提升，这是产业前向关联效应。此外，外资的大量进入为本地市场提供了更多款式新颖、品质高端的产品，带动了下游汽车销售、维修等服务业的发展，以及公路基础设施的发展，创造出了新的市场需求，这是产业后向关联效应。需要说明的是，这些新的需求在以前必须依靠进口才能满足，但受到进口关税、政策调控等诸多因素的影响而难以实现，外资的进入在很大程度上缓解了这种“瓶颈”的制约。

- 刺激市场竞争提升产业生产效率

资源型地区矿产资源开发具有一定的自然垄断性，因而企业生产效率低下、浪费严重、改革动力不足。在相对封闭的条件下，资源型地区持续的低效率、低水平竞争会使产业结构失去优化升级的动力。外资企业往往出于获取资源型地区廉价劳动力和自然资源的目的进入东道国，FDI 的进入必然会激发相关企业的竞争意识与改革创新的动力。跨国公司有着雄厚的资本和品牌优势、先进的技术水平和成熟的管理模式，对当地同类产业领域内的企业而言是极大的挑战。在强大的生存压力下，为守住原有的市场份额或获取更多的市场份额，本地企业通过模仿、学习、加大研发投入等措施，努力缩小与外资企业的差距，促进产品创新。因此，竞争效应有助于打破原有市场垄断格局，促进传统产业生产效率提升、产品升级。同时，激烈的竞争还将引导资源在产业间的合理配置。FDI 的进入会对与外资企业差距较大的当地企业，特别是机构臃肿、效率低下的国有企业造成很大的冲击。出于逐利的本能，资本、资源会自发地由低效率部门流入高效率部门，落后产业、企业将逐步被淘汰，退出该市场或直接阻碍当地企业的进入，这对资源型地区全面化解产能过剩，进一步优化资源型产业结构，提升整体效率具有重要的意义。

一些实证研究也证明了竞争和效率之间的关系。Baldwin（1995）通过加拿大制造业的数据研究证明，企业间进出市场越自由，竞争越激烈，产业效率越高。[68] Nichkell（1996）研究结果表明，包括降低贸易壁垒等方式在内的竞争引入手段可以显著增加英国制造业的产出附加值。[69] 跨国公司凭着雄厚的资本、技术、管理和品牌优势，给资源型地区的企业带来极大的挑战，强大的生存压力激发相关企业的竞争意识与改革创新的动力。后者通过模仿、学习跨国公司先进的工艺、技术、管理等，或通过加强科研投入提升企业的实力，努力与外资企业同行在各个方面缩小差距。面对当地企业的不断进步，跨国企业为了继续保持其领先优势，会进一步从母公司引入更先进的技术，或在资源型地区直接建立研发中心，从而刺激新一轮的竞争效应产生，为东道国技术进步、产业结构升级注入不竭的动力。[70]

外商直接投资促进资源型地区产业结构优化的示意如图3.16所示。

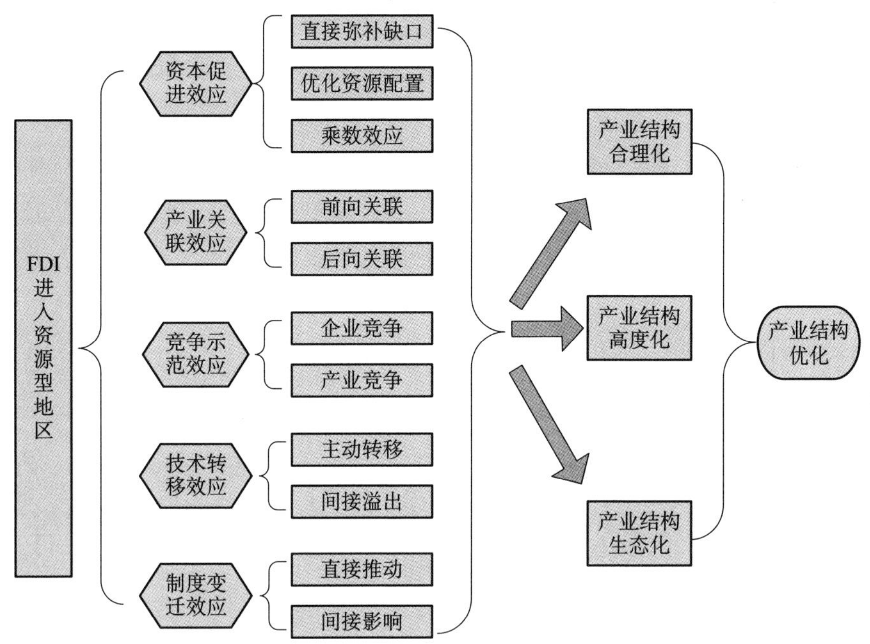

图3.16　FDI促进资源型地区产业结构优化作用机制

3.1.3.3　资源型地区FDI发挥产业结构优化效应的制约因素

- 产业承接能力的“成长与投资不足”基模分析

前文已经通过“成长与投资不足”基模分析了资源型地区由于劳动力素质偏低，制约国际外包发挥优化产业结构作用的问题。该模型同样适用于资源型地区产业承接能力欠缺导致对国际直接投资发挥产业结构调节作用的制约。

资源型地区必须具有一定的产业基础，才能够充分运用国际产业转移的机遇来优化自身的产业结构。成本因素是跨国公司对外直接投资的首选战略考虑，因此承接地的生产要素禀赋状况，也是影响产业承接能力的重要因素。自然资源充裕的地区，劳动力、原材料等生产要素价格自然较低，具有承接国际产业转移、提升资本效率的天然优势。

当前，除了生产要素价格外，现有产业结构、人力资本、生产技术水平，都是外资在进入东道国或地区时所要考虑的要素。一方面，跨国公司出于利益最大化的考量，会将在本国已经落后的产业转移至国外。在选择承接地时，必然会考虑产业结构与母国生产经营相同或相近的地区，便于将自身先进的生产技术、高水平的管理技术人才等要素与承接地的优势资源迅速组合，降低生产成本，创造更多的利润。另一方面，产业集群状况也是跨国公司选择产业承接地的重要因素。产业集中度高的地区，可以为企业获取各种优质原材料、中间产品、零部件等生产要素提供便利，节约交易成本，增加对于外资企业的吸引力；同时也便于本地企业利用信息、技术等要素溢出效应，增强企业的竞争和学习能力。[71]然而，资源型地区单一的产业结构，以及简单的生产、供应模式造成了产业集群内成员间的关系更多表现为一种“资源开采—资源产品—废物排放”的直线式关系，在短时间内无法形成互补性、网络型的产业集群特征，限制了与其他产业的进一步合作，也不利于带动相关产业的发展。此外，前文已述，资源型地区中自然资源对人力资本和技术都有一定的挤出效应，并不具有吸引 FDI 的先天优势。

综上所述，由图 3.17 可以看出，产业承接能力“成长与投资不足”基模由一个增强环路和两个调节环路组成。增强环路表明，吸引高质量的 FDI 与资源型地区产业结构优化之间存在相互促进的关系。调节环路意味着，能否吸引高质量的 FDI 受到资源型地区产业承接能力的制约，而产业的承接能力又受制于产业集群状况以及该地区人力资本和技术的储备现状，故着手增加产业集中度，增加对科研的支持力度，提升国内企业的创新能力，加大优秀人才储备力度，才能提高资源型地区的产业承接能力，这是引进高质量 FDI 之根本。因此，仅意识到吸引高质量的 FDI 对资源型地区产业结构优化的作用还是不够的，下定决心提高本质力量才是硬道理。

针对“成长与投资不足”基模，彼得·圣吉提出的管理原则为：一定要在成长上限来到之前加强自身能力建设，以充分适应潜在的市场需求。由此可知，资源型地区必须首先修炼内功，提升自身的产业承接能力，才能吸纳资金充裕、技术含量高的国际直接投资。

- FDI 引入规模的“成长上限”基模分析

“成长上限”基模与经济学中边际效应递减的概念类似，指系统在达到真正的极限之前，总会碰到各种限制与瓶颈。这是因为，增强环路起初会驱动整个系统快速成长，然而常在不经意间触动另一个抑制系统成长的调节环路开始运作，迫使系统成长速度减缓，甚至停滞。

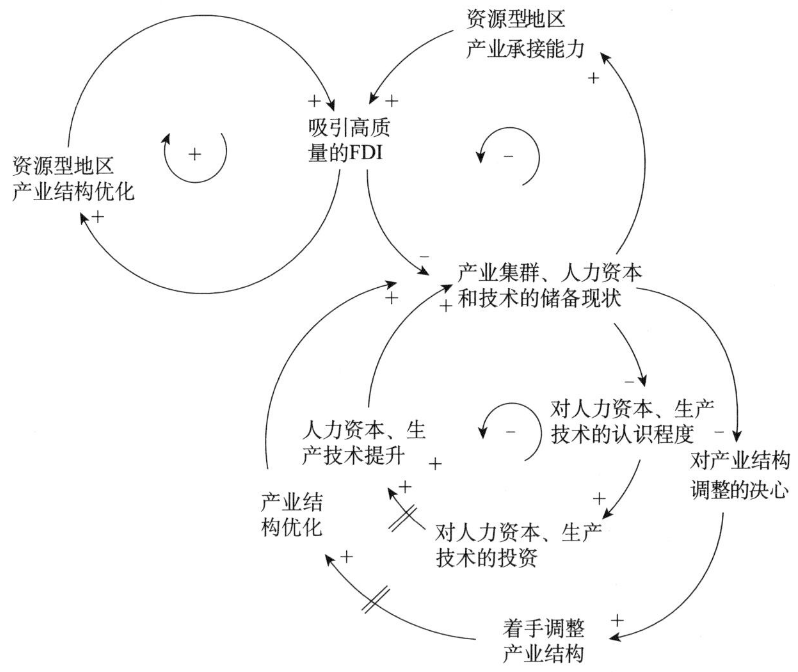

图 3.17　产业承接能力“成长与投资不足”基模分析

随着 FDI 利用规模的扩大，一方面资本促进效应、技术溢出效应、制度变迁效应等作用可以促进资源型地区产业结构优化；另一方面外资利用效率逐渐下降也会对产业结构优化产生抑制作用。FDI 引入规模的“成长上限”基模分析如图 3.18所示。

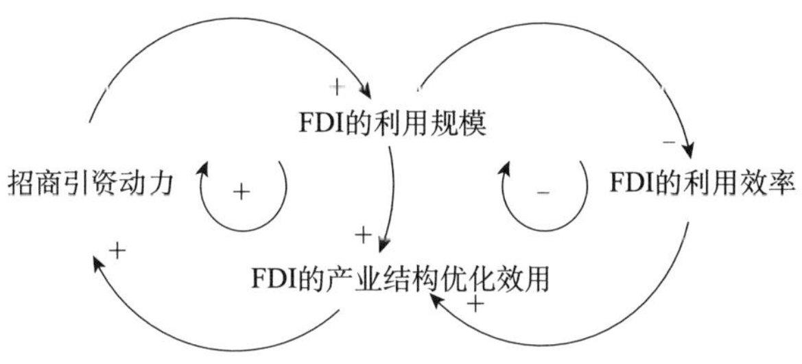

图 3.18　FDI 引入规模的“成长上限”基模分析

从理论上讲，随着外资引入规模的扩大，其边际收益率呈边际递减的趋势，因此一个经济体在引进外资时，并非数量越多越好，引进外部资源存在着最佳规模，过多则意味着损失。在资本边际收益递减的情况下，最佳的引进外资数量 OQ_1是在 MC = MR 的水平，即边际成本等于边际收益时的资本量，超过 OQ_1，会导致边际收益低于边际成本，利益受损。最佳引进外资规模如图 3. 19 所示。

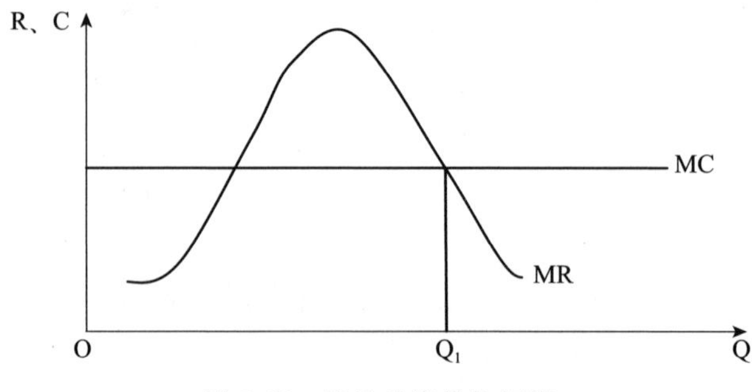

图 3. 19　引进外资最佳规模

资料来源：黄卫平、彭刚，国际经济学［M］，北京：中国人民大学出版社，2015，185。

资本的跨国流动往往伴随着生产力、技术、设备、管理经验的跨国流动，意味着资源在国际市场上更为合理的配置。近些年来，随着资源型地区经济的发展、政府招商引资力度加大，外资准入门槛降低、税收政策较宽松，投资环境得到显著改善，使得更多跨国公司愿意在资源型地区进行投资、经营活动。然而，资源型地区能否通过吸引外资实现产业结构优化，很大程度上取决于当地政府对 FDI 资本的使用效率。在不完全竞争的市场中，有许多影响外资利用效率的因素存在，譬如：信息不对称性会导致吸引项目与当地经济、产业发展水平不匹配；较低的竞争压力使外资技术转让陈旧而缓慢；市场不公平性（如侵犯知识产权）对外资企业利益的损害等。这些负效应都会随着 FDI 规模的扩大而增强，不仅无法实现产业结构优化的目标，而且随着跨国公司利润汇回母国，本地资本缺口将进一步扩大，这加大了资源型地区经济对外国资本长期的依赖性。要想改变现有的不利因素，必须要有政策的引导和政府的监管。

彼得·圣吉针对“成长上限”的管理方针是：不要一味地促进增强环路，而应该找到、去除（或减弱）限制系统成长的因素。运用系统基模的理论，FDI 对于资源型地区产业结构优化的促进作用来自这一系统的“增强反馈”，而当增强反馈运行到一定程度时，便会触动抑制成长的“调节反馈”。此时，如果对“调节反馈”置之不理，而是急于求成地继续刺激“增长反馈”，将会引发系统剧烈震荡；而若着眼于“调节反馈”的改善，消除阻碍系统发展的限制因素后，“增强反馈”会重新发挥作用，促进系统快速成长。因此，当资源型地区引进 FDI 规模遭遇“成长上限”时，应着眼于改善影响外资利用效率的相关因素，而不是一味地扩大 FDI 的规模。

- 技术吸收和创新能力的“反应迟缓”基模分析

“反应迟缓”基模只有一种环路构成，旨在说明在系统存在时间延滞的环路中，没有意识到时间延滞的存在而不断朝着一个方向采取优化行动，导致改正措施会比需要得更多，即出现“矫枉过正”的后果；或者短时间内一直无法看到任何进展，便干脆放弃。本书将采用“反应迟缓”基模，说明资源型地区技术的吸收和创新能力不足导致 FDI 技术溢出效应滞后的现象。

理论可以证明，FDI 会对东道国或地区产生知识、技术溢出效应，进而对产业结构有促进作用。现实生活中，其作用的方向和强弱却是不确定的。为什么理论和现实会有差距呢？一方面，当然与跨国公司的技术保护机制有关。通常而言，外商为了掌握技术的垄断优势，防止技术泄露，通常会采取内部化的方式，使当地其他企业无法通过外部市场获得先进的技术。另一方面，这也与当地企业对技术的吸收和创新能力有关。

如果当地企业对引进技术有较强的消化吸收能力，便能快速地模仿、掌握跨国公司的先进技术，甚至在此基础上实现进一步的技术创新。相反，若当地企业初始技术储备较少、水平较低，对技术吸收、创新能力不强，生产只是一味地依赖外国技术的引进，则难以通过技术溢出产生结构优化效应，而企业的技术吸收与创新能力又与产业创新环境、自身的技术积累，以及整合新知识、技术的能力有关。[72]另外，作为知识载体的人才缺乏也将直接影响技术吸收和转化的进程。这都是限制企业对 FDI 技术溢出的吸收和再创新能力的影响因素，也将延缓资源型地区产业结构优化的步伐。这便是“反应迟缓”基模所要表达的：改善行动与绩效提升之间有一段时间的延迟。具体基模分析如图 3.20 所示。

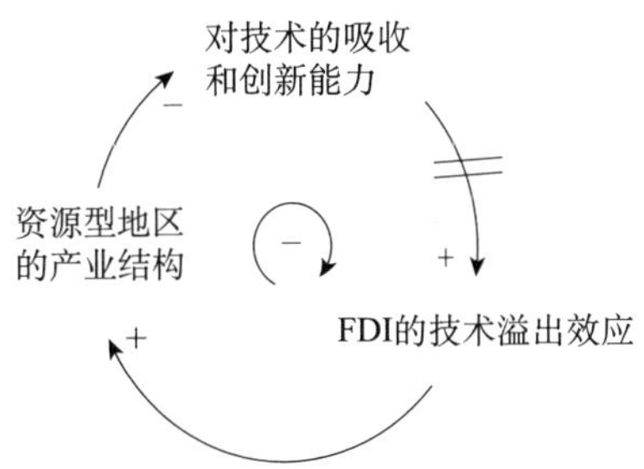

图 3.20 技术的吸收和创新能力的“反应迟缓”基模分析

面对反应迟缓的系统，如果短时间内看不到预期效果就选择草率地放弃，则将无法实现系统的真正平衡，失去原有的目的。彼得·圣吉提出的管理原则是：

短期而言要寻找系统的稳定点，勿反应过度，勿轻易放弃。长期而言，要着手改造系统，使之反应灵敏。

3.2 国际产业转移产业结构传导效应模型

目前针对国际产业转移对产业结构影响的研究主要还是停留在某一具体的路径下，如外商直接投资或国际贸易，本部分则将国际产业转移 3 条路径整合于一个理论分析框架中，比较分析国际产业转移的产业结构传导效应，并依据转移产业的技术难度等级将承接国际产业转移划分为 3 个阶段。

3.2.1 基本模型假设

本书在借鉴陈明森国际产业转移产业结构传导效应模型的基础上①，对模型进行了一定的改造，将国际外包也纳入模型，对国际产业转移 3 条路径的产业结构效应进行比较分析。

3.2.1.1 发展中国家（地区）部门分析

- 最终产品生产部门

将最终产品生产部门的生产函数写成扩展的柯布—道格拉斯形式：

$$Y(Z,L,X) = Z^{\alpha}L^{\beta}\int_{0}^{n}X(i)^{1-\alpha-\beta}di \tag{3.2}$$

式中：Z 和 L 分别表示生产最终产品时自然资源和普通劳动力的投入；X 表示中间产品的投入；n 表示发展中地区生产最终产品投入的中间产品的种类，既可能全部由本地区生产提供，也可能通过进口获得。假定本地区所能提供的中间产品的种类为 $\bar{n}$ ，则 $\bar{n} \leqslant n$ 。假设最终产品的技术等级由中间产品的技术难度等级确定，式中 $\alpha > 0$, $\beta > 0$ ，且 $0 < \alpha + \beta < 1$ 。

- 中间产品生产部门

假定中间产品生产部门在生产过程中用到的唯一要素为人力资本。同时，生产一单位第 i 种中间产品需要投入 $(1 + \eta i)$ 个单位的人力资本，则生产一单位第 i 种中间产品的成本为：

$$MC(x_i) = W(1 + \eta i) \tag{3.3}$$

---

① 陈明森，国际产业转移的结构传导与区域互动［M］，北京，社会科学文献出版社，2013，35-40。

式中：W 为发展中地区人力资本的工资水平，i 值体现了生产该产品的技术难度。显然，i 值越大，表明生产该产品所需要的技术越高，所需要的人力资本也就越多，其生产的边际成本也就越大。$\eta > 0$ 体现了发展中地区的总体技术水平，η 越小，表明生产所需要的成本越低，则该国的总体技术水平越高。假设中间产品的价格为 $P(i)$，普通劳动力的价格为 W_p，自然资源的价格为 P_R，则最终产品生产部门的企业实现利润可以表示为：

$$\int_0^n [Z^\alpha L^\beta X(i)^{1-\alpha-\beta} - P(i)X(i) - L \times W_p - Z \times P_R]di \tag{3.4}$$

对 X 求一阶导数并令其等于零，可得到最终产品生产部门利润最大化条件：$P(i) = (1-\alpha-\beta)Z^\alpha L^\beta X(i)^{-\alpha-\beta}$，即中间产品的价格。

假定生产中间产品的企业根据标准的边际成本加成定价法①来实现利润最大化，加成为 $\gamma(0 < \gamma < 1)$，则有：

$$P(i) = (1-\alpha-\beta)Z^\alpha L^\beta X(i)^{-\alpha-\beta} = MC/\gamma = W(1+\eta i)/\gamma \tag{3.5}$$

得：$X(i) = (1-\alpha-\beta)^{1/(\alpha+\beta)} Z^{\alpha/(\alpha+\beta)} L^{\beta/(\alpha+\beta)} \gamma^{1/(\alpha+\beta)} W^{-1/(\alpha+\beta)} (1+\eta i)^{-1/(\alpha+\beta)}$

把该函数代入生产中间产品企业的利润公式：

$$\begin{aligned}\pi(i) &= [P(i) - MC]X(i) = (1/\gamma - 1)MC \times X(i) \\ &= (1-\gamma)\gamma^{-1}W(1+\eta i) \times (1-\alpha-\beta)^{1/(\alpha+\beta)} Z^{\alpha/(\alpha+\beta)} L^{\beta/(\alpha+\beta)} \gamma^{1/(\alpha+\beta)} \\ &\quad W^{-1/(\alpha+\beta)}(1+\eta i)^{-1/(\alpha+\beta)} \\ &= (1-\gamma)\gamma^{(1-\alpha-\beta)/(\alpha+\beta)} W^{(\alpha+\beta-1)/(\alpha+\beta)} (1+\eta i)^{(\alpha+\beta-1)/(\alpha+\beta)} (1-\alpha-\beta)^{1/(\alpha+\beta)} \\ &\quad Z^{\alpha/(\alpha+\beta)} L^{\beta/(\alpha+\beta)}\end{aligned}$$

$\pi(i)$ 对 i 求导数可得：

$$\begin{aligned}d\pi(i)/di = {} & [(\alpha+\beta-1)/(\alpha+\beta)]\eta \cdot (1-\gamma)\gamma^{(1-\alpha-\beta)/(\alpha+\beta)} W^{(\alpha+\beta-1)/(\alpha+\beta)} \\ & (1+\eta i)^{-1/(\alpha+\beta)} (1-\alpha-\beta)^{1/(\alpha+\beta)} Z^{\alpha/(\alpha+\beta)} L^{\beta/(\alpha+\beta)}\end{aligned} \tag{3.6}$$

因 $0 < \alpha + \beta < 1$，故 $d\pi(i)/di < 0$。由此可知，中间产品生产商的利润会随着产品技术难度等级的加大而降低。

• 研发部门

陈明森的国际产业转移产业结构传导效应模型认为，研发部门的要素投入为人力资本和物质资本。本书认为研发部门生产不仅与人力资本 H_h 和物质资本的投入 I_h 有关，还与前期的研发基础 D_0 有关，因此假设生产函数为：

$$N(I_h, H_h) = AN_0 I_h^\varphi \times H_h^{1-\varphi} \tag{3.7}$$

---

① 成本加成定价法是按产品单位成本加上一定比例的利润制定产品价格的方法。

其中，$A > 0$ 为正的参数，$0 < \varphi < 1$ 。研发部门的利润可以写为：

$$\pi(D) = P_A A N_0 I_h^{\varphi} \times H_h^{1-\varphi} - R I_h - W H_h \tag{3.8}$$

式中，P_A 为研发部门的产品价格；R 为发展中地区的资本利率，由式（3.8）利润最大化条件，分别对 I_h 和 H_h 求一阶导数，可得：

$$R = A D_0 P_A \varphi I_h^{\varphi-1} H_h^{1-\varphi}$$

$$W = A D_0 P_A (1-\varphi) I_h^{\varphi} H_h^{-\varphi}$$

$$H_h = I_h \times \frac{R}{W} \times \frac{1-\varphi}{\varphi} \tag{3.9}$$

将式（3.9）代入式（3.8）可得，

$$\pi(N) = P_A A D_0 I_h \left(\frac{R}{W} \times \frac{1-\varphi}{\varphi}\right)^{1-\varphi} - \frac{1}{\varphi} \times R \times I_h$$

假定研发部门是完全竞争市场，则研发部门的利润为零，即：

$\pi(N) = P_A A D_0 I_h \left(\frac{R}{W} \times \frac{1-\varphi}{\varphi}\right)^{1-\varphi} - \frac{1}{\varphi} \times R \times I_h = 0$ ，于是：

$$R = \left[\varphi P_A A D_0 \left(\frac{1-\varphi}{W \cdot \varphi}\right)^{1-\varphi}\right]^{\frac{1}{\varphi}} \tag{3.10}$$

根据 Romer（1990）论述，对研发部门来说，其产品价格为中间产品所获得的利润流的净现值，即 $P_A = \pi(i)/R$ ，把 P_A 标准化为 1 后，研发生产新种类中间产品的企业利润为：

$$\pi(i) = R = \left[\varphi A D_0 \left(\frac{1-\varphi}{W \cdot \varphi}\right)^{1-\varphi}\right]^{\frac{1}{\varphi}} \tag{3.11}$$

通过式（3.11）可以看出，$\pi(i)$ 与发展中地区的前期的研发基础 D_0 成正比，且前文已分析中间产品理论 $\pi(i)$ 随技术难度增大而减少，故在 R 既定的情况下，所确定产品技术难度等级 i^* 对应的产业，便是该发展中地区所能生产的难度最大的产业，所对应的也是该地区以现有的技术条件所能生产的中间产品的种类 $\bar{n}$。因此，在其他条件不变的情况下，当发展中地区生产产品的技术难度达到了 i^* ，该国的产业升级和结构优化也会停滞。

3.2.1.2　发达国家部门分析

● 最终产品生产部门

同样假定发达国家经济中最终产品生产函数为科布—道格拉斯函数：

$$Y(z, l, x) = z^{\alpha} l^{\beta} \int_0^{n^*} x(i)^{1-\alpha-\beta} di \tag{3.12}$$

式中：z 和 l 分别表示生产最终产品时自然资源和普通劳动力的投入；x 表示

中间产品的投入；n^* 表示发达国家生产最终产品投入中间产品的种类。$\alpha > 0$，$\beta > 0$，且 $0 < \alpha + \beta < 1$。最终产品的技术难度由中间产品的技术难度所确定。

• 中间产品生产部门

发达国家与发展中地区最重要的区别在于，发达国家的技术能力强，可以发展技术水平更高的产业。此外，发达国家研发能力也很强，使得技术水平可以不断进步，且能凭借先进技术实现经济的长期增长以及产业结构的不断优化升级。假定发达国家生产中间产品仍只需要投入人力资本一种要素，且生产一单位第 i 种中间产品需要投入 $(1 + \lambda i)$ 个单位的人力资本，由于技术水平比较高，$\eta > \lambda > 0$，这就意味着生产同样技术难度的产品，发达国家需要投入的人力资本要比发展中地区少。发达国家生产一单位第 i 种中间产品的成本 mc 为 $w(1 + \lambda i)$，其中 w 为发达国家人力资本的工资水平。

与发展中地区一样，本书仍假定发达国家中间产品生产企业的定价仍然遵循标准的成本加成定价，加成也为 γ（$0 < \gamma < 1$），则同样可以算出，发达国家生产中间产品 i 企业的利润为：

$$\begin{aligned}\pi(i) &= [p(i) - mc]x(i) \\ &= (1/\gamma - 1)mc \times x(i) \\ &= (1-\gamma)\gamma^{(1-\alpha-\beta)/(\alpha+\beta)} w^{(\alpha+\beta-1)/(\alpha+\beta)} (1+\lambda i)^{(\alpha+\beta-1)/(\alpha+\beta)} \\ &\quad (1-\alpha-\beta)^{1/(\alpha+\beta)} z^{\alpha/((\alpha+\beta))} l^{\beta/(\alpha+\beta)}\end{aligned} \tag{3.13}$$

• 研发部门

同样可以算出，发达国家研发中间产品的利润为：

$$\pi(i) = r = \left[\varphi A D_1 \left(\frac{1-\varphi}{w \cdot \varphi}\right)^{1-\varphi}\right]^{\frac{1}{\varphi}} \tag{3.14}$$

式中：r 为发达国家的资本利率；D_1 为发达国家所对应的研发基础，这里假设，发达国家的研发基础 D_1 要远大于发展中地区 D_0。在 r 既定的情况下，由式（3.13）和式（3.14）可以求得发达国家生产中间产品技术难度等级 i^{**}，即该等级对应的产业便是发达国家所能生产的难度最大的产业，由此对应的 $\tilde{n}$ 也是发达国家所能生产中间产品的种类，可知 $\tilde{n} > \bar{n}$。

3.2.2　基于国际贸易的产业结构优化模型

如图 3.21 所示，A 点表示发展中地区中间产品价格曲线 $P(i)$ 与发达国家边际成本曲线 $mc(x_i)$ 的交点，即 $MC/\gamma = W(1 + \eta i)/\gamma = w(1 + \lambda i)$，求得与 N_1 对

应的技术等级 $i = (\gamma w - W)/(W\eta - w\gamma\lambda) = N_1$ 。当产品的技术难度等级 $i \in [0, N_1]$ 时，发展中地区企业最优定价低于发达国家的边际成本，发达国家不具有生产的成本优势，无法与发展中地区企业竞争，故技术难度等级处于 $i \in [0, N_1]$ 的产品将由发展中地区生产，并以价格 $p(i) = mc/\gamma$ 出口，发达国家则退出这些产业。

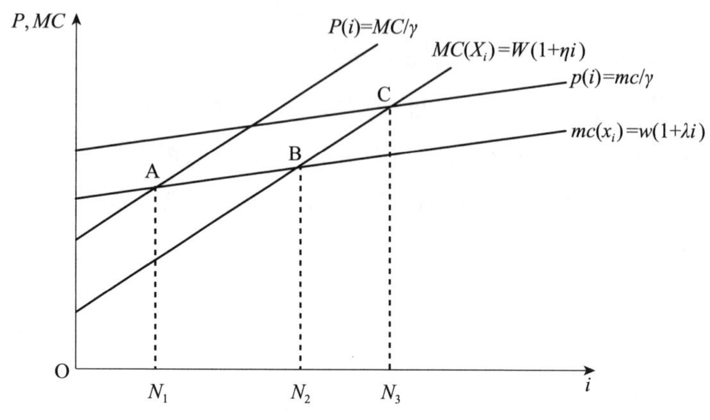

图 3.21　基于国际贸易路径的产业转移模型

图 3.21 中，B 点表示发展中地区边际成本曲线 $MC(X_i)$ 与发达国家边际成本曲线 $mc(x_i)$ 的交点，即 $W(1 + \eta i) = w(1 + \lambda i)$ ，求得 $i = (w - W)/(W\eta - w\lambda) = N_2$ 。当产品的技术难度 $i \in [N_1, N_2]$ 时，虽然技术落后的发展中地区最优定价 $P(i)$ 高于发达国家的边际成本 $mc(x_i)$ ，但前者生产的边际成本仍然低于发达国家。为了在竞争中取胜，抢占国际市场，发展中地区的企业将按照发达国家生产的边际成本来定价，即 $P(i) = w(1 + \lambda i)$ ，价格仍高于本地区的边际成本。这样发达国家将退出这些产业，通过进口来满足国内需求，由发展中地区来出口，故处于 $i \in [N_1, N_2]$ 的中等技术难度的产业，将以国际贸易模式转移至发展中国家或地区生产，并以 $P(i) = w(1 + \lambda i)$ 的价格出口至发达国家。

图 3.21 中的 C 点为发展中地区边际成本曲线 $MC(X_i)$ 与发达国家产品价格曲线 $p(i)$ 的交点，即 $W(1 + \eta i) = w(1 + \lambda i)/\gamma$ ，求得 $i = (w - W\gamma)/(W\eta\gamma - w\gamma) = N_3$ 。当产品的技术难度 $i \in [N_2, N_3]$ ，即为技术难度较大的产品时，发展中地区生产的边际成本高于发达国家，但低于发达国家的最优定价 $p(i)$ 。因此两国将展开竞争，竞争结果是发达国家会将发展中地区的边际成本作为产品的价格，即以 $p(i) = W(1 + \eta i)$ 生产并出口产品，发展中地区则退出该产品的生产，依赖进口满足本国需求。值得注意的是，虽然此时发达国家的产品占据国际市

场，但是按照发展中地区的边际成本来定价的，低于本国的最优定价，垄断利润无法达到最大化。因此若不考虑 FDI，当发达国家利用其先进的技术研发出新产品，并获得更大的垄断利润时，便会把技术难度 $i \in [N_2, N_3]$ 的产业逐渐转移至已具备该项技术的发展中地区，而把资源集中于创新产品的生产。发展中地区承接产业转移，并以 $W(1+\eta i) < P(i) < p(i)$ 的价格出口产品至发达国家。

对于技术难度等级超过 $N_3 = (w - W\gamma)/(W\eta\gamma - w\gamma)$ 的产品，由于发展中国家或地区生产的边际成本高于发达国家的最优定价，发达国家仍掌握着这些产品的垄断技术优势，这些产业仍将保留在发达国家生产，发展中地区需要进口这些产品满足国内需求。

由以上分析可以看出，由于技术差距，发达国家转移的产业相对于发展中地区而言，仍属于技术较为领先的产业。因此，承接国际产业转移有利于发展中地区技术水平的提高，并在技术溢出效应的作用下促进产业结构的优化。值得注意的是，此过程无法缩短与发达国家的技术差距，跨越技术鸿沟，还需要自主创新来实现。

3.2.3　基于 FDI 的产业结构优化模型

假定随着交通、通信手段的日益便捷，出于利益最大化原则考虑，发展中地区开始承接发达国家的外商直接投资，如图 3.22 所示。

由于发展中地区工资水平和自然资源价格相对低廉，技术难度等级越低的产品，在发展中地区越具有成本优势，而对于技术难度等级较高的产品而言，具有技术优势的发达国家企业具有生产成本优势。可以通过 FDI 将技术难度等级不高的产业转移至成本较低的地区生产，以此降低生产成本。发达国家转移至发展中地区产业的生产成本记为 $mc(FDI)$，显然 $mc(FDI) < mc(x_i)$

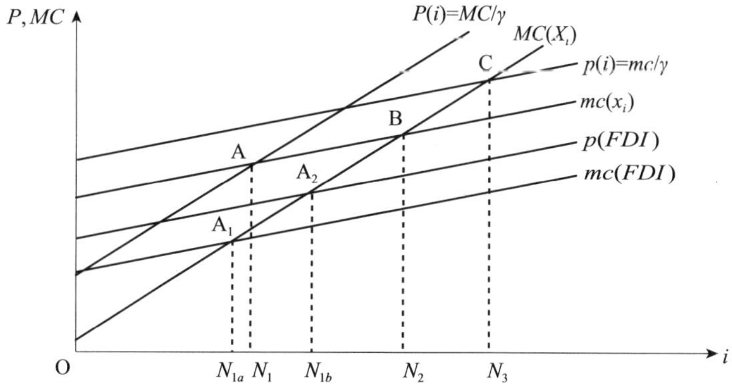

图 3.22　基于 FDI 和国际外包的国际产业转移示意图

由图 3.22 可以看出，对于技术难度等级 $i \in [0, N_{1a}]$ 的产业而言，发展中地区生产的边际成本绝对低，具有成本优势，因此处于该技术阶段的产品由发展中地区生产。对于技术难度超过 N_{1a} 的产业，FDI 企业的生产成本要低于发展中地区的本土企业。图 3.22 中的 A_2点为 $MC(X_i) = p(FDI)$ 所确定的点，所对应的技术难度等级为 $i = N_{1b}$ 。对于 $i \in [N_{1a}, N_{1b}]$ 等级的产业而言，尽管发达国家 FDI 企业的边际成本低于发展中地区企业，但由于 $p(FDI) > MC(X_i)$ ，面临本土企业的竞争，无法实行最优定价，只能按照发展中地区的边际成本，即 $MC(X_i)$ 来定价。因此，在没有国际外包的情况下，发达国家会选择 FDI 进行国际产业转移。

通过前文分析可知，在只有国际贸易的情况下，技术难度低于 N_3 的产业将通过国际贸易的方式转移至发展中地区，但在可以进行 FDI 的情况下，对于技术难度超过 N_{1b} 的产业，在发展中地区投资的 FDI 企业的最优定价 $p(FDI)$ 低于本土企业的边际成本 $MC(X_i)$ ，这意味着发达国家企业通过 FDI 方式将这些产业转移至发展中地区，不但可以实现最优定价，而且可以跟发展中地区的本土企业进行价格竞争。因此，对于 $i \in [N_{1b}, N_3]$ 等级的产业，原来发达国家通过国际贸易的方式，将产业转移至发展中地区，现在则可以选择通过 FDI 的方式，将产业转移至发展中地区生产。

对于技术难度超过 N_3 的产业，发达国家企业在本国生产就可以进行最优定价，赚取垄断利润，而且在边际成本加成比例一样的情况下，在发达国家生产所获得的利润要大于通过 FDI 方式所获得的利润，因此发达国家企业不会把产业通过 FDI 的方式转移，而是将这些产业保留在自己国家生产，发展中国家或地区则从发达国家进口这些产品。

3.2.4 基于国际外包的产业结构优化模型

随着国际分工的不断深入和细化，面对激烈的竞争，企业单靠自己的内部资源已经难以应对，这将迫使企业在全球范围内，积极寻找可以利用的资源，而国际外包便是一种选择。由图 3.22 可以看出，在没有国际外包的情况下，对于难度等级处于 $i \in [N_{1a}, N_{1b}]$ 的中低技术中间产品，由于 $p(FDI) > MC(X_i)$ ，面临本土企业的竞争，无法进行最优定价。在可以利用国际外包进行国际产业转移的条件下，为了将资源集中于具有技术垄断优势的产业，发达国家可以将 $i \in [N_{1a}, N_{1b}]$ 的中间产品以外包的方式转移至发展中国家生产，这样便可以利用发展中国家的生产成本 $MC(X_i)$ 得到中间产品，并以 $p(i)$ 的价格出售，赚取中间差价。

对于发展中地区而言，在承接 FDI 和国际外包模式的国际产业转移时，可以接触到比单纯国际贸易模式转移更高等级的产业，有助于发展中地区融入全球较高端的产业链，在承接国际产业转移过程中通过技术溢出效应、竞争效应等促进本地区的产业优化。

由以上分析可知，产业的技术含量在一定程度上决定着发达国家产业转移的模式：技术水平较高的产业，发达国家倾向于在本国生产，技术水平低的产业则倾向于在发展中国家生产，并通过国际贸易、FDI 或国际外包的方式进行国际产业转移。同时，通过承接国际产业转移，发展中地区可以接触到技术等级更高的产业，为融入全球较高端产业链，优化产业结构提供了可能。此外，在理论分析的基础上，本书按照承接产业的技术难度等级将承接国际产业转移划分为 3 个阶段。在初级阶段，技术难度等级处于较低水平 $i \in [0, N_{1a}]$ 的产品，发展中地区将主要以国际贸易的方式承接产业转移，实现产业结构优化；在中级阶段，对于技术难度等级 $i \in [N_{1a}, N_{1b}]$ 的中间产品，发达国家将以外包的方式转移至发展中地区生产；较高等级水平 $i \in [N_{1b}, N_3]$ 的产业，则主要通过 FDI 的方式将产业转移至发展中地区生产，为承接国际产业转移的高级阶段。

3.3　小结

本章首先阐述了国际产业转移促进资源型地区产业结构优化的理论依据、作用机理和制约因素。与其他文献不同，本书在介绍理论依据时，除了引用西方的经典理论加以论述外，还具体阐述了马克思、列宁、邓小平等的国际产业转移思想，丰富了相关理论基础。通过分析作用机理发现，一国或地区的要素丰裕程度初步决定了其在国际产业分工体系中的地位。然而，随着各种资源的国际流动，一国或地区的要素禀赋、比较优势也会发生变化，从而导致新的资源流动和产业转移，并最终引发一国或地区国际分工地位的动态变化，实现本地区产业结构的不断演进。此外，本书借用系统动力学的基模分析方法，对国际贸易、国际外包和 FDI 促进资源型地区产业结构优化效应的制约因素进行了分析，并针对每一个制约因素提出相应的管理对策，为后续政策研究打下理论基础。

其次，本章构建了国际产业转移的产业结构传导效应模型，将国际产业转移的3条路径融合于一个理论分析框架进行比较分析。数理推导的结果再次验证了，通过国际贸易、承接国际外包和外商直接投资，资源型地区可以引入技术水平较高的产业，实现产业结构优化的目标；进一步研究发现，通过国际产业转移3条路径所引入的产业，技术难度等级有高低之分，因此本书依此将国际产业转移大致划分为3个阶段——以国际贸易为主的初级阶段、以承接国际外包为主的中级阶段和以外商直接投资为主的高级阶段——为后续山西省的实证结果分析奠定基础。

第4章　国际产业转移推动山西省产业结构优化的实证分析

山西省丰富的煤炭及其他矿产资源储备，使其迅速成为我国能源体系的中坚力量。早在20世纪80年代，山西省就被正式确定为全国能源重化工基地，而资源型产业在山西省经济发展中也具有举足轻重的地位。山西省经济在享受资源优势带来丰厚收益的同时，也面临着当今产业结构单一、不合理，经济发展后劲不足的后果。山西省经济能否健康、持续地发展，很大程度上取决于产业结构的调整能否顺利推进。改革开放以来，随着国际产业转移步伐逐渐加快，山西省的产业结构也发生了一定程度的变化。本章将着重分析1985年以来，山西省承接国际产业转移历程、国际产业转移推动山西省产业结构优化的效应，以及进一步加大承接国际产业转移的必要性。

4.1　山西省承接国际产业转移的历程

山西省是一个内陆省份，长期以来内向型经济一直占据主导地位。1978年12月党的十一届三中全会的胜利召开开启了我国改革开放的新时期。在改革开放的最初5年时间里，山西省外贸、外资业务发展缓慢，承接国际产业转移不成规模。1984年，山西省政府决定每两年在太原举办一次国际经济技术合作洽谈会，即“山西省国际经济技术合作洽谈会”，成为山西省对外开放、扩大招商的重要形式。30多年来，山西省同全国其他省份一样，经历了一个不断深化改革、逐步扩大开放的过程，产业结构也随之发生了变化。本节选取1985年以来的时间段作为研究范围，考察山西省承接国际产业转移的发展历程。鉴于现实情况和数据的可得性，本书将以制造业外包中最典型的加工贸易作为国际外包的代表。根据山西省承接国际产业转移规模变化与演变特点，本书将其大致分为3个阶段，即缓慢起步（1985—

1991 年）、稳步成长（1992—2007 年）和快速发展（2007 年以来）3 个阶段。

4.1.1 缓慢起步阶段

20 世纪 80 年代中后期至 90 年代初，山西省经济发展水平较低，对外开放刚刚起步，外贸、外资与外包业务逐步展开。这一阶段山西省承接国际产业转移进程缓慢起步，各项政策的出台只为加大对外开放力度。

4.1.1.1 国际贸易发展进程

1985 年，山西省进出口实现全面自营，进一步开拓了直接走向国际市场的通道。1988 年，国家推行外贸承包经营责任制，由各省政府向国家承包出口创汇、出口收汇、上缴中央外汇和定额补贴 4 项指标，一定 3 年不变。为了扩大贸易量，山西省政府在 1988 年还出台了《山西省加快和深化外贸体制改革的实施方案》。但总体而言，在该阶段，山西省贸易总量始终在低位徘徊，如图 4.1 所示。1991 年山西省进出口规模为 4.95 亿美元，比 1985 年增长 34.83%，年均增长 5.11%[①]。此阶段出口地区以我国香港地区和日本为主。

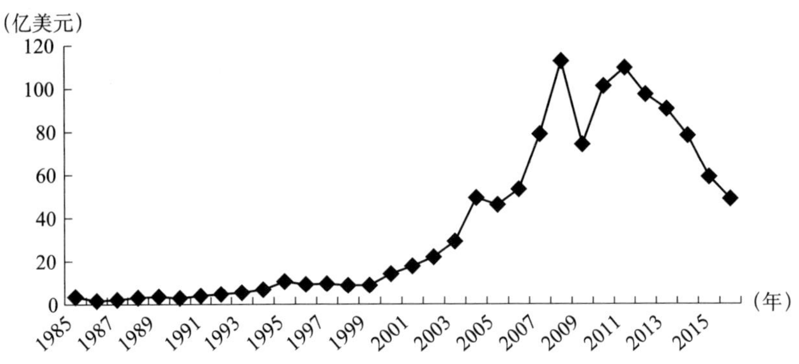

图 4.1 1985—2016 年山西省一般贸易额

资料来源：作者根据历年《山西省统计年鉴》数据整理绘制。

4.1.1.2 加工贸易发展进程

就加工贸易而言，相比东部沿海城市，山西省承接制造业外包起步较晚。直到 1987 年 1 月，山西省加工贸易才正式开始，其标志是太原海关的成立，并从北京海关转入 30 余份合同[②]。

---

① 作者依据《山西省统计年鉴》相关数据计算所得。

② 吴利娟，基于全球价值链视角的山西省加工贸易转型升级研究［D］，山西财经大学硕士学位论文，2014，15。

4.1.1.3　FDI 发展进程

1984 年山西省第一家中外合资企业——华杰电子有限公司的成立标志着山西省直接利用外资的起步，同全国相比晚了 4 年。1985 年，全省实际直接利用外资 43 万美元，仅为全国 43 亿美元的 0.01%。为了促进外商直接投资的发展，1985 年起山西省政府先后出台了《山西省利用外资引进技术若干优惠规定》《山西省鼓励外资投资实施办法》等优惠文件，并于 1987 年举办了山西省改革开放十多年来规模最大的一次对外开放活动——"两会一节"①。1987 年 9 月，当时全国最大的中外合作经营项目——与美国西方石油公司合作经营的山西省平朔安太堡露天煤矿投产，这也是国家第一个中美煤炭合作项目。1991 年山西省实际直接利用外资 421 万美元，占同期全国外商直接投资额的 0.096%，份额较 1985 年上升幅度有限②。总体来看，在山西省国际产业转移缓慢起步阶段，实际利用外资总额没有显著变化（见图 4.2）。

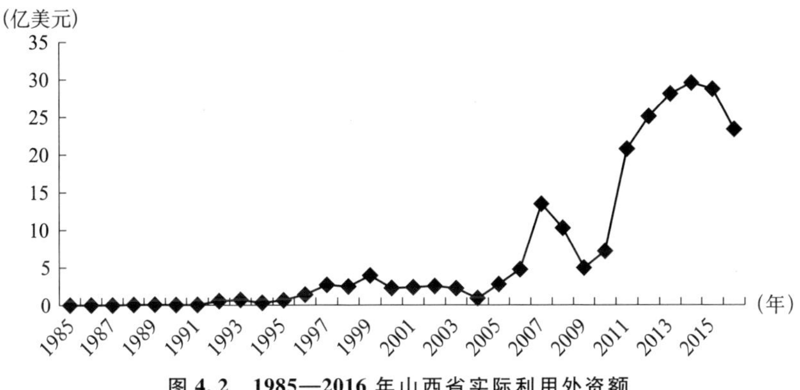

图 4.2　1985—2016 年山西省实际利用外资额

资料来源：作者根据历年《山西省统计年鉴》数据整理绘制。

4.1.2　稳步成长阶段

1992 年邓小平同志发表南方谈话，党的十四大召开，极大地解放了人民的思想，全国掀起了对外开放的新热潮。在此背景下，山西省承接国际产业转移步伐较之前有所加快。特别是 2001 年随着我国正式加入世界贸易组织，山西省也迎来了承接国际产业转移的新契机。

① "两会一节"即山西省首届进出口商品交易会、第三届对外经济技术合作洽谈会和首届民间艺术节。

② 数据为作者依据《山西省统计年鉴》相关数据计算所得。

4.1.2.1 国际贸易发展进程

1992 年，太原市同其他 10 座内陆地区省会城市一起被国家列为开放城市，实行沿海开放城市的政策。1993 年太原航空口岸正式对外开放，1996 年太原陆运口岸对外开放，至此结束了山西省没有开放口岸和陆运口岸的历史。1993 年，山西省地方煤炭开始自营出口，结束了山西省地方煤炭收购调拨、代理出口的历史。由图 4.1 可以清晰地看出，1992 年后，山西省进出口贸易总额呈现稳步增长的态势。特别是 2001 年之后，山西省的国际贸易增速显著提升，2007 年一般贸易进出口总额为 78.79 亿美元，同比增速高达 48.21%①。

4.1.2.2 加工贸易发展进程

随着改革开放进程的推进，山西省加工贸易发展速度日益加快，对山西省的外向经济发展起到了一定的推动作用。由图 4.3 可以看出，2003 年以前，山西省加工贸易总额几乎呈水平状态，2004 年起开始显著增加，2007 年达到一个小顶峰，加工贸易总额实现 34.66 亿美元，较 2006 年增长了 2 倍②。即便如此，2008 年之前，我国加工贸易产业仍主要聚集在“珠三角”“长三角”和环渤海等东部沿海地区。相比而言，山西省的加工贸易规模较小，主要集中在与资源关联度高的冶炼业、化工业等产业。相比东部沿海地区，山西省加工贸易分散、零碎，发展较为落后。

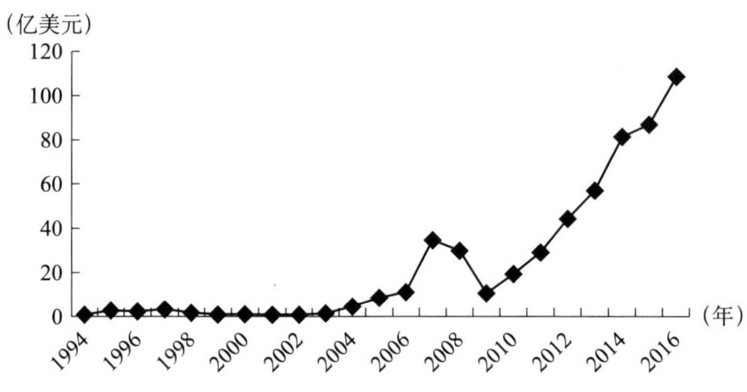

图 4.3 1994—2016 年山西省加工贸易额

资料来源：作者根据历年《山西省统计年鉴》数据整理绘制。

4.1.2.3 FDI 发展进程

为了进一步加大外商在山西省直接投资的力度，1992 年起，山西省又先后

---

① 作者依据《山西省统计年鉴》相关数据计算所得。

② 作者依据《山西省统计年鉴》相关数据计算所得。

颁布了《山西省人民政府关于简化利用外资、台资项目审批程序的通知》《山西省鼓励外资投资办法》《山西省鼓励台湾同胞投资办法》等文件。受此影响，一批优质的外资企业陆续入驻山西省，如太原可口可乐饮料有限公司、美国卡特彼勒公司在运城投资的山西省国际铸造有限公司、美国 AES 公司与山西省合资建设的阳城电厂等，一批大项目的实施促进了山西省产业结构的优化。2007 年，山西省成功举办了国家级、专业化的博览会——中国（太原）国际煤炭与能源新产业博览会，各种展会成为政府、企业等各方面广泛参与对外开放、招商引资的新平台。由图 4. 2 可以看出，1992 年起山西省实际利用外资总额显著增加，2007 年达到第一个峰值 13. 43 亿美元，与 1992 年相比增长了近 25 倍①。

4.1.3 快速发展阶段

2008 年，在复杂多变的经济形势和国际金融危机的冲击下，山西省也未能幸免，承接国际产业转移进程也历经了先放缓，而后在震荡中逐步回升的过程。这一阶段的显著特点是：山西省承接国际产业转移由原来着眼速度的增长，转变为注重结构的优化。

4. 1. 3. 1 国际贸易发展进程

2008 年山西省一般贸易进出口总额为 112. 54 亿美元，比 2007 年增长 24. 4%，而上半年的增长就达到 44. 5%，从 7 月份开始，由于受到国际金融危机的影响，国际需求减少，对外贸易逐渐回落。特别是 2009 年，全省进出口总额 74. 06 亿美元，比 2008 下降 34. 2%②。为尽快走出国际金融危机的阴霾，“十二五”时期，山西省提出“大力实施开放引进战略，进一步提高对外开放水平”，国际贸易的发展策略由原来着眼速度的增长转变为注重结构的优化。开放型经济迈出了新步伐，为经济社会发展不断注入旺盛活力和强大动力。2010 年，山西省国际贸易企稳回升，一般贸易进出口总额增速达 36. 4%，此后以小步伐在震荡中逐步增长。2015 年全省进出口贸易对国民经济贡献度为 8. 35%，比 2010 年提高 27. 46 个百分点，对全省地区生产总值的拉动度为 0. 26 个百分点③。同时，外贸对山西省就业做出了突出贡献，按照每百万美元货物出口对就业的拉动为 59

① 作者依据《山西省统计年鉴》相关数据计算所得。

② 作者依据《山西省统计年鉴》相关数据计算所得。

③ 作者依据《山西省统计年鉴》相关数据计算所得。

人次计算，全省外贸出口直接或间接创造就业岗位 496 834 个①。2016 年，受到煤炭、焦炭、镁及其制品出口大幅下降的影响，山西省一般贸易净出口额出现了一定的回落，较 2015 年下降 7.6%，但贸易结构有所改善，其中，机电产品出口增长 44.3%、高新技术出口增长 68.3%。

4.1.3.2 加工贸易发展进程

2008 年之后，随着东南沿海地区“人口红利”的消失，制造业成本上升，很多加工制造企业纷纷逃离。与之相比，凭借着自身资源丰富、人力成本低廉、交通相对便捷，尤其是毗邻首都经济圈、辐射带动作用强的优势，山西省在加工贸易方面有了较快的发展，取得了一定的成效。2009 年起，山西省加工贸易总额直线上升，到 2016 年高达 108.6 亿美元，其中 2011 年增幅最快，增速高达 108.1%②。此外，在这一阶段，加工贸易产品结构不断优化，高污染、高能耗、资源型产品的出口量不断降低，机电产品及高新技术产品的比重却呈快速上升的态势。在加工贸易的带动下，山西省经济、就业、税收及外贸创汇等保持了稳步增长。截至 2016 年，山西省的加工贸易正延着转型升级的道路摸索前进，进入了一个新的发展阶段，加工贸易不仅仅是追求数量的增长，而是更多关注产品的生产结构及附加值的大小。2015 年以来，全国以加工贸易方式承接国际产业转移脚步放缓、产业和订单转出速度加快、企业生产成本上升、传统竞争优势逐渐削弱，使得我国加工贸易连续 14 个月负增长，出口比重惨遭“腰斩”。在此背景下，太原海关出台了《太原海关支持山西省承接加工贸易产业转移工作方案》，提出 20 条具体可行的举措，积极营造优质服务“软环境”，给予务实政策“硬支持”，使加工贸易企业引得来、留得住、发展得好。这些政策措施出台也为山西省抓住这千载难逢的机遇，“借船出海”实现产业结构转型升级提供了保障。2016 年，在山西省一般贸易和外商直接投资都呈现负增长的情况下，加工贸易逆势上升，总额达 476.4 亿元，同比增长 43.9%，是当前承接国际产业转移最重要的方式。

4.1.3.3 FDI 发展进程

虽然同样受到国际金融危机的影响，山西省利用外商直接投资额 2008 年以来有波动起伏，但从整体态势上来看，呈稳步递增的趋势。2008 年全省利用外

---

① 山西省外贸发展“十二五”规划，http://www.qianzhan.com/regieconomy/detail/198/120929-eca01bb8.html。

② 作者依据《山西省统计年鉴》相关数据计算所得。

商直接投资总额为 10.78 亿美元，2009 年骤降至 4.93 亿美元；2010 年企稳回升，2011 年起出现了大幅上升，达到 20.73 亿美元；2015 年之后，随着国际形势的急剧变化，特别是受到欧美等发达国家资本回流的影响，山西省利用外资总额未能进一步延续上涨趋势，开始小幅回落。2016 年山西省实际利用外商直接投资总额达 23.32 亿美元，同比下降 18.73%。此外，FDI 资金来源呈现多元化趋势。2008 年山西省吸引外资来源主要集中在英属维尔京群岛、韩国、中国香港，到 2016 年 FDI 的资金主要来源地为中国香港、美国、巴哈马、澳大利亚、德国、荷兰、新加坡等多个国家和地区。

4.2　国际产业转移推动山西省产业结构优化的效应分析

产业结构是一国经济增长的基础，对整个国民经济的发展和产业国际竞争力的提升都起到至关重要的作用。改革开放以来，山西省的对外开放程度逐步提高，产业结构也随之发生显著而深刻的变动。特别是互联网经济、知识经济时代已经到来，随着国际产业转移进程的加速，内外经济模式发生改变的同时，势必引起一国或地区市场供求关系的变化，社会利益集团分配模式也将随之改变，山西省产业结构也将迎来更大的转变。[73]本节从实证的角度，立足山西省的具体情况研究 1985 年以来山西省产业结构转变的具体情况。

4.2.1　缓慢起步阶段产业结构优化效果不甚显著

20 世纪 80 年代中后期至 90 年代初，山西省经济发展水平较低，对外开放刚刚起步，这一阶段山西省承接国际产业转移的主要特点是：努力扩大对外开放，外贸、外资与外包业务逐步展开。相对应地，山西省承接转移的产业主要以资源型产业以及劳动密集型产业为主，产业结构优化效果不甚明显。

在承接国际产业转移的第一个阶段里，国际贸易总体规模偏小，贸易出口产品以矿产品、农副土特产品、轻纺工业产品等传统出口产品为主。譬如 1988 年出口贸易中，工矿产品所占比例为 76.2%，农副产品占 26.7%，初级产品和制成品分别占出口额的 81.7% 和 18.3%，主要收汇产品为煤炭、棉布、糠醛等①。贸易进口品则以矿产品、机械工业设备、纺织工业设备、化肥等为主。这

① 白清才，山西经济年鉴［Z］，山西：山西经济年鉴社，1989，236。

一阶段山西省外商直接投资以合资形式为主，且资金来源以我国香港地区占大多数，签订的协议项目个数占总项目的74.62%。另外，在这些投资者中，掌握先进技术和雄厚资金的大型跨国公司较少，其在山西省的投资领域都集中在第二产业上，特别是煤矿建设项目上；在第三产业的投资主要集中于交通运输项目。值得注意的是，此时所吸收外资利用效率较高，项目绝大部分显示了良好的经济效益。譬如华杰电子合经公司投产4个月后即收回全部投资，其产品还荣获欧洲共同体颁发的“品质优奖”、美国洛杉矶和阿拉斯加电子产品“高品质奖杯”等殊荣。[74]

总体说来，该阶段承接国际产业转移在一定程度上缓解了长期以来山西省经济发展中资金、技术不足的现象，巩固了第二产业的优势地位。但是，由于山西省自身技术水平较低且外资过度集中于资源密集型产业，承接国际产业转移并没有实现山西省产业结构量与质的同步改善，产业结构在向高水平演进的过程中，合理化和生态化进程停滞不前。具体而言，首先，农业基础薄弱的现象明显，大量劳动力仍然停留在劳动生产率低下的第一产业，对第二、三产业的支撑力度不足，这说明当时山西省经济还存在着显著的“二元结构”特征，产业结构深层次的矛盾突出；其次，第二产业产值占GDP的比重占50%以上，且工业结构内部传统支柱产业煤炭及炼焦工业、冶金工业、电力工业也维持在49%左右，表明承接国际产业转移并未纠正山西省“重工业过重、轻工业过轻”的畸形产业结构。此外，由于该阶段承接的产业以资源、劳动密集型的第二产业为主，对改善第三产业的结构效果并不显著。第三产业比重较全国偏低，内部结构也以传统的交通运输、仓储业、批发和零售业、金融业为主，而科学研究、信息、计算机产业所占比重很小，无论从业人员比重还是产业增加值都远低于发达国家20%的水平①。

4.2.2 稳步成长阶段产业结构呈多样化发展趋势

1992年党的十四大明确提出要建立社会主义市场经济体制，掀起了改革开放的新热潮。在这样的大背景下，山西省承接国际产业转移进入高速增长时期，该阶段承接的产业向资本密集型产业转变，这对山西省失衡的产业结构起到了一定的改善作用，促进其多样化发展。

---

① 刘作舟、石宏伟，山西产业结构分析［Z］，山西省：山西经济年鉴，1996。

在第二阶段，山西省对外贸易总量增加的同时，进出口商品结构也得到不断优化。在山西省的国际贸易发展史上，有两个快速增长的年份：一个是 2004 年，进出口总额首次突破 50 亿美元大关，以 74.6% 的增速居全国首位，但此时的高增长主要依赖于焦炭、煤炭、铁矿砂等矿产品的拉动作用。另一个是 2007 年山西省进出口总额突破 110 亿美元大关，外贸实现跨越式发展。与 2004 年不同的是，2007 年的高增长主要得益于不锈钢等贱金属及其制品的拉动。其中，钢材取代焦炭成为山西省第一大出口商品，钢铁管子附件、手机、计算机零部件以及精密加工零组件的出口也在上亿美元，标志着山西省由资源出口大省向新兴工业基地的转型迈出了坚实的步伐。与贸易结构转变相对应的是，第二产业内部结构也逐步改变。国际贸易的大市场效应和提升居民收入效应日益显现，带动了山西省的煤化工、装备制造、材料工业等新兴产业体系稳步有序推进。其中，装备制造业增加值年均增长率达到 41.69%①，逐渐成为支撑山西省经济发展的新力量。

再看加工贸易，最初山西省加工贸易产品以资源类的产品为主，贱金属及其制成品和矿产品一直占山西省加工贸易的绝大部分，缺乏技术含量高、附加值高、产业联动性强的机械制造和机电类加工贸易产品。这当然是山西省作为资源型地区的外在表现，而这种加工贸易模式也使得加工贸易在生产方式上必然呈现高资源性、低技术、高污染、粗加工、低附加值、加工链条短等特点。[75] 随后，山西省的加工贸易结构得到了较大的改善，从事加工贸易的企业主要有太钢、富士康、双喜轮胎等大型企业，产品涉及矿产、机电、罐头等，呈现多样化趋势。通过对特色农产品精深加工，延伸产业链条，提高优势产品和特色产业的整体效益和竞争力，农业生产效率从整体上不断提升，为山西省农业走向现代化奠定基础。随着加工贸易企业富士康（太原）2004 年正式开工生产，科学研究和综合服务业增长速度较快，信息传输、计算机服务和软件业也经历了从无到有的过程。同时，高新技术产业的增长也不容小觑，规模不断扩大，在经济中占据越来越重要的地位。2002—2007 年的 5 年间，高新技术产业增加值占地区生产总值的比重由 1.15% 提高到 5.3%②。

1992 年以后，引用外资大多流向产业结构优化过程中鼓励发展的领域，对

---

① 作者依据《山西省统计年鉴》相关数据计算所得。

② 山西省统计信息网：《辉煌山西省 60 年经济结构在优化中优化升级》，http：//www. stats - sx. gov. cn/html/2009 - 9/20099228525147747575. litml.

山西省产业结构优化产生了积极的促进作用。在此期间，来自欧洲、美国、日本等地的大型跨国公司开始在山西省投资，其投资金额逐渐超过了中国香港等地。其中，最大的外资到位项目是2007年“世界500强”之一的韩国电力公社、德意志银行入股的格盟国际能源有限公司，被商务部誉为审批时间最快、国有资产增值最高的电力板块项目。[76]值得注意的是，此时服务业已逐渐成为外商投资的重点。例如，2007年外资投入山西省共12个行业，其中服务业资金到位达76亿元，位居第一；制造业以27亿美元名列第二，煤化工位列第三。2007年山西省服务业增加值2 025.09亿元，同比增长17.23%，服务业实际利用外资对服务业增长的拉动率为0.65%①。

4.2.3 快速发展阶段产业结构向高技术含量转变

虽然受2008年全球金融危机的影响，承接国际产业转移的步伐逐渐放缓，但由于政策调整及时，山西省更加注重承接产业的质量。因此总体来讲，在第三阶段，承接转移的国际产业中技术含量开始显著增加，对山西省产业结构优化起到一定的推动作用。

首先，贸易结构进一步优化。2008年山西省进出口产品以贱金属及制品、初级资源型产品为主，高新技术产品进出口仅占总额的4.38%。相比而言，2016年山西省机电产品和高新技术产品的进出口额都远远超过资源型产品，高新技术产品进出口总额所占比例为43.14%，贸易结构得到很大改善②。例如，太原重型机械集团生产的挖掘机在2010年成功出口俄罗斯和秘鲁市场，此后再度加快国际化的步伐，先后出口挖掘机至哈萨克斯坦、印度和南非。

其次，加工贸易已逐渐成为拉动山西省外贸出口的主要动力。2016年全省加工贸易进出口总额为108.59亿美元，同比增长24.87%，占全省进出口总额的43.14%③。特别是农产品加工业已成为山西省经济发展中增长较快、特色突出的重要产业之一。2009年，山西省启动旨在推动农产品加工业发展的“513工程”，其中明确提出，要在全省资源型企业转产和招商引资企业中选取50家企业作为省级梯队重点培育企业，着力打造山西省“生态品牌”“特色品牌”和“原产地品牌”的同时，培育一批出口量大、带动力强、市场竞争优势明显的出口贸易型

---

① 高建民，走出内陆省份对外开放的路子［M］，山西：山西人民出版社，2008，43。

② 作者依据《山西省统计年鉴》相关数据计算所得。

③ 作者依据《山西省统计年鉴》相关数据计算所得。

农产品加工龙头企业。

最后，该阶段外商投资领域主要集中于制造业、电力及批发零售业。2015 年山西省实际利用外资中制造业比重最大，占总额的 47.39%，其次为电力行业，占比为 21.17%，采掘业利用外资额仅占总额的 2.42%；服务业总体利用外资总额占比为 11.46%，总体比重相比第二阶段有所回落；第一产业利用外资额仅占外商投资总额的 2.42%①。

日趋庞大的产业转移规模，先进技术的溢出效应、对新型产业的带动效应，再加上为承接国际产业转移实施的制度创新，这些因素共同促进了山西省产业技术进步和劳动生产率的提高，加快了山西省产业结构优化升级的进程。山西省农业机械化、现代化水平稳步提升，在保证农民增产、增收的同时，有效地促进农村劳动力向第二、三产业的转移，为山西省经济的快速发展提供了强有力的支撑。随着农产品加工流通环节配套的加强，农业呈现由数量型向质量型，由单一型向多样型，由原料型向深加工型、绿色型转变的特点。

与此同时，第二产业结构有了一些变化，高新技术产品以及机电产品所占的比重持续上升。2008 年随着国内外经济形势的急剧变化，煤炭、焦炭市场需求快速回落，特别是 2012 年后，煤炭价格如坐过山车一般急转直下，山西省经济萎靡不振。但东方不亮西方亮，随着承接国际产业结构的改善，山西省第二产业技术含量、生产效率也在不断提升。2012 年装备制造业、现代煤化工等产业虽然规模比不上传统采掘业，但增速均快于全省工业平均增速，特别是装备制造业增速高达 33.3%，成为拉动山西省经济快速增长的第三大支柱性产业②。此外，电子信息、食品、医药等新兴产业增长较快，尽管总量偏小、短期内难以弥补煤炭等传统产业增速下滑的影响，但发展趋势较为乐观。2013 年，太原富士康生产的 iPhone 5 和 iPhone 4S 系列智能手机有 62% 直接出口境外③。因此，在全国经济形势复杂多变的情况下，装备制造业，特别是电子信息产业却异军突起，规模大幅增加，为山西省经济低迷的经济形势注入活力。此外，以新能源汽车、光伏产业以及云计算为代表的转型项目的实施为实现节能减排目标贡献了力量，也意味着山西省接续替代产业的发展有了新的突破④。在该阶段，山西省服务业也呈

① 作者依据《山西省统计年鉴》相关数据计算所得。

② 贾云翔，山西资源型经济转型效果评价研究［D］，中北大学硕士学位论文，2014，25。

③ 李仁贵，山西经济年鉴［Z］，山西：山西经济年鉴社，2014，106。

④ 光文亮，山西省资源型经济转型发展的路经研究［M］，2015 年。

现突飞猛进的发展态势。2016 年，山西省服务业增长 6.32%，第二产业则下降 4.45%；服务业占全省 GDP 的 55.67%，高于第二产业 17.39 个百分点[①]，服务业已经占据半壁江山。从对山西省经济增长的贡献率来看，服务业也呈总体上升的趋势，2017 年服务业贡献率高达 60.0%。在经济发展的特殊年份，山西省农业、工业都萎靡不振，无法继续支撑经济的增长，唯有服务业一枝独秀。例如，在 2009 年亚洲金融危机期间，以及 2015 年“去产能”政策的影响下，山西省一产、二产和服务业对经济的贡献率分别为 3.7%、20.4%、75.9% 以及 1.6%、-21.8%、120.2%，服务业在国民经济中的重要地位进一步凸显[②]。

4.3 加大承接国际产业转移力度的必要性

纵然改革开放以来，国际产业转移对山西省的产业结构优化起到了一定的推动作用，然而山西省作为内陆资源型地区，长久以来经济开放程度仍落后于沿海发达地区，其典型的资源型产业结构特征并非一朝一夕能彻底转变。因此，继续加大国际产业转移力度，进一步促进山西省产业结构优化升级是十分必要的。

4.3.1 以国际产业转移推动三次产业结构转变

4.3.1.1 以国际产业转移加速主导产业转变

长期以来，山西省第二产业中工业所占比重较高，均占到五成以上，2016 年更高达 82.27%[③]。因此，工业内部结构是否合理是山西省产业结构调整的一个重要指标。然而，就工业内部结构而言，采掘业和制造业的比重又占到了八成以上，工业结构明显偏重，轻重工业结构失衡现象严重。如表 4.1 所示，2010—2016 年，山西省无论产值还是企业单位数量，重工业都远远超过了轻工业；就利润率而言，轻工业却在重工业之上。由此可见，山西省工业内部资源配置不甚合理。进一步分析，2014 年在煤价一路下跌的情况下，采掘业占工业比重仍达到 55.20%，相比而言，技术含量高的制造业虽然增速较快，但其占工业比重仍低于采掘业。至 2016 年，采掘业占工业比重为 51.30%，而制造业占比为

---

① 作者依据《山西省统计年鉴》相关数据计算所得。

② 改革开放 40 年山西服务业阔步前进——改革开放 40 年山西经济社会发展成就系列报告之十八，http：//www.stats-sx.gov.cn/sjjd/sjxx/201811/t20181119_97107.shtml.

③ 作者依据《山西省统计年鉴》相关数据计算所得。

35.79%，还有待提高①。同时，山西省工业内部产业间关联程度较低，能源、冶金等工业企业规模虽大，但基本处于各自为战的状态，产业集群存在着聚集密度不够、技术含量偏低、未形成完整合理的产业链等诸多问题。[77]

表 4.1　　2010—2016 年山西省轻重工业之比

年份	产值（亿元）		企业单位数（个）		利润率（%）	
	轻工业	重工业	轻工业	重工业	轻工业	重工业
2010	224.90	4 366.58	737	3 503	14.58	8.53
2011	298.35	5 748.24	546	3 127	9.91	7.92
2012	350.89	5 879.32	569	3 336	8.32	5.57
2013	338.15	5 667.94	586	3 393	7.06	2.93
2014	338.60	4 730.11	614	3 292	6.15	1.08
2015	335.36	3 629.64	625	3 220	5.85	-0.65
2016	306.38	3 642.50	595	2 953	5.53	1.78

资料来源：作者根据历年《山西省统计年鉴》数据整理而得。

2012 年以来，受到煤炭产能过剩、新能源工业崛起等综合因素的影响，煤炭价格持续走低，煤炭工业走向衰落阶段，受其影响山西省经济也断崖式下跌。由表 4.2 可以看出，中部省份当中，2010 年山西省的 GDP 增速还位列六省之首，以资源型产业为主的第二产业对 GDP 增速的拉动率高达 12.24%。2012 年后，第二产业对 GDP 增速的拉动率变为负值，意味着第二产业不仅没有对 GDP 的增长起到拉动作用，反而成为导致 GDP 下行的主要力量。同时，经济增速也从 2012 年起连续位于六省末位，2015 年经济增速更为 -0.10%。可以再次验证，山西省经济增长受资源价格以及资源型产业发展的影响依然很大。此外，长期粗放式的发展模式也导致了生态环境不断恶化、资源浪费严重、生产事故频发等诸多问题，成为制约全省经济和社会发展的主要因素。

表 4.2　　2010—2014 年中部六省三次产业对 GDP 的拉动作用　　（单位:%）

地区	项目	2010 年	2011 年	2012 年	2013 年	2014 年	2015 年	2016 年
安徽省	GDP 增速	14.85	14.48	9.86	9.28	7.53	5.41	9.47
	第一产业拉动率	1.21	1.09	0.74	0.23	0.55	0.29	0.35
	第二产业拉动率	11.07	10.09	5.72	4.40	3.10	-0.7	3.28
	第三产业拉动率	2.58	3.30	3.41	4.65	3.88	5.81	5.84
河南省	GDP 增速	10.85	7.85	7.34	6.38	7.64	5.76	7.95
	第一产业拉动率	1.43	-0.04	0.63	0.39	0.48	0.13	0.06
	第二产业拉动率	6.97	4.50	3.18	-1.00	2.88	0.22	2.99
	第三产业拉动率	2.46	3.39	3.53	6.98	4.29	5.42	4.9

① 作者依据《山西省统计年鉴》相关数据计算所得。

续表

地区	项目	2010 年	2011 年	2012 年	2013 年	2014 年	2015 年	2016 年
湖北省	GDP 增速	15.20	13.70	10.69	8.99	9.53	7.78	9.11
	第一产业拉动率	1.63	1.43	1.08	0.52	0.49	0.47	1.02
	第二产业拉动率	9.45	8.20	5.68	1.51	3.87	2.31	3.25
	第三产业拉动率	4.12	4.06	3.92	6.96	5.17	5.00	4.83
湖南省	GDP 增速	14.84	13.41	10.00	8.71	8.91	6.75	7.75
	第一产业拉动率	1.57	1.46	0.84	-0.36	0.54	0.66	0.69
	第二产业拉动率	9.03	8.19	4.57	3.59	3.35	1.15	1.24
	第三产业拉动率	4.24	3.76	4.59	5.48	5.02	4.94	5.82
江西省	GDP 增速	15.45	14.50	8.06	8.85	8.16	6.28	9.18
	第一产业拉动率	0.39	0.84	0.80	0.26	0.56	0.55	0.64
	第二产业拉动率	11.38	8.32	3.33	4.65	3.24	0.97	1.81
	第三产业拉动率	3.68	5.34	3.93	3.95	4.35	4.76	6.73
山西省	GDP 增速	16.93	12.94	5.27	2.27	-0.07	-0.10	0.90
	第一产业拉动率	0.56	0.42	0.36	0.22	0.33	-0.05	-0.07
	第二产业拉动率	12.24	9.80	-0.54	-2.17	-2.93	-8.67	-1.81
	第三产业拉动率	4.13	2.72	5.45	4.23	2.53	8.63	2.77

注：本表按照 2009 年不变价格计算得出。

资料来源：作者根据历年《中国统计年鉴》数据计算而得出。

第 2 章的理论已经阐明，资源型产业对资本、劳动力存在锁定效应，阻碍了新兴产业的发展，同时资源型产业存在对人才、技术、资本等要素的“挤出效应”，这使得第二产业高新技术、先进设备缺乏，生产效率低下。在相对封闭条件下，仅靠自身的力量改变“一煤独大”的产业结构状况难度大、耗时长。因此，继续加大承接国际产业转移力度，可进一步改变产业供给结构锁定和需求锁定效应，改变山西省现有的主导产业“偏黑偏重”的现状。

4.3.1.2 *以国际产业转移改变农业基础薄弱状况*

山西省地处黄河中游的黄土高原区，农业自然灾害频繁，特殊的地理和气候条件制约着山西省农业发展。虽然经过多年努力，山西省农业发展取得长足进步，增长趋势未曾停滞（如图 4.4 所示），但与其他省份相比，山西省只能算是农业小省。2016 年山西省第一产业增加值位居全国第 25 名，在中部六省中，山西省第一产业总产值最低，不到粮食大省河南省的五分之一。

同时，山西省农业生产普遍存在分散化的弱点，农产品标准化、品牌化程度不高。这些问题的产生首先与山西省农民自身素质有所欠缺，农业技术人员数量不够有着密切关系。农民作为现代农业生产的主体，必须具有科学种植、生产的基本知识，运用市场规律调节和管理生产的应变能力和驾驭市场经济的决策能力，这些恰恰是山西省农民的弱项。其次，虽然近年来山西省各级政府在“三

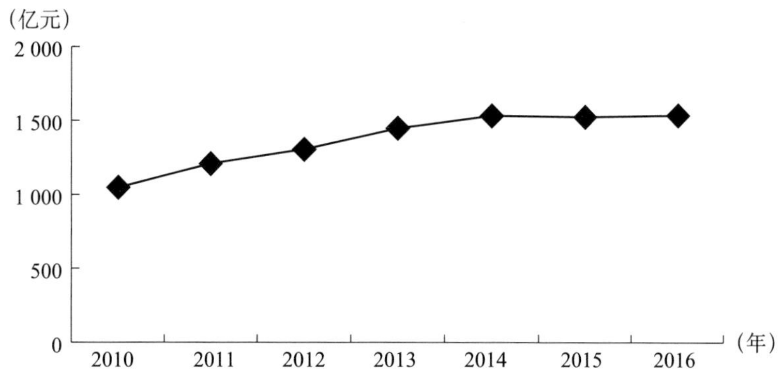

图 4.4　2010—2016 年山西省农林牧渔业总产值

资料来源：作者根据历年《山西省统计年鉴》数据计算绘制。

农”方面的投资显著增加，但相比农业发展所需要的资金仍是杯水车薪。另外，受现有金融政策的制约，银行贷款限制过高，农村信贷资金供给渠道狭窄，企业由于融资较困难、资金不够使一些好的项目发展达不到预期效果。最后，制度的制约因素也是造成农业现代化发展缓慢的因素。例如，在市场监管方面，市场准入制度和责任追究制度不够完善导致一些不合格产品流入市场，得不到有效控制。

综上，当前农业现代化建设方面存在的人才、资金、制度缺陷等方面的问题，在相对封闭条件下难以解决。在新一轮国际产业转移背景下，借助资本、技术等要素国际流动的契机，山西省应当主动参与国际生产分工，进一步通过资本促进效应、技术转移效应、“干中学”效应、制度变迁效应等改变农业基础薄弱的状况。

4.3.1.3　以国际产业转移拉动第三产业增长

发展完善的服务业已经成为经济现代化的重要标志之一。改革开放以后，山西省第三产业发展速度较快，其与第二产业占 GDP 的比重差距愈来愈小。就其内部结构而言，第三产业仍处于较为落后的状态。表 4.3 显示了山西省第三产业主要项目构成及其变化。

由表 4.3 可以看出，20 世纪 80 年代中期以后，处于主导地位的传统服务业交通运输、仓储在第三产业中的比重呈逐年递减态势，由 1985 年的 26.46% 下降至 2016 年的 12.89%。另一传统服务业批发和零售业在第三产业中的地位也在逐年下降，由 1985 年的 23.10% 将至 2016 年的 14.66%。与之相比，第三产业中的

表 4.3　　1985—2016 年山西省第三产业增加值构成　　（单位：%）

年份	交通运输、仓储和邮政业	批发和零售业	金融业	科学研究和综合	信息传输、计算机服务和软件业	其他
1985	26.46	23.10	13.23	—	—	37.21
1986	25.65	22.61	14.78	—	—	36.96
1987	23.32	21.57	20.20	—	—	34.91
1988	21.16	24.50	20.11	—	—	34.23
1989	18.34	21.65	24.96	0.97	—	34.08
1990	18.06	21.03	26.88	0.93	—	33.1
1991	20.31	21.22	26.12	0.61	—	31.74
1992	22.13	22.39	23.45	0.59	—	31.44
1993	23.62	21.93	24.18	0.90	—	29.37
1994	25.01	23.28	16.45	1.14	—	34.12
1995	24.12	22.91	21.07	1.04	—	30.86
1996	24.37	24.41	19.21	1.01	—	31
1997	23.73	23.88	20.08	1.06	—	31.25
1998	24.67	23.73	17.63	1.10	—	32.87
1999	23.49	21.26	16.34	1.13	—	37.78
2000	22.94	21.24	16.28	1.15	—	38.39
2001	22.75	21.13	15.92	1.18	—	39.02
2002	24.13	21.47	12.98	1.22	—	40.2
2003	23.91	20.41	10.42	1.19	—	44.07
2004	23.08	16.65	8.02	1.79	5.28	45.18
2005	22.46	16.70	7.81	1.85	5.24	45.94
2006	22.19	17.11	8.00	1.86	5.25	45.59
2007	21.61	17.21	7.92	1.86	5.25	46.15
2008	20.10	17.79	8.01	1.84	5.55	46.71
2009	18.13	17.79	8.01	1.84	5.91	48.32
2010	19.17	20.38	13.14	1.48	5.97	39.86
2011	19.09	21.38	13.11	1.49	6.02	38.91
2012	18.10	21.16	13.66	1.49	5.81	39.78
2013	17.46	20.97	14.50	1.47	5.55	40.05
2014	14.04	17.43	15.80	1.54	5.99	45.20
2015	13.15	15.87	16.80	1.46	6.89	45.83
2016	12.89	14.66	16.73	1.52	7.34	46.86

注：2005 年以前交通运输仓储邮政业包括通信业，而批发零售住宿餐饮业不包括住宿业。本表按当年价格计算。

资料来源：本表数据根据历年《山西省统计年鉴》整理而得。

新兴产业，如金融保险业与其他服务业领域的增长速度加快，其增加值在第三产业中的比重不断提升。进入 20 世纪 90 年代，金融保险业的增长速度加快，也开始出现科学研究、信息传输、计算机服务和软件业等新兴产业，占第三产业的比重均呈逐年上升趋势，这说明山西省也开始出现“产业结构软化”的迹象。参照学者芮明杰所编制的《工业化程度与生产性服务业的阶段对应关系》（附录 2），山西省应发展至工业化的中期阶段。但与全国平均水平和其他中部省份相比，山西省第三产业发展的速度相对缓慢。表 4.2 的数据显示，与中部其他五省份相比，山西省第三产业对 GDP 增长的拉动率波动较大，且整体水平不高。此外，2016 年，第三产业从业人员占全部就业人员比重为 27.78%，远低于全国 43.50% 的平均水平，这意味着山西省第三产业吸纳就业人员的能力还没有充分发挥。

第三产业之所以在整个产业结构中的地位较低，未能成为山西省经济和社会发展的主要拉动力量，除了与长久以来山西省能源重工业基地的定位有关之外，也受到人力资本缺乏、居民收入水平不高、资金不足、市场机制障碍等因素制约。

第一，与工业生产不同，在服务业发展过程中人力资本所起的作用是至关重要的。特别是高技术服务业，具有技术含量高、附加值高等特点，人力资本是其发展的重要保障。山西省的高技术从业人员则存在总量上的不足。例如，2016 年信息传输、软件和信息技术服务业从业人员仅为 27.6 万人，而北京市从事该行业的职工达 92.9 万人，是山西省的 3.4 倍①。人力资本的缺乏正是制约山西省高新技术服务业发展的重要因素。

第二，按照配第—克拉克定律，居民收入水平与第三产业产出比为正相关关系。由表 4.4 可以看出，近几年，山西省人均 GDP 在中部六省中的位次不断下降。2016 年人均 GDP 为 35 070 元②，处于中部六省末位，比湖北省低 20 133 元。与全国平均水平相比，差距更是逐年增大。因此，从需求角度看，当前山西省人均收入水平偏低，且收入差距较大，使得居民的消费需求还主要停留在有形商品领域，对服务等无形商品的需求有限、消费能力较低，直接制约了服务业的高速发展。

---

① 作者依据《山西省统计年鉴 2016》和《北京市统计年鉴 2016》相关数据计算得出。

② 此数据在表 4.4 中为 35 532 元，这是根据历年统计数据计算得出，但以 1985 年为基期，经过价格平减后这一数据为 35 070 元。

表 4.4　　2010—2016 年我国中部六省人均 GDP　　（单位：元）

年份	山西省	安徽省	江西省	河南省	湖北省	湖南省	全国
2010	26 283	20 888	21 253	24 446	27 906	24 719	30 876
2011	31 357	25 659	26 150	28 661	34 197	29 880	36 403
2012	33 628	28 792	28 800	31 499	38 572	33 480	40 007
2013	34 984	32 001	31 930	34 211	42 826	36 943	43 852
2014	35 070	34 425	34 674	37 072	47 145	40 271	47 203
2015	34 919	35 997	36 724	39 123	50 654	42 754	50 251
2016	35 532	39 561	40 400	42 575	55 665	46 382	53 935

资料来源：作者根据历年《中国统计年鉴》数据整理得出。

第三，第三产业还普遍存在资金不足的现象。例如，山西省作为中华文明发祥地之一，留下了众多的文化遗产；此外，复杂多变的地质、气象条件造就了许多雄伟壮观、引人入胜的自然景观。然而，得天独厚的旅游资源也未能使旅游业成为山西省主导产业，究其原因，旅游产业市场投融资平台的缺失便是重要因素，不仅没有形成政府投入与社会投资之间的互动机制，也没有为传统的资源型产业资本向旅游产业转移提供便利的渠道，导致旅游产业发展所需要的资金投入不够、旅游资源开发层次不高，尚未成为带动经济发展的支柱性产业①。

第四，市场机制也是影响山西省服务业发展的重要因素。市场机制存在障碍将影响潜在需求向实际需求的转化。山西省地处内陆地区，信息闭塞、观念落后，在经济运行过程中，政府干预的痕迹很重，市场机制尚未完全发挥作用，导致山西省很多高技术服务行业还处于行业垄断经营的状态，如科学研究与试验、技术推广、知识产权服务业、技术检测等，使得中小企业进入高技术服务业的市场壁垒过高。严格的市场管制和较高的准入门槛，也是山西省服务业发展受限的重要原因。

通过前文的理论分析可知，制约山西省服务业发展的人力资本短缺、居民收入水平不高导致的市场需求不足、资金不足、市场机制障碍等问题，依靠加大服务贸易、加大 FDI 对服务业的投资力度、承接国际服务业外包便可在一定程度上得以缓解。

4.3.2　以国际产业转移促进劳动力合理配置

产业结构变动的同时，三次产业劳动力结构也将有相应的变化；同理，三次

① 山西蓝皮书，山西资源型经济转型发展报告（2012）[Z]，2013-06-24。

产业劳动力结构的转变也能间接反映产业结构的特征。由表 4.5 可以看出，1985 年以来，山西省第一产业劳动力就业比例呈逐年下降态势，第三产业劳动力就业比例则强势上升，2014 年便超过第一、二产业的就业比例，2016 年达到 39.65%；第二产业就业人数比例则相对稳定，围绕 26% 上下波动。因而整体来看，近些年来，山西省以“三、一、二”型产业结构为主，即第三产业占最大比例。进一步说来，1985 年以来山西省劳动力人口由第一产业向第二产业和第三产业转移的倾向非常明显，特别是第三产业吸纳劳动力的力度逐步加大。纵观山西省近 32 年的就业人口变化规律，其特点与配第—克拉克定理所揭示的伴随经济进步而产生的劳动力在产业之间转移的演进规律，即“劳动人口由农业转移到制造业，再从制造业转向商业和服务业”相吻合。

表 4.5　　1985—2016 年山西省三次产业劳动力结构（年底数）　　（单位：%）

年份	劳动力投入结构			年份	劳动力投入结构		
	第一产业比例	第二产业比例	第三产业比例		第一产业比例	第二产业比例	第三产业比例
1985	49.19	29.40	21.41	2001	47.33	24.77	27.90
1986	47.49	29.75	22.76	2002	46.77	24.50	28.72
1987	46.33	30.41	23.26	2003	44.27	24.51	31.21
1988	46.45	30.11	23.45	2004	43.75	25.43	30.82
1989	47.03	29.42	23.56	2005	42.78	25.71	31.51
1990	47.80	29.50	22.70	2006	40.97	26.63	32.40
1991	48.10	29.00	22.90	2007	40.04	26.28	33.68
1992	46.80	29.40	23.80	2008	39.81	26.37	33.82
1993	46.39	30.86	22.75	2009	38.94	26.35	34.71
1994	45.41	31.32	23.27	2010	37.86	26.26	35.88
1995	44.65	30.60	24.75	2011	37.35	26.91	35.74
1996	44.42	30.17	25.41	2012	36.15	27.37	36.48
1997	44.31	29.68	26.01	2013	35.28	28.15	36.57
1998	46.09	26.69	27.22	2014	35.55	27.13	37.31
1999	46.99	24.33	28.68	2015	35.60	26.26	38.15
2000	47.59	25.38	27.03	2016	35.14	25.21	39.65

资料来源：本表数据根据历年《山西省统计年鉴》整理而得。

一个地区产业结构、劳动力配置是否合理，不仅要看三次产业比重的变动趋势，还要考虑产业结构增长步伐是否与从业人员增长步伐同步，如果两者增长同步，则该地区产业结构、就业结构较为合理。本书采取产业结构偏离度来衡量产业就业结构与产值 GDP 比重结构之间的不对称程度。具体公式如下：

$$P_t = \sum_{i=1}^{n} |L_{it} - C_{it}| \quad (4.1)$$

式中，P_t 为 t 期产业结构偏离度；L_{it} 为 t 期第 i 产业就业人数占比；C_{it} 为 t 期第 i

产业产值占 GDP 的比重；n 为产业数。P_t 值越大，表明 t 期产业结构和就业结构越不对称，产业结构效益越低下；等于零则表明两者均衡。

我们将历年山西省各产业产值与就业人数相关数据带入公式（4.1），算得 1985—2016 年山西省产业结构偏离度，结果如图 4.5 所示。从图 4.5 可以看出，山西省产业结构偏离度在 1995 年以前相对稳定，在 0.6 上下波动；在 1995 年后呈快速上升趋势，到 2008 年产业结构偏离度到达顶峰，可见 1995—2008 年期间山西省产业结构与就业结构偏离程度加剧，产业结构效率降低。这说明尽管以资源性产业为主的第二产业对经济的贡献度在提高，但对就业的带动作用却在降低，整个要素资源配置的不协调性增强。2008 年后山西省产业结构偏离度出现震荡下降，并平稳于 0.6 左右的水平，说明产业结构与就业结构不对称程度有好转之势，但仍处于较高水平。

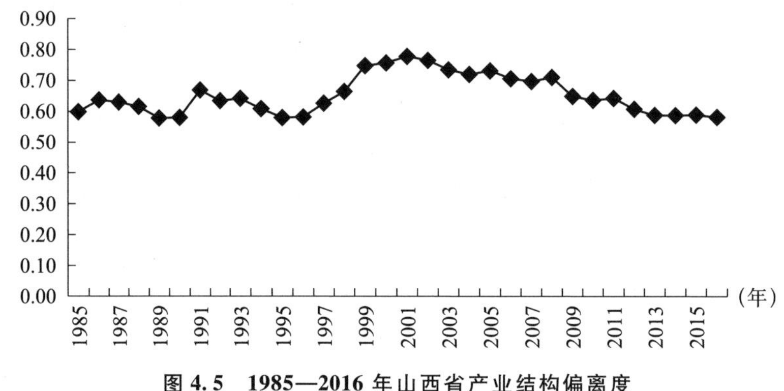

图 4.5　1985—2016 年山西省产业结构偏离度

资料来源：作者根据历年《山西省统计年鉴》数据计算绘制。

由前文的理论分析可知，外资通常进入东道国有发展潜力的幼稚新兴产业，同时因在资本、技术和管理等方面较当地企业均有优势，故对当地劳动力有较强的吸引力，容易促进资源的有效配置。

4.3.3　以国际产业转移提升产业发展技术创新力

整体而言，山西省产业技术水平低，创新能力弱的状况较为明显。山西省的产品结构中初级产品居多，高级加工产品较少，低附加值产品多，高附加值产品少，整个产业结构初级化严重、技术水平低下、缺乏创新力。由以上分析可知，传统的种植业仍然在第一产业中占据主导地位，2016 年传统农业占农林牧渔业总产值的 62.5%，比全国同期平均水平高出 10.2 个百分点。工业内部，仍以简单粗放的采掘业为主导，产业链短、附加值低。在服务业内部，传统的交通运输、仓储服务和批发零售服务业所占比例仍遥遥领先，2016 年占服务业总比重达到 27.6%①，科学研究、计算机和信息服务业等高技术服务业则增长乏力。这种情况导致山西省中低端产品大量充斥市场，在国内外市场上只能以价格取胜，而高端产品供不应求，不能满足高收入群体的需求。此外，由于山西省企业创新能力不足，尚未掌握核心技术和关键流程，真正体现技术水平的中间产品和高新技术设备仍然需要进口，呈现高科技行业“技术不高”的特点，这阻碍了产业结构高度化发展的步伐，加大了对外资企业的依赖程度。

造成这一现象的原因首先在于山西省地方政府重视程度不够，财政投入较少。例如，2016 年山西省用于研究和开发的经费为 54.26 亿元，占总财政支出的 1.01%，低于全国平均水平 0.96%②。此外，山西省产业开放度较低，封闭型经济特征明显，在产业和企业间未能形成激烈竞争的氛围，再加上以资源型产业为主的经济对人才、技术的“挤出效应”，结果是企业改革、创新动力不足，产品缺乏核心竞争力。此外当前市场体制不完善，也是山西省产业缺乏创新力的重要原因。社会尚未形成公平竞争、诚实守信的市场环境，还未建立起有利于自主知识产权产生和转移的法制环境。同时，整个社会缺乏培养创新型人才的文化氛围，尊重个性、恪守诚信、宽容失败的创新文化和创新环境还没有形成。[78] 国际产业转移视角下，这些制约产业技术创新、技术进步的因素都能得到有效的缓解。

4.3.4　以国际产业转移加快工业化发展进程

当前学者对产业结构关系的研究主要集中于第二产业的工业化进程。德国经济学家霍夫曼（W. Hoffmann，1931）对工业化的演进规律做了开拓性的研究，提出“霍夫曼比例”，即工业化制造业中消费资料工业与生产资料工业净产值之比，并进一步揭示在工业化进程中霍夫曼比例不断下降的规律，即著名的“霍夫曼定理”。依据霍夫曼比例，可大致将工业化划分为 4 个阶段：霍夫曼系数 5.0（±1.0）为第一阶段，消费品在制造业中占统治地位；霍夫曼系数 2.5（±1.0）为第二阶段，资本品生产突飞猛进，但所占比例仍低于消费品；霍夫曼系数 1.0（±0.5）为第三阶段，资本品和消费品规模相当；霍夫曼系数 1.0 以下为第四阶

① 该数据为作者依据《山西省统计年鉴 2017》相关数据计算得出。

② 作者依据《中国统计年鉴 2017》相关数据计算所得。

段，资本品的规模反超消费品。[79]

根据表 4.6 可以看出，山西省近似霍夫曼比例在波动中呈逐年下降的趋势，特别是 1987 年下降幅度最大，由 1986 年的 0.66 下降至 0.39，2004 年后近似霍夫曼比例基本稳定于 0.06 左右。因此，依照霍夫曼定理，山西省已处于工业化后期（工业化第四个阶段），即重工业化阶段。然而，从人均 GDP 角度来看，将得出不一样的结论。

表 4.6　　山西省近似霍夫曼比例①

年份	近似霍夫曼比例	年份	近似霍夫曼比例	年份	近似霍夫曼比例
1985	0.66	1996	0.26	2007	0.06
1986	0.66	1997	0.25	2008	0.05
1987	0.39	1998	0.23	2009	0.05
1988	0.40	1999	0.23	2010	0.05
1989	0.33	2000	0.20	2011	0.05
1990	0.27	2001	0.13	2012	0.06
1991	0.34	2002	0.12	2013	0.06
1992	0.32	2003	0.09	2014	0.07
1993	0.25	2004	0.07	2015	0.09
1994	0.27	2005	0.06	2016	0.08
1995	0.25	2006	0.06	—	—

资料来源：作者根据历年《山西省统计年鉴》数据计算而得。

1986 年，美国经济学家钱纳里借助多国模型，依照人均收入水平将一国（或地区）经济发展过程划分为 6 个阶段，并指出正是产业结构转化推动了经济发展从低级阶段向更高级阶段跃进。钱纳里多国模型对工业经济发展阶段的划分如表 4.7 所示。

表 4.7　　钱纳里多国模型对工业经济发展阶段的划分
（按 2008 年美元计算）

人均 GDP 变动范围（美元）	三次产业结构特征	对应发展阶段	
819—1 638	A 占绝对比重；I < 20%	初级产品生产阶段	准工业化阶段
1 638—3 277	A > 20% 且 A < I	工业化初级阶段	工业化阶段
3 277—6 553	A < 20%；I > A；I > S	工业化中级阶段	
6 553—12 287	A < 10%；I > S	工业化高级阶段	
12 287 以上	A < 10%；I < S	发达经济高级阶段	后工业化阶段

注：表中 A、I 和 S 分别表示第一产业、第二产业和第三产业占 GDP 的比重。
资料来源：作者根据钱纳里、陈佳贵等学者观点收集整理而得。

2016 年山西省人均 GDP 折合成 2008 年美元价格水平为 4 099 美元，对照表

① 在具体计算中人们通常用轻重工业产值比较来近似表示霍夫曼比例。

4.7 可以判定山西省处于工业化中级阶段，这与本章前文依据芮明杰所编制的《工业化程度与生产性服务业的阶段对应关系》所得出的“山西省处于工业化的中期阶段”的结论吻合。但是，山西省 2016 年三次产业占 GDP 的比重分别为 6.0%、38.3% 和 55.7%，已符合工业化高级阶段的产业结构特征，与霍夫曼定理得出的结论一致。霍夫曼定理“失灵”了吗？本书认为，综合考虑山西省经济、产业发展状况可以判定，山西省当前应处于工业化中级阶段，而所谓的霍夫曼定理“失灵”正是山西省工业化进程中的一个病态表现。资源型地区的资源禀赋优势推进了工业化进程，但同时也造成资源型地区经济发展的路径依赖，形成了重工业对轻工业的挤出，以及工业结构中资源产业对制造产业的挤出，因而导致人均 GDP 并没有达到工业化进程应有的水平。通过国际产业转移，可有效增加居民收入水平，打破资源型地区经济发展的路径依赖，真正推进山西省工业化进程的稳步发展。

4.4　小结

本章以典型的资源型地区山西省为例，重点就国际产业转移如何推动山西省产业结构变动进行了实证研究：首先回顾了 1985 年以来，山西省承接国际产业转移的历程与特点，并依据承接国际产业转移规模与演变特点，将其分为 3 个阶段，即缓慢起步（1985—1991 年）、稳步成长（1992—2007 年）和快速发展（2007 年以来）3 个阶段；其次，通过描述性统计的方法，阐明了山西省承接国际产业转移与产业结构变动之间的关系，结果表明，虽然长期以来山西省经济发展高度依赖采掘业，产业结构积累了相当多的问题，但随着国际产业转移步伐的加快，山西省产业结构也显现多样化和高度化发展的态势；最后总结了典型的资源型地区山西省现阶段产业结构的不足之处，并对其原因做了相应的分析，发现应当继续加大承接国际产业转移的力度，逐步解决当前山西省产业结构存在的种种问题。

第5章　国际产业转移对山西省产业结构影响的实证检验

从前文的分析中不难看出，国际贸易、国际外包、FDI 对山西省产业结构的优化起到一定的推动作用。为了定量说明国际产业转移对山西省产业结构变动的影响程度，本章利用计量模型做了进一步的统计分析。我们选取山西省 1985—2016 年间国际产业转移与产业结构合理化、高度化、生态化的年度数据为样本进行协整分析。所用数据来源于历年《山西统计年鉴》《山西经济年鉴》以及《山西省国民经济和社会发展统计公报》。因数据的自然对数变换能使其趋势线性化，并能消除时间序列中存在的异方差，且不改变原有的协整关系，故我们对自变量数据取自然对数。另外，为消除价格变动的影响，数据以 1985 年价格为不变价格对数据进行了调整。计算均使用计量经济学的常用软件 EViews8. 0 完成。

5.1　变量选取及指标分析

5.1.1　国际产业转移指标的选取

前文提到，国际产业转移主要通过国际贸易、承接国际外包和外商直接投资 3 种途径，实现资源型地区产业结构的优化。因此，本书尽量选择能代表不同路径的产业转移指标。

5.1.1.1　国际贸易度量

国际贸易按照贸易方式分类可以分为一般贸易、补偿贸易，等等。前文所描述的国际产业转移路径之一的国际贸易在本书中特指一般贸易，即单边输入或单边输出关境的进出口贸易方式，故这里用一般贸易进出口总额 TR 作为国际贸易路径的代表。考虑到进口的数据是以美元表示的，本书用当年美元对人民币的年平均汇率将其换算为以人民币表示的进口值。

5.1.1.2 国际外包度量

现有国内外文献对于承接外包的测度，尚无完善和得到一致认可的指标。当前对国际外包的统计主要有3种方法。第一种方法是通过海关所统计的零部件贸易数据计算得来，譬如 Yeats（2001）根据国际标准贸易分类法（SITC），将名称为零件和部件的产品进行加总，并以总和在贸易总量中的占比作为衡量外包的指标。[80]第二种方法是利用投入—产出表，根据各行业的投入产出情况来计算各行业或整体经济承接国际外包的程度。第三种方法是通过加工贸易间接度量外包。由于加工贸易在资源型地区对外贸易中比重较大，并且考虑到统计数据的易得性，本书将采用加工贸易总额 OR 来衡量山西省承接国际外包的现象。

5.1.1.3 外商直接投资度量

现有文献对外商直接投资总额的统计，有合同利用外商投资总额和实际利用外商直接投资总额之分。在与外商签订招商引资合同后，由于政治、经济、不可抗力等原因，一部分资金不能如期到位，合同利用外资与实际利用外资之间存在差额。只有实际利用外资总额才能真正体现利用外资的水平，以及外资的各种效应。本书用实际利用外商直接投资总额 FDI 来计算其对产业结构的影响。

5.1.2 产业结构优化评价指标的设计

正如前文所述，对于资源型地区产业结构优化评价指标体系的设计，既要能体现产业结构合理化水平、高度化水平，又要能体现其生态化水平，这样才能综合、立体考量资源型地区产业结构优化的动态演化过程。根据前文所述的产业结构优化的理论内涵，在前人研究的基础上，本书重新构建了关于产业结构优化的评价指标体系，内含产业结构合理化、产业结构高度化、产业结构生态化3个方面。

5.1.2.1 产业结构合理化评价

产业结构合理化直接影响到资源型地区产业之间的协调发展，资源的有效配置和利用。目前，学者对产业结构合理化的评价标准可归纳为基准比较法、“自组织能力”测度法、资源配置测度法3类。[81]本书将沿用干春晖等（2011）等学者的研究思路，用泰尔指数来衡量产业结构合理化程度。具体公式为：

$$IR = \sum_{i=1}^{n} \left(\frac{Y_i}{Y}\right) \ln\left(\frac{Y_i}{L_i} / \frac{Y}{L}\right) \tag{5.1}$$

式中，IR 表示产业结构的合理化程度；Y_i 表示第 i 产业的总产值；L_i 表示第 i 产业的就业人数；Y 表示地区经济生产总值；L 表示该地区总就业人口数。显然，通过式（5.1）可知，如果计算出来的 $IR=0$，表明一个地区的产业结构处于合理化状态；若 $IR\neq 0$，则说明产业结构发展不够合理，且越偏离0说明产业结构不合理程度越高。将山西省1985—2016年三次产业的产值、就业人数具体数值带入上式，得到山西省产业结构合理化评价结果，如表5.1所示。

表5.1　1985—2016年山西省产业结构合理化评价

年份	IR	年份	IR	年份	IR	年份	IR
1985	0.22	1993	0.23	2001	0.36	2009	0.32
1986	0.24	1994	0.21	2002	0.36	2010	0.34
1987	0.24	1995	0.19	2003	0.36	2011	0.35
1988	0.22	1996	0.19	2004	0.35	2012	0.31
1989	0.20	1997	0.23	2005	0.38	2013	0.28
1990	0.19	1998	0.26	2006	0.37	2014	0.26
1991	0.25	1999	0.34	2007	0.38	2015	0.25
1992	0.23	2000	0.34	2008	0.40	2016	0.24

资料来源：作者根据历年《山西省统计年鉴》数据计算而得。

由表5.1可以看出，1985年以来，衡量山西省产业结构合理化程度的指标IR与标准值 $IR=0$ 偏离程度总体呈现先升高后降低的趋势，即山西省产业结构经历了一个由不甚合理向逐步合理转变的过程。

5.1.2.2　产业结构高度化评价

国内大多数学者认为，产业结构高度化是不同产业间比例关系的一种度量，通过第三产业占GDP的比例，抑或第三产业与第二产业的产值比较来予以评价。但是，正如前文所言，在一味追求所谓“产业结构高度化”的同时，很容易陷入以严重损害资源配置效率为代价的陷阱，即有悖经济发展规律的“虚高度化”。本书借用刘伟等（2008）学者的观点，认为产业结构高度化的认定必须以劳动生产率的提升为前提。只有一个国家或地区劳动生产率较高的产业在整个产业结构中的占比较大时，才能表明产业结构实现了真正的高度化。[82]因此，本书将各个产业劳动生产率与产业占比的乘积之和作为产业结构高度化的衡量指标，可表示为：$IT=\sum v_{it}\times LP_{it}$。

式中，v_i 表示 t 期产业 i 的产值占GDP的比重；LP_{it} 表示 t 期产业 i 的劳动生产率，$LP_{it}=Y_{it}/L_{it}$；Y_{it} 为 t 期产业 i 的增加值；L_{it} 为 t 期产业 i 的从业人数。为了消除量纲，将“劳动生产率”指标进行标准化处理，公式为：

$$LP_{it}^{N}=\frac{LP_{it}-LP_{ib}}{LP_{if}-LP_{ib}} \tag{5.2}$$

式中，LP_{it}^{N} 为标准化后的 t 期产业 i 的劳动生产率；LP_{ib} 为工业化初期的产业 i 的劳动生产率；LP_{if} 为工业化完成时产业 i 的劳动生产率。刘伟等（2008）根据钱纳里（1986）的标准结构模型中关于工业化起点、终点的定义，通过换算求得以2005 年人民币表示的工业化初期和完成时三次产业劳动生产率，即：LP_{1f} = 53 058 元、LP_{2f} = 141 036 元、LP_{3f} = 49 441 元；LP_{1b} = 2 570 元、LP_{2b} = 10 755 元、LP_{3b} = 12 509 元。

将山西省 1985 年至 2016 年的相关数据通过价格平减，转换为 2005 年不变价格的数值带入公式（5.2）后，最终算得标准化后的山西省产业结构高度化指数，具体见表 5.2。

表 5.2　　1985—2016 年山西省产业结构高度化评价

年份	IT	年份	IT	年份	IT	年份	IT
1985	-0.034	1993	0.0221	2001	0.2442	2009	0.5967
1986	-0.037	1994	0.0182	2002	0.2771	2010	0.6714
1987	-0.039	1995	0.0388	2003	0.3152	2011	0.7337
1988	-0.034	1996	0.0593	2004	0.3754	2012	0.7647
1989	-0.03	1997	0.0918	2005	0.4396	2013	0.7639
1990	-0.009	1998	0.131	2006	0.4637	2014	0.8039
1991	-0.002	1999	0.1655	2007	0.5317	2015	0.9443
1992	0.0042	2000	0.2133	2008	0.6203	2016	0.9515

资料来源：作者根据历年《山西省统计年鉴》数据计算而得。

由表 5.2 可以看出，1985—1991 年山西省产业结构高度化指数逐年攀升。最初指标为 -0.034，还处于工业化起飞前的准备时期，1992 年后 IT 值不断增加，意味着山西省高度化水平不断提高，2007 年这一指标突破 0.5 是产业结构高度化发展进入新阶段的重要标志。另外，由式（5.2）可知，一个经济体的产业结构高度化指标越接近 1，其越接近工业化完成时期。2014 年山西省的 IT 值达到 0.8，由此可初步判定，山西省尚未完成工业化进程。

5.1.2.3　产业结构生态化评价

产业结构生态化是指经济持续发展过程中，产业系统不断降低资源消耗水平、减少对废弃物的排放、增加对污染物的综合治理和对生态系统的修复的过程。产业结构变动会直接对资源环境产生影响。[83]资源型地区产业生态化评价是一个相当复杂的系统工程，必须建立科学的指标体系予以综合、客观的评价。现有文献对此也进行了深入的研究。马振宁等（2008）采取主成分分析法测度资源型城市生态化发展水平。[84]曹华、张茜（2010）从经济和社会发展、资源利用、生态环境和技术支持 4 个方面，构建了基于循环经济的产业结构优化评价指标体系。[85]李娣等（2010）从微观、中观和宏观 3 个层面、4 个层级将“长株潭”城市群与“长三角”“珠三角”及武汉的产业生态化水平进行了比较。[86] 陆根尧(2012)在构建产业结构生态化指标的基础上运用主成分分析、因子分析与聚类分析相结合的方法，对我国各省（直辖市、自治区）的产业生态化水平进行综合评价和分析。[87] 本书借鉴王中亚（2012）等人运用熵值法构建衡量产业结构生态化指标体系的思路，对山西省产业生态化发展水平进行测算。考虑到当前山西省所处的经济发展阶段，工业部门仍然是环境污染的主要部门，我们主要通过工业部门的污染排放指标来衡量整个产业的污染排放量。遵循系统和可操作性原则，本书将从资源消耗、工业污染排放、环境治理投资、资源循环利用4个维度，重新构建山西省产业生态化发展水平评价指标体系（见表5.3）。

表5.3　山西省产业生态化发展水平测度指标体系

目标层	准则层	指标层	单位	权重
产业结构生态化水平	资源消耗	单位工业产值能耗	吨标准煤/万元	0.1759
	工业污染排放	单位工业产值废水排放量	吨/万元	0.1566
		单位工业产值废气排放量	标立方米/元	0.1801
		单位工业产值固体废物排放量	吨/万元	0.1801
	环境治理投资	污染治理项目完成投资额	万元	0.1557
	资源循环利用	工业固体废物综合利用量	万元	0.1516

资料来源：作者根据历年《山西省统计年鉴》《中国环境统计年鉴》数据计算而得。

• 信息熵值法主要原理及过程

本书采用信息熵①来计算各指标权重，可有效避免德尔菲法和层次分析法等方法的主观随意性，使最终评价结果更具客观性。[88] 该方法的主要思路为：将 n 个考察对象，m 项评价指标组成原始数据矩阵 $X = (x_{ij})_{n\times m}$，对于某项指标 x_j，其中的指标数值差距越大，表明其在综合评价中的作用越大，赋予该指标的权重也应越大。具体步骤如下：

第一，计算第 j 项指标下的第 i 个样本指标的比重：$p_{ij} = x_{ij}/\sum_{i=1}^{n} x_{ij}$，式中 x_{ij} 为指标的实际值。

第二，计算第 j 项参评指标的熵值：$G_j = -r\cdot\sum_{i=1}^{n} p_{ij}\cdot\ln p_{ij}$，式中 r 为常数与样本数 n 有关，$r = 1/\ln n$，则 $0 \leqslant G_j \leqslant 1$。

第三，计算指标的差异系数 $D_j = 1 - G_j$，该指标值越大，权重也就越大。

第四，确定参评指标 x_j 的权重系数 $w_j = D_j/\sum_{j=1}^{m} D_j$（结果详见表5.3）。

---

① 在信息论中，信息熵表示系统有序程度，一个系统有序程度越高则信息熵越小。

第五，计算产业生态化水平：$IE = \sum_{j=1}^{m} w_j y_j$。式中，$IE$ 表示产业生态化水平，w_j 和 y_j 分别表示指数权重及标准化后的评价指标值。

• 评价指标标准化处理

为了解决指数量纲差别较大、数据悬殊的问题，本书采用极差标准化方法对原始数据进行标准化处理。

对于正向指标①：$y_{ij} = \frac{x_{ij} - \min x_{ij}}{\max x_{ij} - \min x_{ij}} \times 40 + 60$

对于负向指标②：$y_{ij} = \frac{\max x_{ij} - x_{ij}}{\max x_{ij} - \min x_{ij}} \times 40 + 60$

式中，y_{ij} 为指标标准化数值；$\min x_{ij}$ 和 $\max x_{ij}$ 分别表示第 j 项指标下所有样本的最小值和最大值。

• 实证检验

利用上述方法在对数据进行标准化处理的基础上，测算出山西省产业生态化水平，结果如表 5.4 所示。

表 5.4　　1985—2014 年山西省产业生态化水平评价

年份	IE	年份	IE	年份	IE	年份	IE
1985	65.91	1993	62.18	2001	72.39	2009	79.94
1986	65.61	1994	65.35	2002	72.91	2010	80.96
1987	65.93	1995	68.20	2003	74.11	2011	82.17
1988	68.84	1996	69.91	2004	76.39	2012	83.32
1989	71.28	1997	72.61	2005	77.45	2013	83.00
1990	51.34	1998	72.06	2006	77.81	2014	83.49
1991	54.79	1999	71.10	2007	78.85	2015	80.73
1992	57.78	2000	71.87	2008	80.40	2016	81.24

资料来源：作者根据历年《山西省统计年鉴》《中国环境统计年鉴》数据计算而得。

由表 5.4 可知，山西省的产业生态化水平逐年递增趋势非常显著，特别是 2008 年之后，产业生态化指标达到 0.8 以上，意味着产业生产过程对资源消耗依赖程度降低、环境治理力度加大，经济发展对生态破坏性趋于减弱。

总体来讲，通过表 5.1、表 5.2 和表 5.4 中的数据可以了解到，1985—2016 年山西省产业结构在合理化、高度化、生态化等方面均得到一定程度的优化。其中，产业结构高度化、生态化程度改善显著，但是产业结构合理化进展缓慢，需

① 正项指标是，指标值越大，表明产业生态化水平越高的指标。例如，工业固体废物综合利用量。

② 负项指标是，指标值越小，表明产业生态化水平越高的指标。例如，单位工业产值能耗。

要重点关注。

5.2 模型的构建与检验

5.2.1 模型的构建

本章主要验证国际产业转移的3条路径对于山西省产业结构的具体影响程度，因此分别选取一般贸易进出口总额TR、加工贸易总额OR与外商直接投资总额FDI的自然对数LnT、LnO、LnF作为解释变量，将衡量产业结构合理化、高度化以及生态化指标IR、IT、IE的自然对数LNIR、LNIT和LNIE，作为被解释变量来构造模型。考虑到资源型地区的特点，本书将能源工业固定投资SI作为控制变量加入模型。此外，人均收入水平PY、就业人数EF等也是影响产业结构的主要因素，因此也作为控制变量引入方程，相关数据均来自历年的《山西省统计年鉴》、中华人民共和国国家统计局网站。

5.2.1.1 产业结构合理化模型

产业结构合理化程度主要考虑资源是否实现了有效配置、达到最优组合，因此除了考虑国际产业转移的3条路径之外，影响因素中还应包括能源工业固定投资SI和就业人数EF，故将LNSI和LNEF作为控制变量加入方程，构建以下方程式：

$$LNIR = C_1 + C_2LNT + C_3LNO + C_4LNF + C_5LNSI + C_6LNEF \tag{5.3}$$

5.2.1.2 产业结构高度化模型

产业结构高度化指标主要衡量产业结构从低水平状态向较高水平状态发展的过程，而能源工业固定投资SI势必影响产业结构高度化进程。另外，考虑到人均收入水平PY会影响消费结构水平，而消费结构层次高低又是产业结构高度化的重要影响因素，将LNSI和LNPY作为控制变量加入产业结构高度化模型，构建以下方程式：

$$LNIT = C_1 + C_2LNT + C_3LNO + C_4LNF + C_5LNSI + C_6LNPY \tag{5.4}$$

5.2.1.3 产业结构生态化模型

研究产业结构生态化模型，必然考虑能为环境带来较大污染的能源工业固定投资SI。除此之外，作为资源型大省，山西省就业人口的数量、分布也直接影响到产业结构生态化的指标，因而将LNEF也作为控制变量引入模型，构建以下方程式：

$$LNIE = C_1 + C_2LNT + C_3LNO + C_4LNF + C_5LNSI + C_6LNEF \quad (5.5)$$

5.2.2　多重共线性检验

理论上讲，本书涉及的解释变量一般贸易总额、加工贸易总额以及外商直接投资额之间具有紧密的联系，因此要对解释变量进行多重共线性检测。最常用的多重相关性的正规诊断方法，是使用方差膨胀因子 VIF 检验，VIF 越大表明共线性越严重。具体方法是，建立每个解释变量 X_j 对其余解释变量的辅助回归方程，计算出每个辅助方程的负相关系数 R_j^2 ，通过公式 $VIF_j = \frac{1}{1 - R_j^2}$ ，得出各个解释变量 X_j 的方差膨胀因子。本书将相关数据带入上式后，得到各解释变量的 VIF ，具体如下：

$$VIF_{LNT} = 1.08 \quad (5.6)$$

$$VIF_{LNO} = 3.04 \quad (5.7)$$

$$VIF_{LNF} = 2.73 \quad (5.8)$$

根据经验判断方法，当 $0 < VIF < 5$ 时，表明解释变量之间不存在显著的多重共线性；若 $5 \leqslant VIF \leqslant 10$ ，意味着解释变量之间存在较强的多重共线性；若 $VIF \geqslant 10$ ，说明解释变量之间存在严重多重共线性。由式（5.6）—式（5.8）可知，解释变量之间不存在显著的多重共线性关系，因此也不影响最小二乘法的估计值。

5.2.3　平稳性检验

在现实生活中，大多数情况下时间序列是非平稳的，如果时间序列数据不平稳，将会出现“伪回归”等问题，而非平稳变量必须具有相同的单整阶数才有可能存在长期的均衡关系。因此，在进行协整检验之前，要对时间序列进行平稳性检验。该检验方法较多，最常用的检验方法是单位根检验（Unit Root Test），而 DF（Dickey – Fuller Test）检验和 ADF 检验（Augmented Dickey – Fuller Test）是单位根众多检验方法中最常用的两种。本书使用 ADF 单位根检验方法分别检验各个解释变量和控制变量时间序列自然对数的平稳性及单整阶数。从 LnT、LnO 和 LnF 数据上看，原序列随时间变化有上升或下降趋势，故选择包含常数项和线性时间趋势项，一阶差分后的序列仅包含常数项。具体结果如表 5.5 和表 5.6 所示。

表 5.5　　　　各解释变量的单位根检验结果

自变量	检验类型 (c, t, l)	ADF 检验值	5% 临界值	prob	结论
LnT	(c, t, 0)	-1.26	-2.96	0.6374	不平稳
ΔLnT	(c, 0, 0)	-5.17	-1.95	0.0000	平稳
LnO	(c, t, 0)	-2.01	-2.96	0.2816	不平稳
ΔLnO	(c, 0, 0)	-5.54	-2.96	0.0001	平稳
LnF	(c, t, 0)	-2.01	-2.96	0.2816	不平稳
ΔLnF	(c, 0, 0)	-5.12	-1.95	0.0000	平稳

注：c 表示在检验回归式中含常数项，t 表示含趋势项，取 0 时表示不含相应项，滞后阶数 l 由 SC 准则确定。

表 5.6　　　　各控制变量的单位根检验结果

控制变量	检验类型 (c, t, l)	ADF 检验值	5% 临界值	prob	结论
LNSI	(c, 0, 1)	-0.44	-2.96	0.8895	不平稳
ΔLNSI	(c, 0, 1)	-3.49	-2.97	0.0155	平稳
LNPY	(c, 0, 1)	-0.68	-2.96	0.8363	不平稳
ΔLNPY	(c, 0, 0)	-3.47	-2.96	0.0160	平稳
LNEF	(c, 0, 0)	0.15	-2.96	0.9648	不平稳
ΔLNEF	(c, 0, 0)	-3.50	-2.96	0.0149	平稳

注：c 表示在检验回归式中含常数项，t 表示含趋势项，取 0 时表示不含相应项，滞后阶数 l 由 SC 准则确定。

另外，本书使用 ADF 单位根检验方法检验被解释变量时间序列自然对数的平稳性及单整阶数。从 LnIR、LnIT 和 LnIE 数据上看，原序列随时间变化趋势不明显，故选择包含常数项，不包含线性时间趋势项。具体结果如表 5.7 所示：

表 5.7　　　　各被解释变量的单位根检验结果

因变量	检验类型 (c, t, l)	ADF 检验值	5% 临界值	prob	结论
LNIR	(c, 0, 0)	-1.47	-2.97	0.5356	不平稳
ΔLNIR	(c, 0, 0)	-4.42	-2.97	0.0026	平稳
LNIT	(c, 0, 0)	-2.07	-2.96	0.2548	不平稳
ΔLNIT	(c, 0, 0)	-3.74	-2.96	0.0085	平稳
LNIE	(c, 0, 0)	-1.43	-2.96	0.5571	不平稳
ΔLNIE	(c, 0, 0)	-6.00	-2.96	0.0000	平稳

注：c 表示在检验回归式中含常数项，t 表示含趋势项，取 0 时表示不含相应项，滞后阶数 l 由 SC 准则确定。

通过对解释变量和被解释变量原序列分别进行 ADF 单位根检验，表 5.5、表 5.6 和表 5.7 的结果表明原时间序列均是非平稳的，因此不能直接采用回归方法进行分析。而后，经对原时间序列进行一阶差分后进行 ADF 单位根检验，发现在一阶差分后各序列都变为平稳序列。由此可知，解释变量和被解释变量均为一阶单整的时间序列。

5.3 协整检验与误差修正模型计量分析

5.3.1 协整检验

为了进一步分析国际贸易、加工贸易和外商直接投资与山西省产业结构优化之间是否存在长期的均衡关系，我们分别进行协整检验。通过上面的分析可知，解释变量与被解释变量均为 I（1），满足协整检验前提。采取前面所提到 E－G 两步法，通过 EViews8.0 软件对分别 3 个方程进行回归分析，结果如下：

$$LNIR = 20.77 + 0.13LNT - 0.08LNO + 0.08LNF + 0.35LNSI - 3.30LNEF \quad (5.9)$$

(5.2242) (3.4236) (－2.4291) (4.7109) (6.4507) (－5.8509)

$R^2 = 0.9298$　　Adjusted $R^2 = 0.9131$　　$DW = 2.2445$

$$LNIT = -32.62 + 0.27LNT - 0.28LNO + 0.21LNF - 2.02LNSI + 4.96LNPY \quad (5.10)$$

(－4.4901) (0.8605) (－2.0053) (0.9559) (－2.9589) (3.4499)

$R^2 = 0.9317$　　Adjusted $R^2 = 0.9137$　　$DW = 1.1630$

$$LNIE = 1.04 + 0.09LNT - 0.08LNO + 0.04LNF - 0.05LNSI + 0.41LNEF \quad (5.11)$$

(0.6313) (5.6863) (－0.6333) (5.7023) (－1.9899) (1.7583)

$R^2 = 0.9581$　　Adjusted $R^2 = 0.9481$　　$DW = 1.3991$

3 个方程回归系数均显著，方程拟合优度也显示回归方程较为显著。接着分别对 3 个方程的残差 E_1、E_2和 E_3做平稳性检验，结果如表 5.8 所示：

表 5.8　　残差单位根检验

自变量	检验类型 (c, t, l)	ADF 检验值	5% 协整临界值 Cp	结论
E_1	(c, 0, 0)	－5.89	－3.53	存在协整关系
E_2	(c, 0, 0)	－4.05		存在协整关系
E_3	(c, 0, 0)	－3.59		存在协整关系

注：c 表示在检验回归式中含常数项，t 表示含趋势项，取 0 时表示不含相应项，滞后阶数 l 由 SC 准则确定。

其中，协整检验的临界值可以从麦金农（Machinnon）提供的临界值 C_p计算而得，具体公式为：$C_p = \phi_\infty + \phi_1 T^{-1} + \phi_2 T^{-2}$。式中，p 表示检验水平，我们取 0.05；$\phi_\infty$、$\phi_1$ 和 ϕ_2 的值可以从表中查出；T 为样本容量。将实际数据带入后，计算所得$C_p = -3.53$。

检验结果显示，在5%的显著性水平下各方程“残差”均拒绝原假设，因此可以确定各回归方程的残差项不存在单位根，为平稳序列。由此可以说：国际产业转移3条路径与山西省产业结构合理化、高度化、生态化指标之间均存在长期稳定的均衡关系。换言之，长期来看，国际产业转移对产业结构优化产生了影响，具体而言：

由式（5.9）可以看出，一般贸易和外商直接投资总额与IR呈正相关，代表国际外包的加工贸易总额与IR负相关。代表产业合理化指数的IR是一个正数，且越小、越接近零表示产业结构合理化程度越高，这意味一般贸易和外商直接投资总额的增加，反而带来了产业结构合理化程度的下降，而随着加工贸易额的增加，产业结构合理化程度有所上升，加工贸易总额每增加1%，IR将下降0.08%。

式（5.10）的结果显示，一般贸易、外商直接投资总额与代表产业结构高度化的指标IT正相关，而加工贸易总额与产业结构高度化指标负相关。其中一般贸易对产业结构高度化指标的拉动作用最强，一般贸易每增加一个百分点，IT将上升0.27%；FDI对产业结构高度化的拉动作用较弱，外商直接投资总额每增加1%，IT上升0.21%；而加工贸易总额每增加1%，产业结构高度化指标将下降0.28%。

式（5.11）的结果表明，一般贸易、外商直接投资总额与产业结构生态化指标正相关，对产业结构生态化具有推动作用；而加工贸易总额与产业结构生态化指标负相关，加工贸易的发展会在一定程度上阻碍产业结构的生态化进程。其中，一般贸易对产业结构生态化指标的拉动作用最强，一般贸易每增加一个百分点，IE将上升0.09%；外商投资总额每增加1%，IE上升0.04%；加工贸易总额每增加1%，IE将下降0.08%。

5.3.2 误差修正模型

通过以上协整检验可知，3个方程的变量之间均存在着长期稳定的关系，而这种长期稳定的关系是通过短期的动态优化过程实现的。误差修正模型（ECM）正是反映短期调节行为，说明被解释变量的短期波动是如何受到解释变量短期波动影响的。具体而言，首先，将协整关系模型中各变量的一阶差分项作为新变量重新构造模型；其次，将原协整模型所产生的残差序列滞后一期项作为误差修正项加入新模型。这里将式（5.9）、（5.10）和（5.11）的残差项分别记为ECM1、ECM2、ECM3，建立以下误差修正模型：

$$d(LNIR) = C_1 + C_2 d(LNT) + C_3 d(LNO) + C_4 d(LNF) + C_5 d(LNSI) + C_6 d(LNEF) + C_7 ECM1_{t-1}$$

$$d(LNIT) = C_1 + C_2 d(LNT) + C_3 d(LNO) + C_4 d(LNF) + C_5 d(LNSI) + C_6 d(LNPY) + C_7 ECM2_{t-1}$$

$$d(LNIE) = C_1 + C_2d(LNT) + C_3d(LNO) + C_4d(LNF) + C_5d(LNSI) + C_6d(LNEF) + C_7ECM3_{t-1}$$

通过 EViews 8.0 软件进行分析结果如下：

$$\begin{aligned} d(LNIR) = & -0.01 + 0.29d(LNT) - 0.11d(LNO) + 0.08d(LNF) + 0.24d(LNSI) \\ & (-0.6605)\ (5.0745)\quad (-3.6854)\quad (4.7567)\quad (3.2799) \\ & -2.03d(LNEF) - 1.32ECM1_{t-1} \\ & (-2.3424)\quad (-6.9228) \end{aligned}$$

$R^2 = 0.8167$，Adjusted $R^2 = 0.7588$，DW = 1.2681

由上式可以看出，如果前一个时期 LNIR 偏离均衡水平 1%，则下一个时期误差修正项会把 LNIR 向均衡位置拉动 1.32%。

$$\begin{aligned} d(LNIT) = & 0.12 + 0.42d(LNT) - 0.21d(LNO) + 0.20d(LNF) - 0.70d(LNSI) \\ & (0.9437)\ (0.8631)\ (-1.2752)\quad (1.1872)\quad (-1.1708) \\ & + 2.02d(LNPY) - 0.62ECM2_{t-1} \\ & (0.8832)\quad (-3.4644) \end{aligned}$$

$R^2 = 0.4737$，Adjusted $R^2 = 0.2880$，DW = 1.2487

由上式可知，如果前一个时期 LNIT 偏离均衡水平 1%，则下一个时期误差修正项会把 LNIT 向均衡位置拉动 0.62%。

$$\begin{aligned} d(LNIE) = & 0.01 + 0.05d(LNT) + 0.01C_4d(LNO) + 0.02d(LNF) - 0.01d(LNSI) \\ & (0.0051)\ (3.2244)\quad (0.3868)\quad (3.4408)\quad (-0.6425) \\ & - 0.22d(LNEF) - 0.58ECM3_{t-1} \\ & (-0.8506)\ (-4.3615) \end{aligned}$$

$R^2 = 0.6693$，Adjusted $R^2 = 0.5648$，DW = 1.3113

由上式可以看出，如果前一个时期 LNIE 偏离均衡水平 1%，则下一个时期误差修正项会把 LNIE 向均衡位置拉动 0.58%。

5.4　实证结果

以上分析显示，承接国际产业转移对产业结构合理化、高度化和生态化进程既有正面影响，也有负面作用，但总体来说承接国际产业转移是在不断地促进山西省产业结构的优化。具体而言，在国际产业转移的 3 条路径中，一般贸易、外商直接投资对于山西省产业结构优化的作用较为明显。特别是一般贸易对于产业结构高度化和生态化指标具有较强的拉动作用。外商直接投资对产业结构高度化和生态化也有一定的拉动作用，但效果不及一般贸易。相比之下，当前加工贸易对于山西省产业结构的优化作用有限，仅对产业结构合理化程度有较弱的促进作用，对产业结构高度化和生态化指标则有反向作用，在一定程度上阻碍了产业结构优化进程。结合第 3 章的数理模型分析结果不难看出，当前山西省主要依靠一般贸易模式实现产业结构的优化升级，属于国际产业转移的初级阶段。国际外包和外商直接投资并未起到应有的产业结构优化作用，特别是加工贸易还有进一步提升的空间。

5.5 实证结果分析

5.5.1 国际产业转移制约产业结构合理化发展的原因

5.5.1.1 承接国际产业转移规模总体偏小

总体来说，承接国际产业转移规模总体偏小，承接国际产业转移的产业结构优化效果便不能有效地发挥出来。就一般贸易而言，1985 年以来山西省贸易结构得到了很大改善，由最初的农副产品、资源型产品为主，转变为机电产品和高新技术产品为主，而外贸结构的优化直接促进当地产业结构中开放部门的增长，吸引资金、人力资本等要素由资源型部门向开放部门转移。这在一定程度上推动了原本不具发展优势的机电和高新技术等产业的发展。此外，贸易的发展突破了省内市场容量的限制，使得生产机电和高新技术产品的企业得益于规模效益取得快速发展。因此，山西省外贸结构的变化，通过改变产业的要素供给和产品需求两方面，提升了产业结构的高度化和生态化程度。但也应该看到，由于一般贸易中机电和高新技术产业规模、所占比例相比发达地区仍然偏小，并且属于资本和技术密集型产业，对资源型行业所释放的固定资本、劳动力吸收能力有限，并未切实起到提升产业结构合理化的作用，资源型产品贸易的增加反而进一步加剧了产业结构的不合理。再如外商直接投资，2016 年山西省利用外商直接投资总额为 34.34 亿美元，仅为另一中部省份河南省 169.93 亿美元的 20.21%。因此，由于承接国际产业转移规模较小，国际贸易通过进口新产品和出口贸易的大市场效应等刺激新产业滋生的作用、外商直接投资的资金促进效应等没有完全发挥出来，对于各产业的资源配置调节及产业结构合理化带动作用有限。造成这一结果有诸多原因，其中主要与资源型地区思想封闭落后、环境吸纳性较差、产业结构不够开放有关。

首先，思想封闭落后。解放思想的空间有多大，对外开放的步伐就有多大。当前，资源型地区思想观念落后、经济开放氛围不浓，是导致经济增长缓慢、产业结构不合理的重要原因。长期以来，资源性产品市场受到计划经济体制的影响，产业的资源依赖性和思想的封闭保守性相互作用，资源型地区各级地方政府和生产经营者缺乏对市场的研究、社会竞争意识不强、缺乏长期的战略眼光，因而会把更多目光放在对本地现有资源的开发上，“资源优势—优势产业—产品优势”成了一种固定的思维模式。地区经济在大量的资源耗费下迅猛发展，产品开发和先进技术的更新却停滞不前，看似欣欣向荣，实则固化、定格，缺乏变通。在这种发展的模式下，区域贸易条件日益恶化，产业发展对市场导向的反应能力，对新的、更具有需求弹性的市场机会反应越来越迟钝、越来越无能为力。譬如，自 2010 年底山西省正式获批国家资源型经济转型综合配套改革试验区以来，尽管一些重点领域改革取得了突破，但总体看，基层首创精神发挥不够，综合配套改革推进较为缓慢，推进改革缺乏活力和合力。改革过程中对改革的艰巨性、复杂性认识不足，改革意识不强、认识不到位，工作中普遍存在“等靠要”思想，对破解制约发展、影响转型的体制机制问题研究不够。受思维定式和制度惯性依赖束缚，改革的思路和视野不宽，改革推进中或急功近利，或缩手缩脚，存在各取所需、避重就轻和部门化倾向。因此，资源型地区要想加大承接国际产业转移力度，就必须进一步转变观念，继续解放思想。

其次，环境吸纳性主要包括“硬环境”和“软环境”两个方面。“硬环境”指为了营造良好的投资环境而提供便利的交通、电力、通信等基础设施和生产、生活服务设施。山西省承接的制造业 FDI，绝大多数是技术比较成熟的非核心业务，主要看中的是承接地廉价的生产和制造成本，倘若承接地无法提供优良的硬件条件，势必增加制造成本，降低其对国际资本的吸引力。多年的资源开采使得山西省生态环境破坏严重，这便成为国际产业转移，特别是高质量产业转移的制约因素。“软环境”是与“硬环境”相对的一个概念，是指物质条件之外的诸如制度、文化、法律等外部环境因素的总和。除了“硬环境”的保障之外，“软环境”也是发达国家企业选择产业承接地越来越重视的一个因素。特别是涉及技术含量较高的业务，出于防止技术泄露的目的，外资企业往往对相关法律、制度以及与之息息相关的交易成本较为敏感，因而往往投资于政策、法制、制度较为健全的地区。同时，承接地的创新机制是否健全直接影响到外资企业能否将转移来的技术消化、吸收、创新，并不断地将知识、信息、技术、物质转化为新产品、新产业，推动当地产业结构的优化升级。山西省的资源产品市场主要在本区域以外，对交通运输、给排水系统等有着较高要求，因此经过多年的发展，山西省已经建立起较为完善的航空、铁路、公路等网络交通环境和基础设施环境。这就为承接国际产业转移，特别是一些对交通依赖性大的制造性企业奠定了基础。但也应看到山西省吸引外资的“软环境”还存在一定问题。长期以来由于资源产权界定不明晰，当支配资源的权力凌驾于法律和制度之上时，腐败必定大行其道。2014 年才逐渐浮出水面的山西省“塌方式”腐败震惊全国，也直观地反映出当地严峻的政治生态环境。大规模的寻租性腐败现象严重干扰了正常的市场经济秩序，导致政府办事效率低下、行政监管不到位、分配不均等一系列问题。贾云霞（2009）采用因子分析法，从社会发展与政府服务、产业协作、居民生活等 5 个方面对中部六省的投资环境进行了综合评价。结果显示，山西省在中部省份中投资环境综合排名处于中下等水平。[89]因此，相比“硬环境”而言，当前“软环境”是制约山西省国际产业转移规模的重要瓶颈，这一领域还有较大的提升空间。“软环境”跟不上会打消外商投资的积极性，部分或者全部抵消山西省劳动力、土地低廉的优势。

此外，在日益加速的国际产业转移大背景中，一个经济体的产业结构是否合理，主要的判断标准之一就是要看其能否适应当今经济生活国际化的要求。山西省单一、初级化的产业结构特征、粗放的增长方式，使得吸引优质资源、嫁接先进技术较难，承接产业转移和对外扩张的能力弱；高新技术产业和物流、中介、咨询等现代服务业发展滞后，配套性差，也限制了开放的领域和空间。特殊的产业结构不仅影响着引进外资的领域和效率，也决定着进出口商品的结构和效益，除了煤炭和电力等资源型产品外，缺乏在市场中具有竞争力的产品。同时，山西省产业开放度不够，缺乏打破“路径依赖”的外界刺激。产业结构的封闭、落后不能为山西省承接国际产业转移提供有力支撑，更不利于发挥承接国际产业转移的“技术溢出”“干中学”等各种产业结构优化效应。

5.5.1.2 外商直接投资项目布局不均

实证结果显示，外商直接投资并未起到对山西省产业结构合理化进程的推进作用。究其原因，这很大程度上与承接国际产业转移项目在产业间的布局不均衡有关。

由第 4 章的实证分析可知，当今山西省利用外商直接投资仍主要集中于第二产业，对劳动力有较强吸纳能力的服务业占比总体不高，投资于第一产业的外资更是凤毛麟角。这种明显向第二产业集中的外资分布，在一定程度上加剧了山西省产业结构的不合理性，做法值得商榷。此外，外资在产业内部的行业之间分布同样不甚均匀。譬如，在山西省投资于第二产业的外资由原来的资源型行业转向制造业和电力生产业，而服务业仍主要集中于传统的交通运输业和租赁、商务服务业，对信息传输、计算机服务以及科学研究、技术服务的投资更是屈指可数。这种外商投资项目产业间、行业间分布的不均衡，久而久之必然要体现到产业结构的不合理上。

5.5.1.3　资源型企业主创新能力不足

党的十九大报告明确提出，要激发和保护企业家精神，鼓励更多社会主体投身创新创业。当国际贸易为资源型地区种下新产业的种子时，种子最终能否落地生根、开花结果就与资源型地区企业家精神密切相关。企业家精神的差异直接影响着企业对新产业认知和前景的判断。创新是企业家精神的灵魂，也是挖掘市场潜在需求，推动产业合理化、高新化发展的不竭动力。冒险精神是企业家抓住机遇的关键，通过国际产业转移引入新的需求信号，在不同的企业家眼中，其转型风险程度可能不同：风险厌恶型企业家会不自觉地提高对产业转型风险的预期，从而做出投资新产业不可行的判断；风险偏好型企业家则对风险的评估偏低，适当的风险是其可以承受的，因此会抓住新的机遇，进军新的领域，完成产业转型。执着是企业家精神的本色，只有坚持不懈地创新，以夸父逐日般的精神面对困难，才可能在企业转型、产业优化升级的路上越走越远。此外，企业家的宽容精神也是必不可少的，唯有与人和睦相处，容忍员工的小失误、愿与他人友好合作的态度才能助企业转型成功。此外，实现产业结构合理化意味着要素重新配置，经济发展也要经历落后产业的淘汰，传统产业升级、新兴产业的建立等一系列过程，其中必然会触动既得利益者的现有利益，这与落后、传统产业的企业家“有水快流”的短期目标之间有很大差距。富有创新精神、冒险精神、执着精神和宽容精神的企业家精神便是弥补这一差距的关键因素。

应该关注的是资源型地区丰富的资源不仅对资金、人才和技术存在明显的“挤出效应”，也在一定程度上遏制了当地企业家精神的发挥。杨勇等人（2014）运用探索性空间数据分析工具，将全国 31 个省份的企业家精神发展程度做了分类，山西省位于发展程度最低的象限，也意味着山西省对创新资源的接纳能力较弱。[90]在山西省的众多企业家中，有很多长期依赖资源生产、销售，他们坐吃资源红利，接受的教育有限、缺乏远见，在煤炭市场好时“无暇优化”，市场差时坐等煤炭市场好转，缺乏改变、创新的动力。他们缺乏捕捉潜在消费需求的能力，或在已看到新的消费需求时，不能及时把握机遇在新市场上开疆拓土。当然，企业家精神的缺乏除了与企业家本身素质有关之外，还与创业、创新的大环境有关。山西省地处我国内陆，本身就缺乏与时俱进、创新发展的先天条件，再加上“枪打出头鸟”的文化，这些都从根本上构成了对于企业家精神的束缚。不断寻找新的商业机会、不断开拓新的商业模式，在旧有观念的人眼中就是不安分，是对于既定秩序的一种冒犯，会先在精神上受到彻底否定。

5.5.1.4 劳动力流动存在很强的“黏性”

前文已分析过，在新一轮国际产业浪潮下，移入的新兴产业对于承接地的劳动者要求也越来越高，特别是需要大量知识、技术、技能等综合实力较强的劳动力资本。然而，在资源型地区，大多数资源型产业对劳动力素质要求较低，普通劳动力资源经过简单培训便能上岗；同时，由于资源型产业劳动强度、危险性较大，产业的工资水平要远高于非资源型产业，显然这并不是劳动者素质提高或者科技创新引致的。统计数据表明，2014 年山西省从事采掘业的劳动者人数达 178.1 万人，占全部从业人员的 9.56%，非私营单位从业人员中采矿业的收入水平以 66 516 元位居第二，仅次于金融行业从业人员[①]。这直接导致了山西省劳动力技能单一、结构相对单一，创新意识受到制约。近些年来，在国家化解过剩产能的政策指导下，山西省劳动力配置有所好转，2017 年采掘业劳动力占比降至 4.83%，非私营单位采矿业劳动者收入排名降为第七[②]。此外，山西省实力雄厚的企业多为国有资源型企业，如 2018 年山西企业百强榜排在前五名的企业分别是山西晋城无烟煤矿业集团有限责任公司、阳泉煤业（集团）有限责任公司、山西潞安矿业（集团）有限责任公司、大同煤矿集团有限责任公司、山西焦煤集团有限责任公司，均为国有大型煤炭企业[③]。长期的计划经济模式造成了职工对企业的强烈依赖和难以割舍的“大锅饭”情结，使得即便在经济低迷，企业停工、停产、停薪期间，待岗职工也不愿意再寻找新的就业机会，而选择成为隐性失业者[④]，等待企业复工。此外，资源型产业属于体力劳动占比较大的行业，而且矿区工人多来自农村，学历较低、科学文化素质不高，对于新知识、新技能

---

① 数据为作者依据《山西省统计年鉴》相关数据计算所得。

② 数据为作者依据《山西省统计年鉴》相关数据计算所得。

③ 2018 中国企业 500 强排行榜（山西篇），http://top.askci.com/news/20180903/1033591130804.shtml.

④ 隐性失业又称亚失业，指员工被减少薪水、无薪休假、缩减工时、削减福利等弹性工作安排。

的接受能力较差，故需要经过长期培训才可以从事新的工作。这些工人劳动力素质不高，转行意愿不强，在产业间流动具有很强的“黏性”。因此，这是国际产业转移背景下山西省产业结构合理化进程的一大制约。

5.5.2　国际产业转移制约产业结构高度化发展的原因

前文的实证结果显示，一般贸易对产业结构高度化指标的拉动作用最强，FDI 对产业结构高度化的拉动作用较弱，而加工贸易总额与产业结构高度化指标负相关。究其原因，主要有以下几个方面：

5.5.2.1　承接转移的国际产业技术层次较低

资源型地区的服务业，特别是对产业结构优化有重要意义的生产性服务业水平与世界先进水平相比差距很大，影响了产业结构高度化进程。相比制造业，服务业的跨国流动会产生更明显的技术溢出和示范效应。服务业的很多业务都需要与客户直接接触来完成，很难实现严格的技术保密，不会像制造业那样进行技术封锁，将“技术水平高”的业务留在母公司，而将“中低水平”的业务转移给海外企业[91]。当今山西省的贸易品则主要集中于有形商品贸易，例如，2012 年山西省的服务贸易总额为 15.61 亿美元，仅占全国的 0.3%，位居中部六省末位，而技术贸易还不成规模，2009—2012 年，山西技术引进合同金额分别为 6 539 万美元、18 515 万美元、13 322 万美元和 10 100 万美元，整体波动幅度较大①，对产业结构高度化进程推动作用有限。

就外商直接投资而言，来山西省投资的大型跨国公司比例较小，还未形成规模经济效应。此外，山西省以外商直接投资形式承接的产业主要集中在资源、劳动密集型的第二产业，特别是制造业、交通运输业等传统产业。例如，在 2016 年山西省实际利用外资总额中，制造业以 10.45 亿美元位居首位，占比 44.80%，这在一定程度上加剧了山西省工业化的过度扩张；对第三产业的投资力度不够，占 FDI 投资总额的 9.42%，其中传统的交通运输、仓储和邮政业份额最大，占服务业投资比重的 77.70%②。承接项目总体技术层次不高、产品附加值比较低，难以通过技术外溢的方式培养国内高新技术企业，这与利用 FDI 提升产业结构的本意有偏差。就外资来源地来看，山西省 FDI 主要来自亚洲，特别是我国香港地区所占比例过高，已超过 50%，而来自欧美国家的投资所占比例太小。在 2016

---

① 师蕾，山西服务贸易现状及发展对策研究［J］，2014，(22)：127－128。

② 数据为作者依据《山西省统计年鉴 2015》相关数据计算所得。

年山西省实际利用外资额中，来自我国香港地区的投资占总额的56.18%，这将影响山西省利用外资的质量①。

5.5.2.2 自身技术吸收和创新能力较低

发展中地区积极承接国际产业转移的一个重要原因是利用国际产业转移产生知识、技术溢出效应，促进当地产业结构高度化发展。但现实生活中，资源型地区企业受自身技术水平较低、对人力资本投入不足、人才配置不合理等因素的影响，对技术的吸收和创新能力有限，制约了技术溢出效应的发挥。

首先，资源开采部门作为资源型地区的主导产业是典型的资本密集型部门，对于技术的创新需求不足。在技术进步率明显偏低的情况下，短期内仍然可以获得可观的财富。因此，资源开采部门技术创新的动力不足，对技术进步的贡献率非常有限，导致来自企业、政府、高等院校与科研院所等创新主体的创新资源匮乏，整个产业乃至整个地区缺乏鼓励技术创新的浓厚氛围。譬如，山西省有深厚的创新传统，创新也曾是山西精神的重要组成部分，但现在山西省企业技术创新能力较低。2014年全省规模以上工业企业有研发活动的仅占企业总数的7.99%，其中建立研发机构的企业只占5.43%，低于全国平均水平7%以上②。2017年山西省规模以上企业R&D经费投入112.23亿元，居中部六省末位，占全国同期的0.93%，专利申请量仅4 398件，占同期全国81.70万件的0.54%③。由此可见，山西省企业的创新动力不足，研发投入严重不足，技术水平较低。不仅如此，山西省高新技术产业转化率非常低，大部分创新成果并没有切实转化为生产力。2014年山西省高新技术产业化指数仅为36.89%，居全国第27位、中部六省末位，与全国平均水平相差15%。

其次，资源型地区对人力资本投入不足、人才配置不合理。知识、技术的掌握需要专注力，需要经验的积累，只有在某行业中耕耘多年，才知道这个行业的核心问题在哪里，才有改变和创新的能力。在资源型地区，普通劳动力较为丰富，作为知识载体的人才是相对缺乏的，直接影响到对技术吸收和转化的进程。譬如，2017年山西省规模以上工业企业R&D人员全时当量只占全国的1.16%，国家级创新团队只有1个，两院院士不足全国总数的1%④。人力资本的形成主

---

① 数据为作者依据《山西省统计年鉴2015》相关数据计算所得。

② 山西省人民政府关于印发山西省“十三五”战略性新兴产业发展规划的通知，http://www.shanxigov.cn/sxszfxxgk/sxsrmzfzcbm/sxszfbgt/flfg_7203/szfgfxwj_7205/201608/t20160808_236682.shtml.

③ 数据为作者依据中华人民共和国统计局网站相关数据计算所得。

④ 数据为作者依据中华人民共和国统计局网站相关数据计算所得。

要依靠前期较大的资金投入，但资源型地区为了追求较快、较高的回报率，往往更热衷于投资物质资本，而忽视对人力资本的投资。因此，资源型地区人力资本投资总量的匮乏造成了该地区人才供给非常稀缺，高层次人才流失现象严重，制约了该地区高科技产业的发展。以山西省为例，2017 年山西省财政教育费用占总支出的 16.52%，与人力资源已十分充足的广东省相差 0.6%，教育投资的相对不足直接导致山西省人才流失、人力资本积累困难。同样的情况也出现在生产技术的投资方面。2017 年山西省财政科学技术费用占总支出的 1.7%，比广东省低 4.1%①。教育与科技投入的不足削弱了资源型地区承接外商直接投资的能力，同时也不利于发挥国际产业转移技术溢出效应对于本地区技术的带动作用，也终将延缓资源型地区的产业结构高度化发展的步伐。此外，在相对封闭条件下，受到“官本位”“小富即安”等思想的影响，资源型地区的人力资本主要集中于政府部门或国有垄断性企业。这些部门相比民营企业、外资企业缺乏竞争，创新氛围不足，制约了人力资本创新能力的发挥。

5.5.3　国际产业转移制约产业结构生态化发展的原因

前文的分析表明，外商直接投资对产业结构生态化具有一定的推动作用，但程度不及一般贸易，而加工贸易的发展会在一定程度上阻碍产业结构的生态化进程。这主要与资源型地区环境资源产权不明晰，以及当地政府盲目引进项目有关。

5.5.3.1　环境资源产权不明晰

资源环境产权是指行为主体对某一资源环境拥有的所有、使用、占有、处分及收益等各种权利的集合，它具有整体性、公共性、广泛性等特征。[92]资源型地区现行的环境资源产权制度方面存在产权不明晰、产权保护不得力等缺陷，导致承接国际产业转移阻碍产业结构生态化的问题。一方面，产权明晰的地区环境违法责任和补偿机制明确，加大了企业的资源环境污染成本，污染较大的产业在当地生产缺乏比较优势；反之，产权不明晰的地区因其环境污染成本较低，因而具有吸引污染性外资项目的比较优势。另一方面，因为产权不明晰的落后地区都担心如果本地制定过高的环境标准，而别的地区采用较低环境标准，会降低本地区产业的国际竞争力，相关产业就会转移至环境标准较低的国家，由此带来的失业

① 数据为作者依据中华人民共和国统计局网站相关数据计算所得。

增加等社会问题将会对政府产生强大的压力，所以各方博弈的结果使得在现实生活中，对环境破坏较严重的产业往往从环境资源产权制度严苛的国家转移至环境资源产权制度不健全的国家或地区。

5.5.3.2 承接的国际项目鱼龙混杂

山西省各级政府已意识到加工贸易在解决就业问题和提振经济发展方面的巨大作用，也看到东部地区加工贸易遇到劳动力价格上涨的瓶颈，这对于要素价格具有巨大优势的山西是一次难得的发展机遇，于是提出一系列优惠措施推动加工贸易的发展。然而，山西省承接的国际外包业务在全球价值链分布中还处于较低端的加工环节，虽然涉及电子机械等行业，但绝大多数是属于低水平的劳动密集型产业，通过从国外进口零部件等原材料，在当地进行简单的组装、加工、进而复出口。在收入水平、劳动力素质低下等原因的作用下，服务业国际产业转移在山西省还未成气候。因此，国际外包对产业结构高度化的提升作用不显著。更为严重的是，很多规模较小、技术含量不高，甚至对环境污染较重的加工贸易项目数量也随之增加。以山西省著名的加工贸易企业富士康为例，电子器件清洗和油漆喷涂工序中常见的有机污染物苯是强致癌物，造成当地的空气和水被严重污染，影响了附近居民的身体健康和正常生活。按照学者赵细康对工业产业污染程度的划分，这些产业都属于可对环境造成污染的产业，特别是采掘业和矿产业均属于重度污染的产业（详见附录 3）——引入资金的同时也引入了污染，提升当地居民收入水平的同时也牺牲了他们的生存环境。因此，国际外包对产业结构生态化的发展起到了很大的阻碍作用，这对长远发展无疑是饮鸩止渴，加速了产业结构失衡的状况。

5.6 小结

本章首先重构了包含产业结构合理化、高度化、生态化 3 个方面的产业结构的评价体系，并选取了山西省 1985—2016 年的相关数据进行实证检验。结果发现，山西省产业结构在合理化、高度化、生态化方面均得到一定程度的优化。其中，产业结构高度化、生态化程度有较快提升，但是产业结构合理化进展缓慢，需要进一步重点关注。接着，本章通过协整模型和误差修正模型验证了承接国际产业转移对山西省产业结构变动的影响。结果表明，从总体上看承接国际产业转移在一定程度上推动了山西省产业结构的攀升。具体而言，在国际产业转移的 3

条路径中，一般贸易对山西省产业结构优化的作用最为明显，其次是外商直接投资；相比之下，加工贸易对于山西省产业结构的优化作用有限，仅对产业结构合理化程度有较弱的促进作用，对产业结构高度化和生态化指标则存在反向作用，阻碍了产业结构优化进程。结合第 3 章对于承接国际产业转移阶段的划分可以得出，当前山西省主要依靠一般贸易模式实现产业结构的优化升级，因此属于国际产业转移的初级阶段；而国际外包和外商直接投资并未起到应有的产业结构优化作用，还有进一步提升的空间，特别是要积极推进加工贸易的发展。最后，在实证分析的基础上，本章对国际产业转移视角下，限制山西省产业结构合理化、高度化和生态化进程的原因分别进行了总结。

第6章　国际产业转移促进资源型地区产业结构优化策略

资源型地区从区位条件来看，大多位于内陆、边缘荒漠地区，不具有区位优势，再加上政策、文化等方面的原因，错过了改革开放后承接国际产业转移的重要机遇，也因此失去了产业结构优化的契机。然而，开放度有多大、发展空间就有多大，这是已经被沿海地区、开放地区屡屡证明了的事实。因此，作为经济发展落后的资源型地区应充分意识到开放型经济的重大意义，紧紧抓住新一轮国际产业转移的重要历史机遇期，实现产业结构优化发展。本章主要是在前文理论和实证分析的基础上，针对如何利用承接国际产业转移，促进资源型地区产业合理化、高度化、生态化发展，提出相应的调整思路和具体的政策建议。

6.1　国际产业转移促进资源型地区产业结构合理化发展策略

6.1.1　优化资源型地区承接国际产业转移的环境

邓宁的国际生产折中理论明确指出，“区位优势”是吸引外资的重要因素。因此，树立开放经济的思想理念，打造适应国际、国内环境变化，为承接国际产业转移提供更为优越的“区位优势”是资源型地区的首要任务。无论是对外贸易、吸引外资还是承接外包，国际产业转移的数量与质量都与当地的“软”“硬”环境密切相关，筑巢引凤栖，花开蝶自来。

6.1.1.1　解放思想、树立开放经济的理念

与其他沿海省份相比，资源型地区对外开放程度不足，主要表现为：对外贸易规模偏小、进出口贸易结构中重工业产品占比较大，进口产品的科技含量较低；出口竞争力不强，服务贸易发展水平低；利用外资规模不大、水平不高，对经济社会发展贡献率低；承接国际外包能力偏低、规模较小。这主要与内陆省份

封闭保守、难有作为的消极心态有关。我国改革开放 40 年的经验不难看出，许多成功的政策形成，都是开放地区解放思想、用于创新、大胆实践的经验总结。但资源型地区在思想解放方面则与沿海发达地区有明显的差距，缺乏敢闯、敢试、敢冒险的精神，抢抓基于的意识不强，缺乏与经济全球化相适应的新观念、新知识、新本领，缺乏在更大范围、更广领域和更高层次参与竞争的勇气和魄力。资源型地区要在对外开放的路子上有新进展、新突破，当务之急便是大力推动干部、群众进一步树立和弘扬开放精神，培育开放的社会氛围，形成开放的思维模式。从实际和扩大开放的需要出发，在树立开放的发展理念上进一步解放思想，在消除封闭资本、无所作为的心态上进一步解放思想，在开放投资领域上进一步解放思想，在“人人都是软环境、事事都是软环境”上进一步解放思想。解放思想不是一句空口号，不能停留在会议和文件中，而要有针对性，将口号落实到具体操作层面。要敢于用新办法破解对外开放中的难题，敢于大胆借鉴国内外的先进经验，敢于在一些重要环节和关键领域进行探索性改革；科学判断对外开放的形势和趋势，积极承接国际产业转移，以此成为产业结构升级、经济腾飞的新起点。

6.1.1.2　打造承接国际产业转移的“硬环境”

“硬环境”足够过硬，跨国企业便可以降低生产成本、交易成本、提高经营效率。为跨国公司赢得更高的经营利润空间，是提升资源型地区吸引力的重要前提。资源型地区经过多年的资源型产品贸易，已建立起较为健全的基础设施、交通运输等硬件条件，但是交通运输以外的“硬件”设施还需进一步加强。譬如，由于资源型地区经济发展模式单一，物流节点布局和建设多是围绕资源产品的流通而实施的，对外贸产品的物流节点布局和运输缺乏重视，从而导致外贸物流成本居高不下。因此，应把握“一带一路”建设的历史机遇期，加大运费补贴力度、设置物流对接节点，推动开通中欧班列的进程，降低对外贸易成本。

此外，与沿海地区相比，资源型地区通关成本较高，也会进一步增加企业的经营成本。因此应下大气力改善物流体系，促进贸易自由化和投资便利化，以弥补先天的不足。可由政府牵头，建立海关、商检等相关部门共同参与的“大通关”机制，提升资源型地区货物的通关效率。2012 年在山西省成立的省内首个综合保税区，标志着山西省有了承接全球高新技术产业转移的重要基地，也是山西省经济社会发展的迫切需要。

6.1.1.3　优化承接国际产业转移的“软环境”

在当今各个地区基础设施建设、交通、电力等“硬环境”日渐趋同的情形下，包含政策、制度、文化建设等在内的“软环境”才是跨国企业在选择承接地时考虑的关键因素。地方政府所营造的宽松、公平、有序的制度环境也可以成为吸引国际产业转移的比较优势。当下，资源型地区正是因为“软环境”不佳，才导致“外地的凤凰绕道而行”“本地孔雀东南飞”的尴尬局面。为此，资源型地区政府应积极发挥职能，不断致力于优化软环境，努力营造亲商氛围，这是增加承接国际产业转移的前提条件。第一，要处理好政府与企业的关系，政府的角色是搭台，创造良好的外部环境，提供必要的条件；在市场经济中，唱戏的主角必须是企业，让市场机制在更大程度上发挥作用。这需要政府进一步明确自己的职责范围和功能定位，由原来对微观企业的指令性管理，转换到为企业生产、经营创造公平公正的发展环境上来。第二，要强化政府服务职能。立足当地经济发展与产业发展实情，不断完善承接国际产业转移的政策与体制，分阶段、分类别、有针对性地提出招商引资优惠政策。外资进入之后，更要切实兑现对投资者的承诺，以资源型地区对外开放大局为重，强化服务意识。据商务部产业投资趋势调研课题组于2004年完成的跨国公司对华产业投资趋势调研结果表明，跨国公司在中国投资地点考虑因素中，首先考虑的是地方政府的各种优惠政策连续性和兑现性。因此，如何确保既定优惠政策的可兑换性仍然是政府关注的重点；同时，也要以资源型地区经济可持续发展为重，切实加强对外资企业环境违法、违规行为的监督和查处力度。此外，信息的收集、传输和处理过程都需要付出大量成本，为了降低信息获取成本，资源型地区政府应积极牵头承担相关费用和工作，降低外商投资的信息成本。第三，要营造高效廉洁的政务环境，规范和简化办事程序、提高办事效率。建议资源型地区政府效仿上海自贸区设置负面清单制度，进一步减少行政审批项目，降低优质外资的市场准入门槛。同时，应进一步加强政府效能建设，建立行政效能保障机制。强化政府工作人员“为人民服务”的理念，坚决整肃“庸政”“懒政”等行政不作为行为。另外，还要营造公平、公开、公正的法治环境，克服暗箱操作现象，民待遇原则，对外企与本地企业一视同仁。对于进入本地的外资，政府要提供必要的法律保护，保护投资者的合法权益。第四，要在全社会积极营造包容、奋发向上的人文环境。以更宽广的视野加强与各类文化的对话，以更博大的胸怀吸纳各国文明成果。通过制定优惠性的措施吸引人才、用好人才，努力打造“大众创业、万众创新”的氛围。

需要注意的是，资源型地区实现产业结构优化升级，关键还要发挥各类主体的作用，形成产业升级新合力；处理好政府与市场关系，使“有形之手”和

"无形之手"各司其职，真正汇聚市场力量，让企业等各类主体主动实践和积极创新。首先，政府要明确自身定位，科学、宏观引导产业结构升级方向，把握产业结构调控尺度和进程。同时要放松部分管制，为市场、产业发展创造宽松健康的环境。其次，政府应完善市场激励机制、公平竞争机制和利益导向机制，为企业、园区发挥主体作用营造良好的市场环境，激发各类市场主体的活力，共同推动产业结构优化，同时应统筹规划，合理扶持产业结构优化。最后，产业结构调整是一个循序渐进的过程，在此过程中，政府的决策和行为毕竟要受到主观和客观条件的限制，因此，还应强化市场在产业结构优化升级中的作用。市场这只"无形的手"主要通过供求关系的变化发挥作用，进而推动企业技术进步和结构调整。政府应尽量避免强行干预，而要依靠优惠政策，诱导传统资源型企业发展与产业战略规划相一致的项目。

6.1.1.4　构建与开放经济相适应的产业结构

构建开放型经济体系需要有与之相适应产业结构，应当通过产业结构调整来建立起真正适合承接产业结构转移的体系。加大对国际产业的吸引力度，除了要改善自身的"软""硬"件环境之外，还要充分发挥资源型地区的区位、资源、市场等优势，修炼内功，积极承接国际产业转移。

首先，要实现传统产业高新化。在信息化技术飞速发展的今天，支持传统资源型产业与物联网、移动互联网、互联网金融、电子商务等技术和服务的融合发展与创新应用，积极培育新业态、新模式是政府和企业应当探索的新路径，以此为提升传统产业承接国际产业转移效率奠定基础。此外，积极推进上下游产业纵向融合是提升传统产业高新化的一个重要途径。关键要依托大企业大集团，积极推动上下游产业链条上企业的兼并、重组和联合，逐渐实现传统企业由掠夺性开采和初加工原材料向保护性的精深加工转变。以此为提升传统产业承接国际产业转移效率奠定基础。

其次，加快培育战略性新兴产业。战略性新兴产业是以重大技术突破和重大发展需求为基础，是新兴科技和新兴产业的深度融合。根据不同资源型地区的特点，结合自身传统优势产业，科学遴选战略型新兴产业发展重点领域、项目和重大工程，特别要选择适合资源型地区自身特色的资源综合利用产业，例如高端制造业、矿用新材料、电子信息、新能源、新医药、节能环保等新兴接续和替代产业，并重点选择 2—3 个行业，集中力量攻坚，下大力气做大做强。科学制定重点培育产业的发展规划，强化政策支持，在后续产品、配套产品上延伸产业链，加快优势产业集聚，最终形成战略性新兴产业集群，促进资源型地区产业的可持续发展。

最后，推进产业集群发展。产业集群是由相关产业聚在一起形成的，这对于提升产业配套能力是非常有益的，而产业配套能力又是承接国际产业转移的一个重要支撑，也是国际产业转移充分发挥技术溢出效应的重要保障。推进产业集群发展的一个重要途径便是发展工业园区。虽然当前，虽然当前资源型地区已经建立起数量不一的工业园区，但在工业园区规模、内部基础设施建设、相关法律法规、功能定位上仍存在很多不足。因此，要科学规划、合理布局，有效整合已有的各类工业开发园区，并积极开发各种与资源型地区未来发展方向相匹配的功能园区，如现代农业园区、循环经济园区等。

6.1.2 合理布局承接项目，打破资源型地区路径依赖

资源型地区产业发展具有鲜明的路径依赖特征。产业结构在缺乏竞争、需求刺激不足、制度不完善、技术进步缓慢等条件下，不能摆脱原有的发展模式，而是遵循单一的状态发展。依前文所述，在开放条件下通过承接国外的产业转移项目，引入新资本、新竞争、新需求、新制度等便可培养或壮大新兴产业，打破原有经济发展的路径依赖。为了实现产业结构合理化的目标，除了要扩大承接国际产业转移的规模，还需合理布局承接国际产业转移项目，积极探索资源型地区对外开放新模式，提升参与全球分工和竞争的层次，形成有利于内外联动的有效机制具有非常强的现实意义。合理布局承接项目，即要鼓励资源型地区依据自身资源、经济、技术等客观条件，以及产业发展规划有序承接国际产业转移，以促进本地区产业协调发展，形成合理的分工协作体系。

6.1.2.1 乘“一带一路”之东风改善对外贸易结构

资源型地区大多位于我国中西部，是新丝绸之路经济带及沿线必不可少的组成部分。以山西省为例，虽然未列入国家“一带一路”倡议布局规划中，但仍要主动、积极对接“一带一路”建设，以此开拓国内外市场空间，提高区域间要素流动性。要充分利用能源储量丰富、劳动力成本低廉的比较优势，在国内市场需求低迷的情况下，开拓“一带一路”沿线国家市场。资源型地区可凭借资源、机械、化工、医药等具有比较优势的产业，打开“一带一路”沿线国家的大门，加快企业出口的步伐，充分发挥出口的规模经济效应，借此树立战略型产业在国际市场的优势地位。例如，山西省的制造业，特别是装备制造业已积累了

相当大的优势，太原钢铁集团在高端特殊钢上的生产供应能力、太原重型机械集团在轨道交通装备制造业的生产能力均居于全国领先地位，而“一带一路”沿线大多数国家制造业发展相对滞后，面临的资金、技术及经验缺乏等问题是制约当地经济发展的短板，山西省可以借助自身优势与“一带一路”沿线国家展开广泛合作，这也为山西省制造业走出去、实现规模经济、提升产业竞争力提供了机遇。再如，山西省的核桃、红枣、苹果、杂粮等特色农产品在“一带一路”沿线的伊斯兰教国家也应有非常大的市场需求，可以加大这些产品的推广力度。但需要注意的是，政府在企业争相开拓新市场时，要引导企业统筹安排，合理有序地出口产品。以山西省的光伏产业为例，山西省已经形成了以潞安集团、国际电力等企业为核心，涵盖全产业链的光伏产业发展格局，共有光伏企业 26 家，出口以欧洲市场为主，现逐步向南美洲、欧洲、南亚等市场转移，已成为引导山西省经济发展和产业结构优化的新兴力量。然而，由于光伏产业过分依赖海外市场，欧洲在经历了金融危机和欧债危机之后市场容量已明显缩小，国内企业通过打价格战抢占市场的行为只会造成进口国家采取贸易壁垒保护本国市场，不利于光伏产业的长远发展。因此，规范整个行业的发展，引导企业在激烈的竞争中打造属于自己的特色产品和特色品牌，避免恶性竞争造成的“公地悲剧”。

此外，必须加大对服务贸易的支持力度，培育服务贸易的竞争优势，进一步提升服务贸易在国际贸易中的比重。譬如，山西省有着得天独厚、多姿多彩的旅游资源，政府可在合理的范围内加大对旅游资源的开发和推广力度，特别要注重提高旅游的服务质量，增进游客的体验度和满意度，使旅游业打造成为山西省融入“一带一路”倡议规划的一张名片。在某些服务业领域，如金融业等涉及国家安全的行业在加大开放力度的同时，也需要慎重对待。

6.1.2.2　利用国际外包促进产业全面发展

一方面，要积极促进资源型地区加工贸易配套产业的发展。随着加工贸易工序复杂程度的提升、产品附加值的增加，其对当地配套产业的要求也将越来越高。若资源型地区相关配套产业发展滞后，则会造成本地资源的闲置与浪费。以山西省为例，目前虽然山西省的加工贸易取得了一些成绩，但主要是依靠几家龙头企业从事某一环节上的加工生产，导致增值率低下，没有形成产业集聚的效应。因此，资源型地区在发展加工贸易时要充分利用本地的优势资源，加强原材料、零部件、中间产品的本地采购，建立加工贸易企业的产业链集群，这不仅符合从事加工贸易企业的利益，也是吸引加工贸易产业转移的重要保障。为此应做到：首先，努力提高本地区中间投入品的技术含量，使其达到加工生产的国际水平。资源型地区政府可以通过减免税收、提供贸易信贷等手段鼓励从事加工贸易的企业进行自主研发，加大对生产设备、流程等方面技术改造的力度，提高零部件、中间产品的科技含量。特别要鼓励企业制定与国际接轨的生产工艺和产品质量标准，保障其生产过程的规范化与国际化。其次，资源型地区政府可设立中间投入产品的供求信息数据库，为从事加工贸易的企业及时公布所需中间产品质量、标准等相关信息，从而为交易双方搭建信息平台。以此提升中间产品的国产化率和本土采购率，带动下游企业技术进步和快速发展。最后，当前国际合作方式已从产业间分工向产品价值链分工合作转变。因此，资源型地区也应尽快由原来的资源要素互补式区域合作，向创新发展互助式合作转变，使更多资源型地区有机会参与到成熟产品乃至创新产品的分工活动之中，并且保证了国际转移产业的技术水平和生态效益。

另一方面，引导有资源型特色的国际服务外包发展。资源型地区在承接国际服务外包方面尚处于萌芽阶段，因此要通过优惠性政策积极引导服务外包发展，推动资源型地区服务业的发展和产业结构合理化进程。第一，要根据当地产业发展现状、特色，重点编制服务外包产业发展规划，明确其发展目标、招商领域、发展重点、主要路径等。并借鉴其他地区承接服务外包的成功经验，有针对性设计资源型地区承接服务外包具体的行动方案、措施，并出台相关优惠性政策，实现资源型地区服务外包发展的专业化和特色化。第二，加强与服务外包企业的沟通联系，协助其完成企业推广、招商引资等工作。可由政府牵头承办大型国际会议，譬如举办招商引资会、企业推介会，宣传资源型地区特色服务外包产业的发展优势。[93]第三，建立服务外包公共信息平台。相关部门可在提供配套资金的基础上，面向当地服务外包企业提供多元化的信息服务。平台可涉及外包项目管理、优惠政策介绍、知识产权服务、法律政策咨询服务等内容。与此同时，政府应加强对平台的管理工作，发挥平台在服务外包产业发展中的重要作用。另外，政府还应着重引导企业发展与其他地区不同的服务外包项目，体现资源型地区特色，以此弥补资源型地区服务外包起步晚的不足。譬如，大型资源型企业通常经济实力雄厚，资源勘探、开采、加工过程中采用的专业技术和生产设备较为先进，信息化管理程度较高，也积累了很多经验。因此，可以承接国外资源勘探、开采或加工的技术服务项目。再如，资源型企业在生产经营中，采集到了大量的信息、数据，也形成了对于资源型行业相关数据专业化分析、处理的能力，可以承接国外资源型企业信息处理的外包项目。

6.1.2.3　合理引导外商投资于重点发展领域

资源型地区政府应在全面考虑本地区产业发展战略规划的基础上，有针对性地出台招商引资的优惠政策，吸引外资进入重点发展产业、行业，促进产业结构合理化发展。可酌情减少资源型产业的引入，引导外资加大对于现代化农业、制造业和服务业的投资力度。

资源型地区政府应转变观念，避免为了过分追求产业结构的高度化而忽视农业对于外资的利用。实际上，由于资本天然的逐利性，外资也通常倾向于流入经营周期短、利润丰厚的行业，较少集中于农业领域。而农业是经济发展之根基，不容忽视。前文研究显示，典型的资源型地区山西省在农业现代化建设方面，存在着人才、资金、制度缺陷难以解决。这些顽疾可通过吸引外商直接投资得以缓解。给予投资于农业领域的外资以更多的优惠政策，特别鼓励合资形式的外商直接投资，促进当地企业与跨国公司在农业上的国际合作、交流，学习跨国公司的先进技术和管理模式，通过资本效应、示范效应、竞争效应等可有效缓解本地区农业投资、技术水平的不足，提高农业生产效率。另外，我国自古农业耕种方式以分散式的小农经济为主，资源型地区亦是如此，这种模式无法满足外商对于生产规模化的要求。因此，资源型地区政府要着力培养、扶持一批规模化、专业化分工的农业发展龙头企业，规范农业市场化运作，充分发挥龙头企业在农业市场中的主体地位，提升对外资的吸引力。

制造业是工业部门的重要组成部分，其中被称为“生产生产资料的行业”的装备制造业又是制造业的核心，因此建立强大的装备制造业是实现工业化的根本保证。通常而言，资源型地区在发展采掘业的同时，已建立起门类齐备的装备制造业部门，特别是机械装备制造业发展较快、市场潜力巨大，为引进装备制造业领域的外商直接投资奠定了良好的产业基础。但是，制造业仍存在产业集中度较低、布局较散、自主创新能力薄弱等方面的问题，应加大招商引资力度予以改善。资源型地区通过合理引进装备制造业外商直接投资，利用 FDI 的溢出效应和产业关联效应实现装备制造业供应链的本土化。出于保证产品标准和保护技术的目的，外资企业通常会选择母国供应商。但是，随着竞争日益激烈，为了进一步降低成本，外资企业便会选择本土供应商的产品，或通过代工、建设关键零部件的供应商网络来实现中间产品的本土化，在此过程中，必然会促进本土装备制造业以及关联产业的生产效率和技术水平。[94]此外，FDI 的竞争示范效应也会提升本地企业进行技术创新的动力。技术水平较高的外资企业通常会占领高端市场，技术水平较低的本土企业则是低端市场的霸主，而中端市场则是双方的必争之地。当地企业会加大自主创新力度，提高产品的技术水平，力求争取更大的市场份额。政府则要减少干预，为市场的正当竞争提供公平、公正、有秩序的环境。

由于服务业包含行业较多，其中不乏一些涉及国家安全的特殊领域，譬如金融业、电信业等，因此在吸引外商直接投资时既要大胆地引入，也要合理地监管。一方面，要以国家相关法律为准绳，基于本地区经济发展状况，对外资在资源型地区第三产业投资的行业和领域做出明确的规定，以便使外资能流入最紧缺、最需要的行业和部门。另一方面，要引导外资进入正外部效应强、综合带动效益好的服务业领域。例如随着专业化分工的深入，制造业的竞争越来越依赖生产服务业的支撑。投资于生产性服务业的外资可以改变资源型地区在产业结构上的不合理，填补某些生产性服务业的空白，特别是针对污染治理、节能降耗等高新技术服务业的研发和推广应用，从而为制造业实现由粗放型向集约型生产转化提供技术支撑，为资源型地区向资源消耗低、环境污染少、人力资源充足的“新型工业化道路”转变打下基础。[95]

综上所述，由于以往外资政策存在过度的优惠，使得一些本该淘汰的夕阳产业也被引入，这不仅使得资源型地区产业结构优化升级的阻力加大，而且会加大产业固化于低端的可能性。此外，这些产业占用了本应该支持先进产业发展的大量土地、资金和劳动力资源，造成资源配置效率低下，使资源型地区有限的资源得不到合理高效的使用。因此，需要积极研究、制定外资引入的产业标准，对不同的产业给予不同的待遇，通过设立优惠待遇、国民待遇、限制与禁止等分门别类的产业指导政策，确保转移产业与产业结构优化的目标相吻合。同时，要以引进技术和管理为核心，外资的进入不能以制约内资企业的发展为代价，在引资过程中要努力做到既鼓励投资也促进竞争，从而在推动产业结构优化的同时，保障民族产业的健康发展，不致使资源型地区长期成为发达国家的附庸，成为跨国公司攫取垄断利润的场所。当然，在加大引资力度的同时，也要防止外国资本，特别是大的跨国公司通过合资、兼并等方式控制资源型地区一些重要产业或企业，从而引发当地民族企业的生存危机。

6.1.3 借力国际产业转移，破解资源型地区要素锁定难题

前文分析，承接国际产业转移会打破资源型地区路径依赖，为资源型地区产

业结构合理化发展带来新机遇，最终实现产业结构合理化要通过生产要素在产业间的合理配置来完成。然而，资源型地区经济发展是建立在资源大规模开发基础上的，整个社会财富都会向能源部门集中，大量的资本、劳动力资源被锁定在资源丰裕部门。因此，本书认为破解资源型地区要素向资源部门集聚的难题是产业结构合理化发展的前提；否则，即便国际产业转移带来新的发展机遇，资源型地区也会因为要素缺乏流动性而失去发展新兴产业的可能。政府可通过优惠性政策激励资源型产业企业家进行二次创业，实现资本的跨行业流动；同时通过加强对劳动力的培训等措施，促进劳动力资源的跨行业流动。总之，构建资源的合理流动机制是接续替代产业、新兴产业的蓬勃发展，推进资源型地区产业结构合理化的保证。

6.1.3.1 激发资源型地区企业家投身转移新产业的活力

首先，要协助企业家寻找新的发展机遇。前文已经分析，国际产业转移带来的新需求、新机遇能否变成新的产业，与资源型地区企业主的企业家精神、创新能力有很大关系。因此，如何利用国际产业转移激发企业家投身转移新产业的活力是至关重要的。理论上讲，新需求、新产业的识别更多的是一种企业家才能自由释放的过程，但前文已分析，限于企业家的教育背景和既往的创业经历，企业家识别新的创业机会的能力是相当薄弱的。在这种情况下，地方政府应当因势利导地出台相关政策措施，与企业家共同识别与经济发展相适应的新产业发展方向和创业机会。譬如，政府可以定期展开培训，将国内外的经济发展形势、最新的产业政策及时传达给有需求的企业家；还可以搭建信息沟通平台，及时分享国外的产业发展动态，通过把脉国外的朝阳产业与落后产业，提前寻找新的机遇，降低其交易成本；政府在招商引资过程中，应鼓励资源型企业家参与招商项目的投资建设，实现本地资本与外来成熟技术的结合。

其次，以市场机制为导向，激发企业家创新和再创业的热情。受限于对固有发展模式的依赖，虽然企业家看到了产业发展的新方向，但作为既得利益者，资源型企业家未必有动力将想法付诸行动。在国际资本进入本地之后，激烈的竞争可能会使与外资企业差距较大的当地企业，特别是机构臃肿、效率低下的国有企业造成很大的冲击。此时政府应转变职能，变管理型政府为服务型政府，充分发挥市场的竞争机制，使要素实现自由流动——由低效率部门流入高效率部门。逐步停止对僵尸企业无休止地“输血”模式，设立产业和企业的自由入市和退市机制，才是激发企业家创新和再创业热情的关键。

最后，为企业家的再创业提供服务平台。包括前期的创业辅导平台、中期的技术服务平台、人才招募平台、管理咨询平台以及后期的市场开拓平台。这是保障企业家再创业成功、打消企业家再创业顾虑的重要环节。[96]

6.1.3.2 构建资源型地区劳动力资源合理流动机制

如前文所述，资源型地区劳动力素质普遍不高，不适应国际产业转移对高素质劳动力的要求，且劳动力在产业间流动存在一定的黏性，在行业间流动存在一定困难。因此，构建劳动力资源合理流动机制是实现国际产业转移背景下，资源型地区产业结构合理化的重要保障。

首先，要着手提高劳动力素质，满足国际产业转移的需求。目前山西省存在劳动力总量供给较大，而外资企业所需的高技能人才供给紧缺的现象。劳动者的胜任能力和岗位需求之间存在一定差距。可通过培训引导择业者转变就业观念，从自身条件和就业环境出发，寻找与自身能力相匹配的职位，提高其自主择业的积极性。另外职业培训或继续教育是增强劳动者技能水平、缓解结构性失业的重要举措。因此，职业培训内容应该避免过于理论化、系统化，应该以市场需求为导向，素质教育和市场需求相结合。[97]对于有意向进入外资企业的求职者，还应该加强跨文化培训。由于外资企业与中资企业在文化、思维方式、价值观、管理模式、评价体系等诸多方面存在着较大差距，这是一种客观现象，无法回避。而跨文化培训就是解决文化差异及冲突的重要途径之一。通过培训可以提高员工对异国文化和传统的适应能力，加强具有不同文化背景的员工之间的交流和相互理解。跨文化培训主要包括语言培训、对双方文化、风俗习惯、价值观念的介绍、双方管理方式的融合等内容。如果不做到提前培训，员工即使进入外资企业也很难融入其中，开展持久、愉快的工作。

其次，要加强公共就业服务，打破劳动力流动的黏性。在国际产业转移推动产业结构合理化过程中，势必会出现资源型企业关闭破产，关联性产业萧条不振，以及由此带来结构性待业、失业的问题。面对这种状况，作为失业和贫困的救济者，政府责无旁贷。可借鉴国外资源型地区的经验，政府提供及时的劳动力市场信息、职业培训和就业指导，推动劳动力的合理流动。譬如，法国洛林为失业者提供了不同类型、专业和层次的职业技术培训机会，相应的培训费用由国家支付。此外，企业每聘用一名下岗工人，政府将给予 3 万法郎的资助，以此鼓励企业给下岗工人提供再就业机会。再如，美国除了建立资源型产业转型预警系统外，对待被辞退员工的传统做法是支付一次性补偿，然后由其自谋职业。我国资源型地区政府在为失业员工提供再就业指导和培训的同时，可建立外资企业劳动力需求数据库，将素质较高的人员按照外资企业的需求进行定向、针对性的培训，为外资企业提供合格的劳动力资本的同时，也解决了传统产业劳动力资源的分配和安置问题。

国际产业转移促进资源型地区产业结构合理化发展策略如图 6.1 所示：

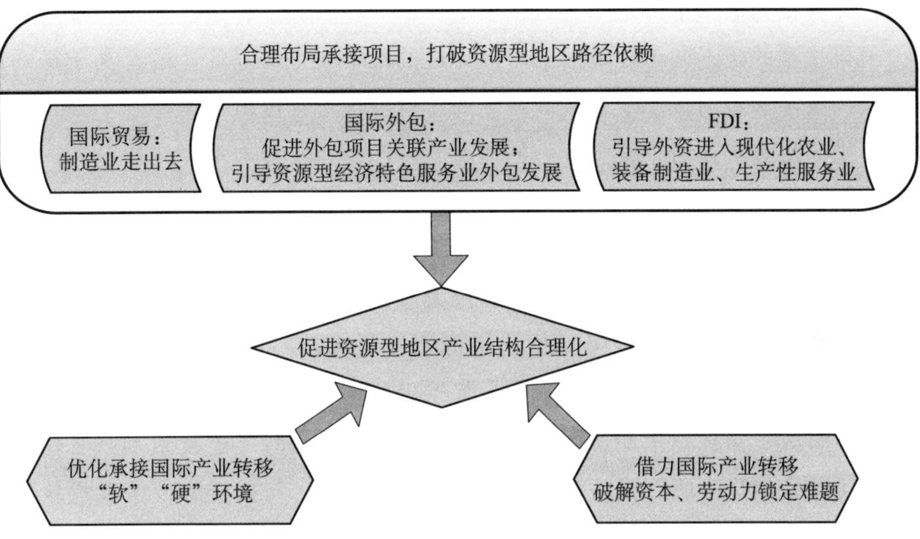

图 6.1　国际产业转移促进资源型地区产业结构合理化策略

6.2　国际产业转移促进资源型地区产业结构高度化发展策略

6.2.1　以技术转移为契机提升资源型地区劳动生产效率

正如前文分析，国外先进的技术会伴随国际产业转移至资源型地区。一方面通过国际贸易直接引进国外先进技术，抑或借由进口产品吸收物化于其中的技术，以此来实现技术进步；另一方面，以外商直接投资形式进行的国际产业转移，会有意或无意中将先进技术扩散至资源型地区，并通过示范效应、技术溢出效应、竞争效应等在企业间扩散；最后，在承接发达国家的外包项目的过程中，利用“干中学”效应实现对先进技术的学习、消化、吸收及创新。总而言之，在封闭条件下资源型地区由于自然资源对技术、人才等要素形成的挤出效应难以实现技术升级；国际产业转移引发的技术转移，打破了资源禀赋对技术创新的约束，有效提升了资源型地区的技术水平，同时节约了当地企业的研发费用、降低了研发风险。技术进步终将体现于劳动生产效率的提高，体现于产业生产要素密集度的转变，体现于产品附加值的提升，由此带来资源型地区产业结构高度化发展。

6.2.1.1 大力发展资源型地区技术贸易

首先要把先进技术引进来，直接用于资源型地区的生产中，优化传统产业结构。值得注意的是，并不是最前沿、最先进的技术就是最好的、最有利于推动产业升级的技术。目前资源型地区尚缺乏通过自主学习、模仿来掌握过于高精尖的技术，进而将其转化为直接生产力的能力，因此不一定会带来经济效益和产业结构的优化。有些在先进国家或地区属于衰退甚至即将淘汰的技术，其在母国进一步开发、利用的价值已很小，但在落后的资源型地区可能仍有一定的市场空间。通过适当的技术和市场嫁接，或许会有出人意料的效果。应根据资源型产业发展需求与产业政策的导向，按照“结合实际、注重实用、推动升级”的原则，以适宜性技术和高新技术为引进重点，加强引进技术与现有技术的对接融合。同时在消化、吸收、引进技术和合作创新成果的基础上，适时推进技术创新工作，加快对引进技术消化吸收和模仿创新、自主创新的步伐，打破资源型地区“技术落后—引进技术—再落后—再引进”的所谓的“技术引进陷阱”，不断提高技术创新能力，缩小与发达国家的差距，形成和发展本地区自主创新的能力。

6.2.1.2 提升资源型地区承接项目在国际产业链中的地位

当前资源型地区承接的主要是处于价值链低端、劳动密集型的加工制造环节，这正是廉价劳动力供过于求，按比较优势积极参与以生产环节为主的国际外包的体现。但不能由于加工制造环节附加值低，便否认参与国际制造业外包的合理性，这是其参与全球分工的第一步。当然，一味停留在附加值较低的生产加工环节，长此以往必然会形成价值链低端锁定效应，要突破这种效应，关键要通过技术创新，从而实现向价值链中高端环节的延伸，推动资源型地区产业结构高度化发展。为此，资源型地区企业要在积极参与国际分工与竞争的基础上，边干边学、边学边干，通过国际外包的技术外溢效应，逐步实现核心零部件的本土化生产，采取优惠性的税收政策扩大中间产品的国内生产比例。包括中国台湾地区的电脑厂商、韩国的汽车制造企业等案例均表明，在企业参与国际分工的初期，尽管受制于要素条件可能会专业化与价值链最低端的加工生产环节，作为跨国公司的原始设备制造商赚取低廉的分工利得。但在分工过程中的技术改进、“干中学”等效应，将使企业沿着价值链向技术含量更高的环节延伸，企业转化为原始设计制造商。最后，企业可以实现从事技术含量和分工利得最高的技术研发及品牌营销环节，从而成功转化为原始品牌制造商。另外，加强生产与技术研发环节的关联性，逐渐向研发设计、品牌营销等高附加值环节渗透，完成由劳动密集型、低附加值的生产环节，向层次较高的资本、技术密集生产环节递进。由此可见，资源型地区的企业应把产业链作为价值增值链，适时地把价值链转化为学习链，以及把学习链转化为创新链，便能突破依赖外包所取得的短期经济成长，而获得本地企业的长期创新能力。[98]

另外，政府若选择产业关联度较高的产业引入，则可以充分发挥对当地相关产业的带动作用。一般说来，引进项目的产业关联系数越高（特别是后向关联效果越明显），同国内相关企业建立联系的可能性就越大，对当地产业结构优化的带动效应也就越明显。此外，理论实践证明凡是产业关联系数高的项目，其资本和技术的密集度也相对较高。例如汽车产业、信息技术产业等产业关联系数极高，分别达到 10.1 和 11.5①。因此，大力引进此类高关联度项目，对加速技术进步和产业结构高度化有重大的意义。

值得注意的是，政府出台的政策措施也应随着资源型地区要素禀赋、技术水平的动态变化而及时动态调整。当资源型地区的资本积累日渐丰富、技术水平日益提升，政府便开始有意识地将给予承接劳动密集型外包项目的优惠政策，转移至承接资本、技术密集型的外包项目，推动资源型地区在国际分工价值链中地位的上升。与此同时，资源型地区政府也要鼓励当地加工企业树立创办自主知识产权和品牌的意识，并营造公开、公平、公正的市场秩序维护企业的合法权益，以此提升自有的核心技术和品牌效应在国际分工中的地位。

6.2.1.3　鼓励外资加大对资源型地区研发项目的投资力度

首先，跨国公司的研发投资会伴随着技术外溢和扩散，这些先进的技术能够极大地促进资源型地区的技术创新和经济发展。一方面，政府应该出台更有效的政策和措施，吸引跨国企业来资源型地区进行科学研发项目投资，可以在适度范围内放开跨国公司参与国内政府级研究项目招投标的限制；另一方面，增加优惠政策的透明度和稳定性，落实跨国企业在资源型地区投资研发项目的国民待遇，增强跨国公司在资源型地区投资的信心；再者，在资源型地区对技术创新做出突

---

①　房汉廷，外商投资效应分析［J］，中国工业经济，1996，（5）：21 - 26。

出贡献的外资研发机构可给予一定的税收优惠，对研发人员进行一定的精神和物质奖励。更为重要的是，要为跨国公司与当地企业的技术交流提供便利，政府部门、行业协会和相关企业还可以与跨国公司共建支持资源型地区技术创新的投资基金，共享国际资源。[99]这样既可以营造重研发的浓厚氛围，吸引更多跨国公司前来加盟，特别是来自西方发达国家的优秀外资企业的参与，又可以充分利用跨国公司在资源型地区研发投资的技术溢出效应。

其次，着力引进与资源型地区产业战略规划相一致的外资项目。作为相对落后的发展中地区，资源型地区引入外资项目的初衷之一便是利用先进的技术水平及溢出效应、示范效应和产业关联效应等，带动整个区域产业技术创新能力和技术水平的提升。因此，为了避免外商直接投资中出现的“飞地现象”①，必须把承接国际产业转移与资源型地区自身产业结构优化、推进新型工业化等紧密地结合在一起，在引入外资项目时，应有选择地引入与资源型地区现有产业结构匹配度较高、产业战略规划相一致的项目。通过吸纳发达国家的资金、先进设备、管理方法、经营理念、高新技术，促进资源型地区相关产业结构高度化发展。资源型产业是本地区的传统支柱型产业，短期内对经济发展仍具有主导作用。应通过引进国际先进技术和有实力的跨国企业对资源型产业进行改造，提高安全生产管理水平、提高资源综合开发的利用效率，变资源优势为产业优势，促进该行业的可持续发展。对于光电子信息产业、医药生物产业、新能源汽车产业等科技含量较高的战略新兴产业，资源型地区应加大政策扶持力度，鼓励跨国公司对这些产业进行直接投资，协助其完成由弱到强的过程。

6.2.2 促进外生驱动力内生化

理论和实证部分已经证明，国际产业转移可引发技术溢出效应，有效推动资源型地区产业结构高度化发展。但国际产业转移终究是一种外生驱动力，具有波动性、风险性较大的特点。另外，由于目前资源型地区自身的技术水平不高，企业创新意识、动力普遍不强，导致国际产业转移“技术溢出”效应不甚明显；技术创新能力不高也是发达国家转移技术层次较低的产业至资源型地区的主要原因。现实生活中，很多本地企业仍旧依赖进口国外核心技术和关键零部件才能进

---

① 外商直接投资的“飞地现象”指的是，跨国公司为了获取如土地、劳动力等特定要素，在发展中国家投资建立企业，但其原料供应及成品销售主要面向国际市场，未与东道国的企业建立前后向联系，从而形成东道国经济中的“飞地”。

行生产，缺乏自主研发的动力。因此，能否真正发挥“技术外溢效应”，获取技术进步的关键，并非取决于国外先进技术的数量，而是进行自主研发的努力和强度，打铁还需自身硬，如何将国际产业转移这一外生驱动力转变为内生驱动力才是关键。因此，资源型地区政府通过减税等措施鼓励跨国公司加大技术转移的同时，还应创建自主研发体系、构建灵活的人才吸引机制，形成“大众创业、万众创新”的浓厚氛围。在此基础上，带动产业链各个环节的技术进步，将技术创新与产业升级融为一体，助推资源型地区产业结构高度化发展。

6.2.2.1　建立自主研发与创新体系

承接国际产业转移可以使得资源型企业在与外资合作中获取大量的技术，并进一步通过技术创新和技术扩散活动，提升资源型地区产业整体技术水平。然而从整体上看，资源型地区企业创新意识、创新动力普遍不强，科技进步速度较低，科研人员断层现象严重，导致国际产业转移“技术溢出”效应不甚明显。为此，政府应建立有效的技术创新体系，推动资源型地区技术进步。

- 努力使资源型企业成为技术创新的主体

企业是技术创新和产业转型升级的主体，是经济增长和发展活力的根本保障，而资源型企业又是当前资源型地区经济发展的中坚力量。因此有必要以资源型企业的技术升级为发力点，带动整个资源型地区的技术进步。鼓励资源型企业自主创新，一方面要立足于自身的技术研发能力，通过与国内高校和各科研院所的合作，进一步推动高新技术创新；另一方面，政府应为本地企业与跨国公司技术交流与合作、学习与模仿搭建平台，使其能够充分地汲取跨国公司先进的技术与管理理念，关键要对吸收和模仿得来的成功经验转化为企业的技术能力，借他人之力提升自身的技术水平。同时，要鼓励更多的资源型企业建立技术研发机构，并落实好人员、任务、资金的关联机制，充分发挥技术研发机构在技术创新、技术推广以及人才培养的组织、协调等方面的作用。

新产品、新技术的市场认可程度是检验企业技术创新成功与否的重要标志，而不是单纯地完成技术进步与产品的完善。因此，科技成果转化是技术创新最关键的环节和最终目标。政府应采取一系列措施，协助资源型地区企业加快新技术、新工艺的应用和推广，尽快实现商业价值。例如，政府可以搭建不同层次科技成果转化平台，促进专业化对接平台建设；尽快建立技术经纪市场，建设一支懂专业、懂市场的技术经纪人队伍；鼓励在有条件的高等学校设立技术经济、技术评估等专业，专门培养科技成果转化所需专业人才等。

● 形成产、学、研相结合的区域协同创新机制

企业是离市场最近的主体，对市场的需求变化最为敏感，通常有技术创新的需求却无创新的能力，而高校和科研院所的情况恰恰相反。因此政府需要建立产、学、研相结合的区域科技创新协作平台，促进科技创新的供求结合，提高资源型地区的技术研发能力。对重大技术攻关项目，资源型企业应充分发挥高校、科研院所和企业各自的优势，组织三者进行联合攻关；循序渐进地采取市场竞争机制，来规范技术开发型项目，制定“公开招标、平等竞争、专家评审、择优实施”的机制，使课题从立项开始就瞄准生产应用和市场要求①。在此过程中，要特别注意各个协作创新主体的利益分配问题。由于科技类产品存在投入要素定价困难的特点，同时产、学、研相结合的区域协同创新过程涉及多方主体，而不同的主体在利益分配过程中有不同的诉求。为了避免利益分配失衡、打击各方主体合作积极性的问题，政府作为中立机构应制定相应的利益分配机制，着力解决参与科研协同创新的多方主体利益协调的问题；制定分配机制要本着公平、公正的原则，综合衡量各方主体的投入要素比例、重要性以及在创新过程中承担的风险；还要事先对合作各方的权利、责任和知识产权的归属等相关问题做出明晰地界定，降低合作中发生责任、产权纠纷的概率。

● 设置更加开放的自主创新机制

在人才和技术都相对缺乏的资源型地区，政府首先需要培育更加宽松、自由、健康的产业创新体系，释放更多的政策红利来吸引人才引进、激发创新活力，而不是单单地扶持单个大企业的创新能力。通过设计合理的制度，包括投融资体制、经营管理体制、技术创新体制等，降低知识类产品的市场交易成本、打造公平有序的创新环境，为创新源的产生与成长提供土壤，进而为产业结构和技术升级提供不竭的技术来源和推动力。[100]此外，由于技术研发具有投入大、周期长、风险高等特点，企业家投资创新意愿不强，企业新产品、新技术的开发就成为无源之水无本之木。而政府能用于支持研发的费用终究是有限的，因此政府可以建立风险分担机制，将创新过程中的不确定性、风险性分散给各个参与者，实现技术创新风险的社会化，激发大众创新热情。另外，资源型地区政府还应进一步加大对各类技术园区的投入和支持，使之成为吸引跨国公司建设研发中心的有效载体，园区内的当地企业通过与跨国公司建立前向和后向联系，较容易实现对

① 郭凤典、吴菊华，技术创新：资源型产业走出困境的必由之路［J］，理论月刊，2000，(7)：47－48。

于技术的吸收。

6.2.2.2　构建灵活的人才吸引机制

在生产力要素中，人是最为活跃的因素，人力资源对生产力发展起着决定性的作用。内生经济增长理论也指出，区域经济增长主要依赖于资本要素，特别是人力资本。如前文所述，在资源型地区，资源型产品开采对劳动者技术要求不算太高，长期发展导致对人力资本的挤出效应，使得资源型地区劳动力结构文化层次偏低。要想充分发挥承接国际产业转移的知识溢出效应提升产业结构水平，需要下大气力创新人才培养机制，改善资源型地区劳动力结构不合理的现状。为此，要做到以下 3 点：

• 加大对人力资本投资力度

资源型地区政府应清晰认识到，人力资本不足是国际产业转移视角下，制约资源型地区产业结构高度化发展的重要因素。因此应将人力资本投资纳入地区发展战略规划之中，加大对人力资本的投资力度，方能培养好人才、留得住人才。

首先，要动员全社会力量大力发展教育，提高人们吸收知识的能力。教育是一种高投入的产业，需要投入大量的人力、物力才能保证教育的持续、稳定发展。而资源型地区经济较为落后、财政收入有限，在教育方面的支出相比发达地区还存在较大差距。解决教育发展困境仅靠政府一己之力难以完成，需要政府、社会、家庭共同参与。为此，除了提高资源型地区教育经费在政府总支出中的比重之外，还应通过社会、企业和个人等多渠道筹措教育经费。在教学内容设置方面，不要盲目地仿照发达国家和发达省份，一味追求所谓的热门专业。应充分考虑资源型地区产业结构的特点，以及对人力资本的需求状况，重点开设与传统产业优化升级以及新兴产业发展相关的课程，使得培养出来的大学毕业生能很快适应资源型地区的工作环境和内容，做到学以致用，避免教育资源的浪费。

其次，资源型地区政府可以通过税收减免等优惠政策，鼓励企业加大对员工的培训，提高人力资本的边际收益率。譬如，政府可以出台政策，允许资源型企业在缴纳所得税前，将员工的职业培训投入按照一定的比例或者全额扣除，降低企业培训成本，激发企业加大对人力资本的投入的热情。另外，政府还可以增加外资企业中科技人员的个人所得税优惠力度，对于外商企业技术、知识产权转让所得以及专利、特许权使用费所得，予以一定程度的税收减免，鼓励知识创新、知识共享。[101]

• 促进人力资本的优化配置。资源型地区在留得住人才的同时，还要用得好人才。因而优化人力资源配置是提高资源型地区人才使用效率的当务之急。正如前文所述，在资源型地区，人们的思想观念具有较强的封闭性，加之“路径依赖”和“体制锁定”的影响，人力资本配置不甚合理，很大程度上降低了人力资本的使用效率。因此，资源型地区政府需要下大力气促进人力资本的优化配置。

首先，资源型地区要针对政府部门和国有垄断性企业的职工出台一定的优惠政策，鼓励他们脱离被认为是“铁饭碗”的工作，使更多的社会精英流入到生产经营型系统，特别是当地的外资企业，通过企业的“技术外溢”效应和“干中学”掌握前沿科学技术和生产工艺，从而给经济注入竞争的活力和发展的动力。[102]

其次，要摈除封闭条件下形成的人才流动壁垒。长久以来，政府在人才流动方面管得过多、过细，侵蚀了市场发挥作用的空间，人才合理流动受到了很大的束缚。要做到人尽其才，实现人才的顺畅流动，就必须处理好政府和市场的关系，实现政府和市场在人才资源配置中的职能归位，建立起“以市场有效配置为主，政府管理、服务为辅；用人单位和人才双向、自主选择”的人才流动机制。具体而言，在人才引进方面，政府要将以往的指令性计划变为指导性计划，放手让企事业单位根据工作所需随时调整人才引进计划。此外，要建立健全统一开放、功能齐备、服务到位的人力资源市场，发挥市场在人才引进、人才评价、激励机制等方面的决定性作用。而政府作为“有形之手”，关键要加强人才立法工作，以完善的法律制度保障人才流动的权利，为人才流动营造良好的社会环境，打通人才流动通道。另外，政府应破除人才流动的制度壁垒。当前，因制度设计所产生的人才分层、人才管理的不均等和差异化，导致人才市场出现制度性分割，最终影响了人才的正常流动。譬如，存在于户籍登记管理、人事档案管理、移民管理、社会保障、工资福利、职称评定制度中的许多关卡，阻碍了人才的正常流动。要对这些制度进行梳理完善，确保制度的有效衔接，建立党政机关、企事业单位、社会各方面优秀人才顺畅流动的制度体系，打破原来条块化、碎片化的制度设计对于人才流动的禁锢和制约。

● 重视人才引进和安置工作

在重视本地人才培养的同时，政府还应针对各级各类人才提供相对的引进和安置政策，特别是对高技能人才的引入，要以感情留人，以事业留人、以必要的物质条件留人。[103]

通过优惠的政策措施引进高层次的创新人才和高水平的管理人才。一方面，要吸引海外较高层次科研人员参与传统资源型产业转型升级环节的研发，吸引掌握新兴产业发展核心技术的人才开展创新创业活动；另一方面，要重点吸引经验丰富的职业经理人、财务管理人才、市场营销人才等管理人才，协助资源型地区企业建立高效的公司治理和企业运营管理体系；由于资源型地区经济发展落后，创业环境较差，因此要制定出比经济水平相当的地区更具有吸引力的激励机制才有能将人才引入。对于没有长期驻留本地打算的高级人才秉承“不求所有，但求所用”的用人原则，采取柔性化的聘用形式，多渠道、多形式地引进高层次人才。[104] 对于可能长期留任的人才，要想办法营造各种环境保障，从精神激励和物质激励两方面入手，包括对有突出贡献的人才给予精神嘉奖、提供高水平的薪资待遇、解决配偶子女的就业和就学、给予高层次人才股票期权激励等。敢于提供更多职位，放手任其自由施展才能，激发高层次人才以主人翁的态度投入资源型地区的建设。

除了高层次人才外，资源型地区也需要引进大量掌握新技术、技能熟练的基层技术人员、技术工人和管理人员。旨在帮助资源型地区企业尽快掌握引入的新技术、新工艺，顺利开展生产经营活动，供给成熟的产品和服务。对于中低层次的一般人才，政策重点应放在提供技能培训和技术交流的平台，为其生活、就业提供便利和补助等。

国际产业转移促进资源型地区产业结构高度化发展策略如图 6.2 所示：

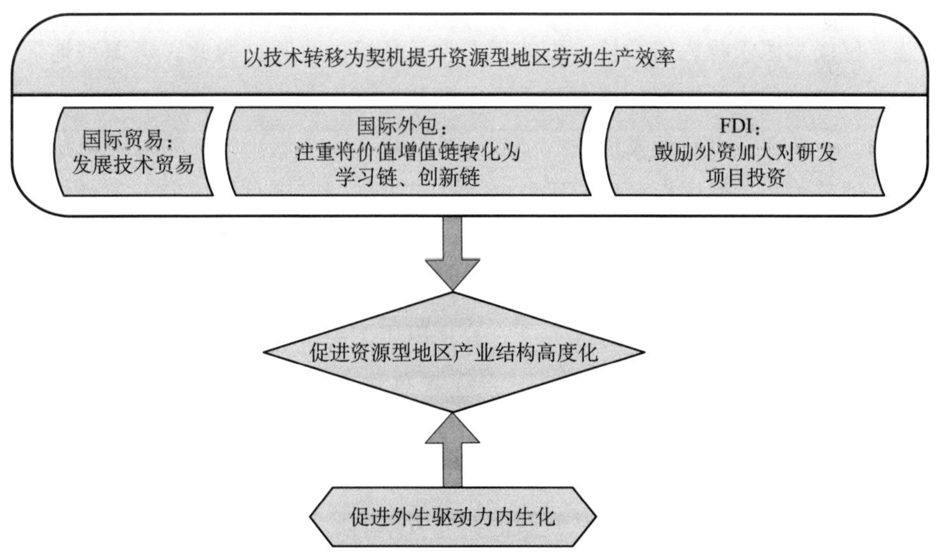

图 6.2　国际产业转移促进资源型地区产业结构高度化策略

6.3 国际产业转移促进资源型地区产业结构生态化发展策略

6.3.1 树立可持续发展的经济增长观、政绩观

第一，要树立可持续发展的经济增长观。近年来，资源型地区承接国际产业转移的实践证明，短期内地区的经济发展速度会显著提升，同时会解决部分就业问题。但是如果项目承接不当、相关的资源环境政策法规不完善、环境监管不到位等，有的项目形成的经济效益就会远远不抵环境治理的成本，长期来看是得不偿失的，不利于资源型地区产业结构的生态化发展。因此，在招商引资规划中，政府部门应把环境保护、污染治理作为重要的考量标准，构筑环境保护的第一道防线。

当前，在资源型地区最廉价的资源便是自然资源本身，出于节约成本、提高利润率的考虑，企业通常会采取节约资本、技术、人才的投入，增加自然资源投入的发展模式，整个经济也就陷入了高能耗、高污染的粗放型发展方式。且伴随着工业化进程的推进，资源约束日益严重，原有的经济发展模式难以为继，因此，必须树立可持续发展的经济增长观，推动增长方式向集约型转变。为此，需紧紧围绕“以人的全面发展为导向”这一根本指导理念，实现经济效应、环境效用、社会效益的“三位一体”和谐，让生活于其中的人民有幸福感。这种幸福感不仅仅来源于收入的增长，更体现在生活环境的改善。为此，资源型地区不仅要关注经济的增长速度，还要注重资源的集约开发与生态环境保护。

第二，要树立可持续发展的政绩观。长期以来，受制于传统的发展观和“唯GDP”的政绩观，我国资源型地区忽略了从追求单一经济目标，向追求经济、社会、环境协调发展目标的转变。为了实现 GDP 的高速增长，甚至引进对生态环境有很强负效应的国外转移项目来发展经济。虽然经济总量增长了，但当地的环境质量、人们的健康状况却每况愈下，直接阻碍了经济的可持续发展，这并非承接国际产业转移的理想目标。因此，首先要对地方官员的绩效考核标准做出优化。测评考核制度是政府工作的重要标杆，也是评价地方干部工作的重要依据，过去官员的绩效考核更看重经济的增长率，因此带来很多生态环境等问题。因此，资源型地区经济转型必须从官员的测评考核制度下手，由原来只注重经济增长转为综合评估。

在这种情况下，应该树立更强烈环境保护的意识，推行绿色 GDP 核算体系①。即在追求经济总量增长的同时，突出绿色发展的观念，将经济增长与资源节约、环境保护纳入综合考评体系。可考虑在资源—经济—环境综合核算的框架之上，结合资源型地区的实际情况，构建包括自然资源耗减损失、自然资源退化损失及环境污染损失等内容的绿色 GDP 核算框架和核算指标，以约束资源型地区政府在招商引资过程中只注重经济效益的行为；同时，也有助于相关部门重视对环境保护和污染治理工作的投入力度。其实，只有生态环境建设好了，才能吸引更优质的外资进入。

还应注意到，和西方国家相比中国地方领导更换的频率相对较高，如果政绩出色即使任期没有结束也会被提拔，调离原职。但是频繁地更换领导会带来很严重的后果，前任领导在任时的政策目标，后继领导未必会严格的实施，政策实施不到位、修改政策，甚至放弃旧的政策目标十分普遍。这就导致政府制定政策时急功近利，注重短期效果，对于资源型地区的可持续发展十分不利，因此，应该尽量避免地方领导的频繁更换。

6.3.2　引进项目向“择善而从”转变

资源型地区政府在承接国际产业转移项目时，政府可以给予行政审批制度、税收制度等方面的优惠政策，但是在生态环境保护和治理方面绝不能妥协。必须综合考核、评估该项目对当地经济、社会、环境长期发展的影响，委托有资质的专业机构对承接项目进行环境评估，科学决策。为此，承接国际产业转移在以往注重数量的同时还要把好质量关，由“来者不拒”向“择善而从”转变，从源头上控制污染项目的引进。

6.3.2.1　以生态化为准则吸引外资企业

从当前我国的实际情况来看，各级政府实施的优惠政策仍然是吸引国际产业转移的主要因素。但是这些优惠政策的实施，绝不能以牺牲环境资源为代价，否则会降低承接地利用外资的质量与效应，最终陷入产业转移效应递减的困境。为此，资源型地区在承接国际产业转移时，利用外资产业政策也需要相应的优化与转型。

① 绿色 GDP 的基本思想是由希克斯于 1946 年提出的。具体是指一个国家国地区在考虑了自然资源与环境因素影响后经济活动的最终成果，即将现行 GDP 总量扣除环境资源成本和对环境资源的保护服务费用所剩下的部分。

具体来说，政府在引进项目时切忌盲目，应根据当地实际情况选择技术含量较高、低碳、环保，有助于改善资源型地区产业结构的项目。当前，国家每年会根据全国实际情况制定《外商投资产业指导目录》，但地方政府并没有以此为指导制定更为详尽、符合本地区的引进产业标准。为此，资源型地区必须适时、灵活地调整产业转移政策，对不同的转移产业给予不同的待遇，改善外商投资结构。对于一般性产业而言，要尽量消除各种隐蔽性的制度障碍，降低市场准入门槛，包括政府以审批制、配额制、许可证制等方式直接干预产业转移的手段，采取国民待遇原则，规范政府对于外贸、外资的管控行为。对于对经济发展有重要战略意义的产业则进行一定的保护和扶持。依据战略贸易理论①，对于重点引进产业，例如促进资源综合利用的高新技术密集型产业、具有较强正外部性的生产性服务业、“环境友好型”和“能源节约型”的项目等，可通过制定科学的发展规划，提供相应的行政指导、信息服务、税收减免、融资支持、财政补贴等方式，诱导相关企业按照政府的规划目标进行有序的产业承接。对于本应该淘汰的夕阳产业、环境污染较重的劣势产业，政府则要制定特别措施限制引进。应设立包括资源集约度、投入产出效率和环境效应等指标在内的外资引入标准，并把它作为外资进入的第一道门槛，对于达不到标准的产业和企业绝对不允许进入。[105]除此之外，政府还可以组织环保部门进行实地调研、聘请有关专家组成的评审组进行环境评审、召集周边群众举行听证会等等方式进行综合分析，充当环境保护的“防火墙”。

6.3.2.2 *循序渐进地承接加工贸易产业转移*

前文研究表明，近些年来，面对沿海发达地区加工贸易产业转移带来的新机遇，中西部省市、东南亚等欠发达国家和地区都纷纷采取措施、出台优惠性政策，加快承接产业转移，呈现出如火如荼、方兴未艾的势头，形成了竞争激烈、竞相承接的局面。山西省政府也非常重视加工贸易对本地区产业结构优化和经济发展的作用，出台了一系列优惠政策，促进加工贸易突飞猛进地发展。但需要清醒的是，当前山西省主要从事的是位于全球产业链低端的加工、制造环节，该环节不可避免地会造成严重的环境污染，不利于产业结构生态化发展。因此，资源型地区也在争做下个一“代工工厂”的同时，应保持客观、冷静，根据本地区

① 战略贸易理论认为，在规模经济与不完全竞争的条件下，政府应用补贴（生产、出口、研究、开发等补贴）以及关税手段，支持国内战略性产业的发展，以规模经济的利益争取国际市场份额，提高总体福利。

的实际情况制定合理的规划和目标，循序渐进地承接加工贸易产业转移，切不可一蹴而就。

首先，编制与本地区情况相符的加工贸易禁止目录。我国早在 1999 年便颁布了《加工贸易禁止类商品目录》，开始对加工贸易实行商品分类管理，将商品分为禁止类、限制类和允许类。并根据加工贸易的发展，不断地更新和调整其中的商品目录。然而，这是商务部根据全国的普遍情况制定的加工贸易商品目录，并未能反映资源型地区的产业特色和环境特点。因此，资源型地区政府可在遵循国家《加工贸易禁止类商品目录》的基础上进行酌情修改，特别要禁止对本地生态、环境有严重破坏的高污染、高消耗类项目和产业进入。在兼顾自身生态环境、产业基础等条件的基础上有选择地接受，而不是来者不拒、全盘接受。

其次，承接加工贸易要考虑环境承载能力。纵然当前资源型地区矿产、土地等自然资源相对丰富，但倘若无计划、无节制地加以利用和破坏，势必会造成无可挽回的环境损失。因此，资源型地区政府应在综合考虑地区资源总容量、环境承载能力的基础上制定长期规划，有秩序、有步骤、分阶段地承接加工贸易产业转移，留给生态环境足够的修复时间，边生产边修复治理。每年严格控制引进加工贸易项目总量，其中对环境污染较严重的项目指定严苛的准入标准，对“环境友好型”的国际外包项目则可适当降低进入门槛。长期来看，随着资源禀赋和生态环境的变化，承接加工贸易的规划也应动态调整，鼓励当地企业承接高端项目，切不可只顾眼前的经济利益蜂拥而上地承接新项目，超过环境的负荷能力，因小失大。

6.3.3 为生态环境保护提供制度保障

环境就是竞争力、环境就是生产力，对于环境问题凸显的资源型地区，完善环境保护相关制度是生态环境建设的首要环节，也是吸引优质外商投资的重要保障。首先，以可持续发展战略为指导，健全资源环境产权制度、生态环境补偿、修复机制。资源型地区政府要综合考量资源与环境承载能力，平衡与经济发展之间的关系。其次，加强环境监督力度，建立严格的环境违法惩戒机制。需要注意的是，仅强调政府的生态职能，靠政府一己之力很难完成环境监督、监管工作。因此，建立完善的公众监督机制和第三方监管治理机制是非常有效的补充。总而言之，要建立法律约束、政策引导与公众监督相结合的“三位一体”的环境保护模式，从法律、制度上确保资源型地区生态环境保障工作的顺利推进。

6.3.3.1 完善保护资源环境的政策法规体系

- 健全资源环境产权制度。由于当前资源环境产权制度还存在很多不足之处，导致政府在引进项目过程中一味看中其经济效应，而忽视了项目的环境效应。因此，完善资源环境产权制度是资源型地区产业结构生态化发展的重要保障。在现实生活中，解决譬如环境污染等“负外部性”问题的方法通常有两种，一是征收所谓的“庇古税”，例如由政府向造成环境污染的行为主体征收“环境污染税”。另一种方法便是通过明晰产权关系来解决“负外部性”问题。相比而言，人们对第一种方法较为熟悉、也更为偏好；但在监管和处罚力度不够的情况下，无法真正达到保护环境的效果；而对于后一种方法，目前人们还较为忽视。新制度经济学家德姆塞茨在《关于产权的理论》中强调，“产权是一种社会工具”“产权包括一个人多其他人受益或受损的权利……那么很显然，产权界定人们如何受益及如何受损，因而谁必须向谁提供补偿以使他修正人民所采取的行动”①，这种“受益或受损的权利”必须界定清晰。很久以来，环境领域一直没有明确地提出产权概念，无论是政府还是企业、个人都有一个根深蒂固的观念，即认为对于环境这种无形的公共物品可以免费使用或廉价获取。这就导致为生态环境保护做出贡献的主体，和对生态环境造成破坏的主体之间赏罚机制模糊不清。长此以往，必定会使地区政府和企业丧失保护环境的责任感和积极性。因此，应着手对资源环境产权进行科学、清晰地界定。凡是为创造良好的生态环境做出贡献的社会主体，都应该获得相应的资源保护收益；反之，凡是有破坏生态环境行为的社会主体，特别是那些高污染、高耗能的企业，政府都有义务敦促其限期整改，并应责令其做出相应的经济赔偿、追究其行政甚至刑事责任。因此，通过立法界定好资源环境产权的工作是保护生态环境的首要任务。

• 建立生态环境补偿与修复机制。生态资源存量的大小，与经济、社会发展的速度和质量息息相关。建立生态环境补偿与修复机制，是调和生态环境保护与经济发展矛盾的重要途径。资源型地区应加快制定应对产业转移的相关环境规制，提前做好本地区的环境保护政策，避免走东部地区先污染后治理的老路，确保承接国际产业转移和环境协调发展。

第一，要建立资源开发中的生态环境补偿机制。由于资源的开发、开采不可避免地会对生态环境造成破坏，因此，应建立科学的生态补偿制度，对过度消费生态环境的行为征费，以作为生态补偿之资，让生态环境的消费成本内部化、制度化、刚性化，以此来唤起人们对生态环境保护的意识和责任感。[106]实施生态环

① 德姆塞茨，关于产权的理论［M］，上海：上海三联出版社，1994，97。

境补偿机制，必须注重功能性生态补偿，即强调保护要以遭受破坏的生态环境恢复自我更新和发展能力作为最终目标。

第二，要建立资源开发后的生态修复机制，使遭到破坏的生态系统逐步自我恢复的能力。首先，修复机制的建立关键要将目标锁定为生态功能的真正修复，而不仅仅只是看森林覆盖率等指标，当然这需要重新构建生态系统功能综合评价指标；其次，实施生态修复治理，需要创新、借鉴先进的生态修复技术。例如，自 20 世纪 70 年代起，日本综合运用了物理法、化学法和生物、生态法等先进的技术进行污染治理与生态修复，取得了较好的成效，值得我们学习借鉴。[107] 最后，为了保证生态修复的质量，必须对生态修复实施监管。为此，可依托省市县相关职能部门，针对不同项目设立不同类型的管理子系统，对生态修复方面的工作进行协调，并负责组织、实施、监管等工作。生态功能修复不可能一蹴而就，是一场持久的攻坚战。必须对生态功能修复过程和效果实时监测，即实现生态补偿动态化，直至生态功能完全恢复。[108]

6.3.3.2　加强对外资企业的环境监管力度

- 强化政府环境监管力度

自 20 世纪 80 年代以来，国家已经明确提出环境保护是我国的基本国策，同时展开了环境立法工作。《环境保护法》《大气污染防治法》《水污染防治法》《固体废物污染环境防治法》等一系列环境保护和污染防治的法律法规如雨后春笋一般涌现，我国环境立法无论是在数量和种类上都是比较完备的。此外，各个地方也有针对性的环境保护规则，资源型地区也不例外。譬如山西省 20 世纪 90 年代中期开始陆续出台了《山西省环境保护条例》《山西省大气污染防治条例》《山西省节约能源条例》《山西省减少污染物排放条例》等规章制度。由此可见，影响当前资源型地区环境保护工作的主要障碍并不是无法可依，而是执法不严。这就要求政府根据已经制定和颁布的各种保护环境、资源的法律法规，依法对环境工作进行分工协作和监督管理。[109]

现阶段，在资源型地区造成环境污染的外资企业主要集中于采掘业、工业制造业。而这些企业通常是当地主要的纳税主体，出于保护本地投资环境、解决职工就业、提升政绩等目的的考量，当地政府和相关部门往往熟视无睹，对污染企业姑息纵容，小罚了事，甚至不予处罚。这种消极执法、行政不作为的做法，会纵容外商投资企业变本加厉地从事污染环境的生产活动。这种“超国民待遇”还会产生很强的负外部性，使得当地同类企业对政府和相关部门的执法行为的合理合法性、公平公正性产生怀疑，甚至导致部分当地企业效仿外资企业破坏生态环境的违法行为。因此，资源型地区各级行政机关必须认识到，生态环境的保护与促进经济发展同等重要，不能因为发展经济而偏废了生态保护。政府应依法认真履行其应有的职责，加强对外商投资企业的环保监管力度。一是对于来自环境标准较高国家的转移项目，必须要求其按照母国的标准生产和处理废弃物；二是严格执行环境评价程序，对不符合环境要求的项目依法予以警告、罚款、责令停产整顿、行政拘留等处罚；三是不定时对企业生产过程进行监管，避免有企业将环保设施当摆设，不运行以掩人耳目的现象。对于消极执法的行为应依法追究相关部门、责任人的责任。

- 建立完善的公众监督机制

环境保护事业有自身的特殊性，仅靠政府部门的监督、惩处是远远不够的，需要充分发挥社会大众的力量才能做得更好。法律赋予我国公民有在良好、适宜、健康生态环境中生活的权利，这是公民环境权的基本组成部分。由于涉及自身的基本权益，公众面对企业的环境破坏、污染的行为容忍度更低，比政府部门具有更高的监督热情。但是，与政府部门相比，作为个体的公民在面对环境污染、权益受损的情形时，常常显得无能为力。即使可以通过法律手段来维护自己的环境权益，但在诉讼费用、调查取证等方面与经济实力雄厚的外资企业相比，仍然处于不利地位，胜算不大。因此，在环境监督方面，资源型地区政府部门应建立完善的公众参与机制，给他们充分表达意见的自由，并提供便利的申诉渠道。鼓励公众行使自己参与国家环境管理的权利，包括对外商投资企业在内的污染环境行为进行监督。资源型地区政府应该制定效力等级更高的法律制度规范，制定具有可操作性的实施办法，保障社会组织参与外资企业环境保护的监督职能，以弥补法律、政府在环境保护监管方面的不利和不足。[110]对于举报污染环境企业有功的公民给予精神表彰和物质奖励，以鼓励公民督促外资企业守法经营。

另外，应构建政府环境责任的公众问责机制。现行的环境保护法律仅仅赋予环境保护管理部门以大量监管权，却缺乏对监管者的监管，因而监管效率难以保证。如前文所述，地方环境保护部门虽有监管权，但在巨大的经济利益诱惑下，很容易沦为环境污染企业的“保护伞”。因此，要充分发挥公众对于环境执法部门的监督、问责作用。一是要完善和细化公众问责制度，保障公众问责的权利。进一步增强公众问责制度的可操作性，包括问责主体、问责范围、问责程序等，以法律的权威性、公平性和规范性来保证公众问责制度在实际中能切实履行，防止有名无实。只有明确的制度保障和相应的配套措施逐步完善，才能使公众问责制不会沦为摆设、不会扭曲和变形。二是要通过奖励政策激发公众监督政府环境保护工作的积极性。当前，资源型地区对于环境问题的举报奖励制度不够完善，与举报后可能带来的副作用相比，对公众的奖励力度不大。例如，山西省仅对于公众举报环境违法企业给予每次最高为 1 000 元的现金奖励，并未制定对于政府环境责任的举报奖励制度。资源型地区应通过奖励群众对环保部门的违法举报行为，来激励公众正确、主动的行使自己的监督、检举权利，从而更有效的打击职务犯罪，推进反腐倡廉工作的开展。三是确保政府信息公开透明，保障公众的知情权、话语权是公众行政问责的前提。为此，可利用互联网技术构建信息双向交流平台。政府定期向公众公布相关的环境信息，招商引资信息等，以此增加问责的透明度；公众则可利用平台向政府申请环境信息的公开、提出对环境监管方面的质疑等，避免一些非理性公众对于政府环境问责的过激反应。总而言之，公众只有在充分了解政府的工作基础上才能形成对政府环保工作的有效监督。

考虑到政府和公众专业知识的有限性，还可建立独立于政府和企业的第三方环境污染监督与治理机构，代表政府行使职能。由政府出资成立专家评估小组，对外资企业的进入进行严格评估、对外资企业的生产过程进行实时监控，并对其违法行为进行如实举报。[111]

国际产业转移促进资源型地区产业结构生态化发展策略如图 6. 3 所示：

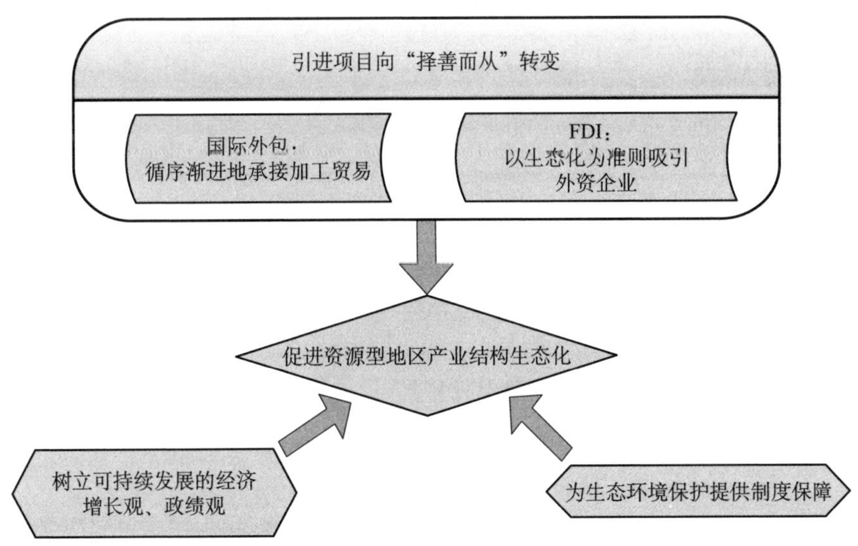

图 6. 3　国际产业转移促进资源型地区产业结构生态化策略

6.4 小结

本章在结合前文理论和实证分析结果的基础上，重点对资源型地区如何把握国际产业转移的历史机遇带动产业结构合理化、高度化、生态化发展提出相应的建议措施。

本书认为，资源型地区要实现产业结构合理化的目标，除了扩大承接国际产业转移的规模外，还需依据自身客观条件合理布局承接国际产业转移项目，打破产业发展的路径依赖；此外，鉴于资源型地区的资源型产业对生产要素有很强的锁定效应，在面对国际产业转移带来的新机遇时，如何刺激生产要素的合理流动是亟待解决的问题。本章提出要通过激发企业家投身新产业的活力、构建劳动力资源合理流动机制等措施，促进资源型地区资本和劳动力的流动。

产业结构的高度化一般以新技术的研发和应用作为基础，而资源型地区普遍存在自然资源对技术、人才等要素形成的挤出效应。因此本书建议，通过发展资源型地区的技术贸易、提升承接项目在国际产业链中的地位、鼓励外资加大对研发项目的投资力度等措施，弥补资源型地区技术水平落后的缺陷。另外，虽然国际产业转移可以为资源型地区技术进步注入活力，但作为一种外生驱动力，具有波动性、风险性较大等特点，因此如何促进外生驱动力内生化才是关键。本书认为，可通过创建自主研发体系、构建灵活的人才吸引机制等，助推资源型地区产业结构高度化发展。

随着资源约束日益严重，资源型地区原有的粗放型经济增长方式难以为继。因此，首先要引导资源型地区政府树立可持续发展的经济增长观和政绩观，扭转只注重招商引资发展经济，忽略生态环境保护的执政理念。其次，资源型地区承接国际产业转移在注重提高数量的同时还要把好质量关，由“来者不拒”向“择善而从”转变，从源头上控制污染项目的引进。最后，本书认为资源型地区要完善保护资源环境的政策法规体系，强化政府环境监管力度和建立完善的公众监督机制，为产业结构生态化发展保驾护航。

第7章　结论与展望

7.1　结论

从经济发展史来看，第二次世界大战后的两轮国际产业转移浪潮，成就了日本、德国等国家的经济发展的“奇迹”。20世纪80年代后“亚洲四小龙”的腾飞也离不开对国际产业转移的承接。从我国的实践来看，改革开放40多年的时间也恰逢经济全球化快速推进的历史时期，东南沿海地区经济的崛起、产业结构的优化升级与承接发达国家的产业转移密不可分。作为特殊区域，资源型地区产业结构优化的需求更为迫切，难度也更大。在2008年全球金融危机爆发后，国际产业转移呈现出了新特征、新趋势，产业正在从比较优势逐步丧失的东南沿海地区移出。对资源型地区而言，应牢牢把握住难得的历史机遇，充分发挥本地产业的潜在优势并努力创造新的竞争优势。通过承接国际产业转移，主动融入国际竞争和国际分工中，实现产业结构优化和良性循环，这对资源型地区经济的可持续发展是至关重要的。

作为典型的资源型地区，山西省于2010年正式获批成为“国家资源型经济转型综合配套改革试验区”，由此获得在资源经济改革转型领域的“先行先试”权。而作为长期以来深受计划经济影响的内陆省份，山西省的首要任务便是解放思想，不等不靠、主动作为。敢于用新办法破解对外开放中的难题，敢于大胆借鉴国内外的先进经验，积极承接国际产业转移，以此成为产业结构优化、经济腾飞的新起点。

本书从理论分析到实证检验，紧紧围绕国际产业转移视角下，资源型地区产业结构优化这一主题展开探讨与论证。主要结论如下：

第一，本书分别勾勒出封闭条件下和开放条件下，资源型地区产业结构演进规律。通过对比发现，承接国际产业转移可以突破资源型地区在封闭条件下产业结构优化的路径依赖，通过提升市场需求、打破产业发展所需的要素约束、加快制度变迁和技术进步等途径推进资源型地区产业结构优化的步伐。

第二，本书构建了国际产业转移的产业结构传导效应数理模型，将3条路径融于一个理论分析框架中，研究国际产业转移对产业结构的优化效应。依据国际产业转移3条路径所承接的产业技术等级高低之分，本书将承接国际产业转移进程划分为3个阶段：以国际贸易为主的初级阶段、以承接国际外包为主的中级阶段、以外商直接投资为主的高级阶段。

第三，本书通过理论演绎、逻辑推导等方法，结合资源型地区经济和产业特点，分别揭示了国际产业转移3条路径对资源型地区产业结构优化的理论依据、作用机制和制约因素。结果发现，国际贸易、承接国际外包和外商直接投资借由国际生产要素流动，可以改变资源型地区产业供给、市场需求结构，提供产业发展所需的先进技术和制度变迁等，对资源型地区产业结构优化存在一定的促进作用。

第四，本书在回顾山西省承接国际产业转移规模与特点的基础上，详细阐述了山西省承接国际产业转移与产业结构变动之间的关系。结果发现，虽然山西省经济长期以来依赖资源型产业发展，产业结构积累了相当多的问题，但伴随着承接国际产业转移进程的加快，山西省产业结构在一定程度上得到了改善。

第五，本书通过协整模型具体验证了1985—2014年承接国际产业转移对山西省产业结构优化的影响程度。结果表明，从总体上看承接国际产业转移在一定程度上推动了山西省产业结构的攀升。具体而言，在国际产业转移的3条路径中，作为国际贸易代表的一般贸易对于山西省产业结构优化的作用最为明显。一般贸易每增加一个百分点，产业结构高度化指数IT和生态化指数IE将分别上升0.82%和0.78%；外商直接投资和国际外包的产业结构优化作用并不显著，还有进一步发展的空间。其中，FDI总额每增加1%，产业结构高度化指数IT和生态化指数IE将分别上升0.33%和0.28%；而国际外包仅对山西省产业结构合理化程度有改善作用，作为国际外包代表的加工贸易额每增加1%，产业结构合理化指数IR将下降0.08%，其对高度化和生态化则存在一定的阻碍作用。由此可知，当前山西省主要依靠一般贸易模式实现产业结构的优化升级，外商直接投资和国际外包的产业结构优化作用并不显著，还有进一步发展的空间。结合国际产业转移的产业结构传导效应模型的结论可以断定，山西省仍属于承接国际产业转移的初级阶段。在理论和实证分析的基础上，文章详细阐述了国际产业转移在资源型地区发挥产业结构优化作用方面的不足之处，为政策研究奠定基础。

第六，结合理论分析和实证结果，本书重点考察了国际产业转移视角下，资源型地区产业结构合理化、高度化和生态化的发展策略。本书主张通过合理规划国际产业转移项目的行业分布、构建资源合理流动机制打破资源型地区路径依赖和要素锁定效应，实现资源型地区产业结构的合理化；通过重点引进技术含量较高的国际产业、促进外生驱动力的内生化，有效破除自然资源对技术、人才等要素挤出效应，促进资源型地区产业结构高度化发展；通过树立资源型地区经济可持续发展观、完善保护生态环境的法律和制度等措施，促进资源型地区产业结构生态化发展。

7.2　展望

本书基于国际产业转移视角分析了资源型地区产业结构的优化问题，厘清了资源型地区产业结构的优化目标，探讨了国际产业转移在资源型地区发挥产业结构优化效应的相关理论依据、作用机制和制约因素，并通过典型资源型地区山西省的实际数据进行实证分析和验证，大部分实证检验的结果符合理论预期。但由于作者理论水平和实践经验有限，再加上数据收集的困难，文章仍存在一些局限，这也为未来的研究提供了思路。

第一，本书重构了关于产业结构优化的指标体系，包括产业结构合理化和高度化、生态化共 3 个指标，以山西省为例，研究其产业结构的发展和演化程度。但本书并未将 3 个具体指标综合为一个衡量产业结构优化的指标，进行进一步的实证检验。今后将继续钻研统计方法，设计更为科学、合理、周密的指标体系加以研究。

第二，对于国际贸易、承接国际外包和外商直接投资促进资源型地区产业结构优化的制约因素，本书仅引用基模分析法进行定性研究，受数据可得性的限制，没有通过计算机模拟软件来展开仿真检验和预测分析，对于该问题的深入探讨将成为下一步研究的重点。

第三，本书的实证分析和实证检验部分，仅以典型的资源型地区山西省作为例证加以研究，对于其他资源型地区涉猎不多。而我国资源型地区分布广泛、所处发展阶段也大相径庭，具体地区经济和产业发展特征还是有一定的差异性。因此，分类型、分阶段研究国际产业转移背景下，资源型地区产业结构优化的规律将是下一步的主攻方向。

附　　录

附录1　全国资源型城市名单（2013年）

附表1　　全国资源型城市名单（2013年）

所在省（区、市）	地级行政区	县级市	县（自治县、林区）	市辖区（开发区、管理区）
河北（14）	张家口市、承德市、唐山市、邢台市、邯郸市	鹿泉市、任丘市	青龙满族自治县、易县、涞源县、曲阳县	井陉矿区、下花园区、鹰手营子矿区
山西（13）	大同市、朔州市、阳泉市、长治市、晋城市、忻州市、晋中市、临汾市、运城市、吕梁市	古交市、霍州市、孝义市		
内蒙古（9）	包头市、乌海市、赤峰市、呼伦贝尔市、鄂尔多斯市	霍林郭勒市、阿尔山市、锡林浩特市		石拐区
辽宁（15）	阜新市、抚顺市、本溪市、鞍山市、盘锦市、葫芦岛市	北票市、调兵山市、凤城市、大石桥市	宽甸满族自治县、义县	弓长岭区、南票区、杨家杖子开发区
吉林（11）	松原市、吉林市※、辽源市、通化市、白山市※、延边朝鲜族自治州	九台市、舒兰市、敦化市※	汪清县※	二道江区
黑龙江（11）	黑河市※、大庆市、伊春市※、鹤岗市、双鸭山市、七台河市、鸡西市、牡丹江市※、大兴安岭地区※	尚志市※、五大连池市※		

续表

所在省（区、市）	地级行政区	县级市	县（自治县、林区）	市辖区（开发区、管理区）
江苏（3）	徐州市、宿迁市			贾汪区
浙江（3）	湖州市		武义县、青田县	
安徽（11）	宿州市、淮北市、亳州市、淮南市、滁州市、马鞍山市、铜陵市、池州市、宣城市	巢湖市	颍上县	
福建（6）	南平市、三明市、龙岩市	龙海市	平潭县、东山县	
江西（11）	景德镇市、新余市、萍乡市、赣州市、宜春市	瑞昌市、贵溪市、德兴市	星子县、大余县、万年县	
山东（14）	东营市、淄博市、临沂市、枣庄市、济宁市、泰安市、莱芜市	龙口市、莱州市、招远市、平度市、新泰市	昌乐县	淄川区
河南（15）	三门峡市、洛阳市、焦作市、鹤壁市、濮阳市、平顶山市、南阳市	登封市、新密市、巩义市、荥阳市、灵宝市、永城市、禹州市	安阳县	
湖北（10）	鄂州市、黄石市	钟祥市、应城市、大冶市、松滋市、宜都市、潜江市	保康县、神农架林区※	
湖南（14）	衡阳市、郴州市、邵阳市、娄底市	浏阳市、临湘市、常宁市、耒阳市、资兴市、冷水江市、涟源市	宁乡县、桃江县、花垣县	
广东（4）	韶关市、云浮市	高要市	连平县	
广西（10）	百色市、河池市、贺州市	岑溪市、合山市	隆安县、龙胜各族自治县、藤县、象州县	平桂管理区
海南（5）		东方市	昌江黎族自治县、琼中黎族苗族自治县※、陵水黎族自治县※、乐东黎族自治县※	

续表

所在省（区、市）	地级行政区	县级市	县（自治县、林区）	市辖区（开发区、管理区）
重庆（9）			铜梁县、荣昌县、垫江县、城口县、奉节县、云阳县、秀山土家族苗族自治县	南川区、万盛经济开发区
四川（13）	广元市、南充市、广安市、自贡市、泸州市、攀枝花市、达州市、雅安市、阿坝藏族羌族自治州、凉山彝族自治州	绵竹市、华蓥市	兴文县	
贵州（11）	六盘水市、安顺市、毕节市、黔南布依族苗族自治州、黔西南布依族苗族自治州	清镇市	开阳县、修文县、遵义县、松桃苗族自治县	万山区
云南（17）	曲靖市、保山市、昭通市、丽江市※、普洱市、临沧市、楚雄彝族自治州	安宁市、个旧市、开远市	晋宁县、易门县、新平彝族傣族自治县※、兰坪白族普米族自治县、香格里拉县※、马关县	东川区
西藏（1）			曲松县	
陕西（9）	延安市、铜川市、渭南市、咸阳市、宝鸡市、榆林市		潼关县、略阳县、洛南县	
甘肃（10）	金昌市、白银市、武威市、张掖市、庆阳市、平凉市、陇南市	玉门市	玛曲县	红古区
青海（2）	海西蒙古族藏族自治州		大通回族土族自治县	
宁夏（3）	石嘴山市	灵武市	中宁县	
新疆（8）	克拉玛依市、巴音郭楞蒙古族自治州、阿勒泰地区	和田市、哈密市、阜康市	拜城县、鄯善县	

注：1. ※表示森林工业城市。

2. 资源型城市名单将结合资源储量条件、开发利用情况等进行动态评估优化。

附录 2 工业化程度与生产性服务业的阶段对应关系

附表 2 工业化程度与生产性服务业的阶段对应关系

农业社会阶段	住宿、餐饮等个人和家庭服务等传统生活型服务业为主
工业化初期阶段	现代工业出现并发展，制造业企业进行工业生产的过程中所需要的各种生产性服务业大部分由企业内部提供，生产性服务业提供制造业产前和产后服务业，没有涉及制造业的价值链环节，主要以运输、一般金融和仓储等行业为主
工业化中期阶段	制造业迅速发展，知识密集型和技术密集型制造企业生产的中间环节对生产性服务业提出了更高的要求。此阶段，除运输、一般金融和仓储等行业进一步发展外，第三方物流、信息通讯、新的金融服务业等等生产性服务业态开始出现
工业化后期阶段	此阶段，广告、咨询调查、中介、营销等商务服务业发展较快；同时供应链管理、第三方物流、信息集成、风险投资、融资租赁等生产性服务业态迅速发展；同时为生产性服务业服务的服务业开始出现并发展
后工业化社会阶段	经济由制造业经济转型服务业经济。技术产业成为主要的支撑产业，服务经济全面发展并日趋成熟。这一时期，非金融金融（衍生品等）、总集成总承包、商务中介服务等为生产性服务业进行服务业的行业得到了进一步的发展，科技研发、信息服务，工业设计等现代知识型服务业中间成为主流服务

资料来源：芮明杰，产业经济学（第二版）[M]，上海财经大学出版社，2012：194。

附录 3 污染产业划分

附表 3 污染产业划分

重度污染产业	电力煤气及水的生产供应业、采掘业、造纸及纸品业、水泥制造业、非金属矿物制造业和金属冶炼及压延工业
中度污染产业	有色金属冶炼及压延工业、化学纤维制造业
轻度污染产业	食品、烟草及饮料制造业、医药制造业、石油加工及炼焦业、纺织业、皮革毛皮羽绒及制造业、橡胶制品业、金属制品业、印刷记录媒介的复制、机械电气电子设备制造业、塑料制品业、化工原料及化学品制造业

资料来源：赵细康，环境保护与产业国际竞争力［M］，中国社会科学出版社，2003。

参考文献

[1] 邢利民，资源型地区经济转型的内生增长研究［D］，山西财经大学博士论文，2012，14。

[2] 胡魁，中国矿业城市基本问题［J］，资源与产业，2001，(3)：8－10。

[3] 张野，黑龙江省资源型城市资源依赖度分析［J］，民营科技，2016，(11)：226。

[4] 陈旭升、吴雪梅、秦良群，基于概率神经网络的资源型城市界定［J］，哈尔滨理工大学学报，2003，(12)：99－101。

[5] 刘云刚，中国资源型城市界定方法的再考察［J］，经济地理，2006，(6)：940－944。

[6] 肖劲松、李宏军，我国资源型城市的界定与分类探析［J］，中外能源，2009，(11)：15－20。

[7] 高天明等，资源型城市界定主要指标和取值研究——以我国地级城市为研究对象［J］，中国矿业，2010，(2)：29－32。

[8] 蔡飞、金洪，基于区位熵理论的中国资源型地区判定研究［J］，技术经济与管理研究，2010，(2)：142－144。

[9] 伏虎，资源型地区界定标准及其类型划分的定量研究［J］，中国国上资源经济，2015，(10)：66－72。

[10] 张复明，资源型区域面临的发展难题及其破解思路［J］，中国软科学，2011，(6)：1－9。

[11] 王必达等，从资源依赖到创新驱动——我国资源枯竭型地区经济转型研究［M］，北京：经济科学出版社，2014，109－112。

[12] 汪斌、赵张耀，国际产业转移理论述评［J］，浙江社会科学，2003，(6)：45－49。

［13］陈勇，国际产业转移的经济学解释及其基本形态［D］，东部财经大学博士学位论文，2007，24－25。

［14］白清，中国出口贸易和对外直接投资关系的实证研究［J］，商品与质量，2010，（12）：29。

［15］卢根鑫，试论国际产业转移的经济动因及其效应［J］，上海社会科学院学术季刊，1994，（4）：33－42。

［16］陈桂林、刘孙义，新视角下国际产业转移及我国产业结构升级的影响，中国商界，2010，（12）：82－83。

［17］Krugman P.，Geography and Trade［M］，MA：MIT Prcs，1991：129.

［18］孙雅娜，国际产业转移的新趋势与我国的战略选择［J］，当代经济管理，2006，（5）：23－28。

［19］牛青山，我国承接国际产业转移的现状与对策［J］，山西大学学报（哲学社会科学版），2011，（7）：135－139。

［20］杨智峰、张立、周铸，以创新驱动产业发展［N］，中国矿业报，2015－05－14。

［21］王涛、曹永旭，论产业结构合理化［J］，生产力研究，2009，（14）：19－21。

［22］姜涛，上海二三次产业结构均衡化研究［J］，华东经济管理，2005，（4）：11－13。

［23］管怀鎏，产业结构均衡化及其集约增长效应［J］，经济管理学报，1996，（6）：4－10。

［24］管怀鎏，论产业结构优化及其效应［J］，贵州社会科学，1997，（8）：8－12。

［25］伦蕊，工业产业结构高度化水平的基本测评［J］，江苏社会科学，2005，（2）：69－74。

［26］付建平等，资源型城市工业化进程中的产业结构高度研究——以攀枝花市为例［J］，特区经济，2012，（6）：275－277。

［27］邱跃华，科学发展观视域下我国产业生态化发展研究［D］，湖南大学博士学位论文，2013，70－71。

［28］石奇，产业经济学［M］，北京：中国人民大学出版社，2008，156－159。

［29］苏永乐，资源型地区产业结构升级优化的制度创新——以延安市为例

[J]，西安财经学院学报，2006，(12)：25 - 29。

[30] 陈建军，要素流动、产业转移和区域经济一体化 [M]，浙江：浙江大学出版社，2009，68 - 69。

[31] 黄寰，论自主创新与区域产业结构优化升级 [D]，四川大学博士学位论文，2006，63。

[32] 董雪梅、李妃养、向鸿雁，广东实施“双转移”、“双提升”的循环促进模式对策研究 [J]，科技管理研究，2012，(9)：72 - 77。

[33] 林毅夫，新结构经济学 [M]，北京：北京大学出版社，2012，73。

[34] 周旭东，国际贸易与产业升级关系的理论分析 [J]，现代商业，2008，(5)：196。

[35] 姜丽，国际贸易对中国产业结构优化的影响分析 [J]，辽宁师范大学学报（社会科学版），2012，(7)：463 - 468。

[36] 袁晓斌，基于系统基模的广东省中小企业科技人才培养策略研究 [J]，科技管理研究，2010，(8)：146 - 149。

[37] 张桂梅、崔日明，我国出口竞争中量增价低现象的“公地悲剧”模型分析 [J]，亚太经济，2008，(4)：51 - 54。

[38] 马维娜，中国教育改革中的国家观念 [J]，南京社会科学，2011，(12)：7 - 14。

[39] 韩升、谢丽威，走出危机的伦理之路 [J]，理论与现代化，2010，(2)：88 - 93。

[40] 卢峰，产品内分工：一个分析框架 [J]，经济学季刊，2004，(1)：55 - 82。

[41] 朱云章，马克思国际价值理论在经济全球化条件下的拓展 [J]，辽宁师范大学学报（社会科学版），2009，(1)：1 - 4。

[42] 张二震、马野青，当代国际分工新特点与马克思国际价值理论新发展 [J]，经济纵横，2008，(3)：3 - 7。

[43] Gereffi, G., Industrial Upgrading in the Apparel Commodity Chain: What can Mexico learn From East Asia [R], Paper presented at International Conference on Business Transformations and Social Change in East Asia, 1999.

[44] Humphrey, J., Schmitz, H., How does Insertion in Global Value Chains Attect Upgrading in Industrial Clusters [J], Regional Studies, 2002, 9

(36)：1017 - 1027。

[45] 张明志，国际外包对发展中国家产业升级影响的机理分析 [J]，国际贸易问题，2008，(1)：42 - 47。

[46] Arndt, Sven W. , Globalization and the Open Economy [J], The North American Journal of Economics and Finance, 1997, (8)：71 - 79。

[47] Hobday, M. , Innovation in East Asia：The Challenge to Japan [J], Cheltenham Edward Elgar Publishing Limited, 1995：22 - 59。

[48] 任志成，外商直接投资对中国劳动力技能升级的作用机制 [J]，现代财经，2007，(3)：15 - 18。

[49] 柴丽丽、崔建周，资源型地区产业转型与技能人才发展研究——以山西为例 [J]，经济问题，2014，(11)：127 - 129。

[50] 任志成，国际产业转移的就业效应研究 [M]，北京：经济科学出版社，2012，131 - 135。

[51] 李玉红，国际外包的成因及效应研究 [D]，河北大学博士学位论文，2007，98。

[52] 李玉红，国际外包的成因及效应研究 [D]，河北大学，2007，(11)：135 - 137。

[53] Schmitz H. , Local Competition and Local Cooperation：Success and Failure in the Sinos Valley Brazil [J], World Development, 1999, 27 (9)：1627 - 1650。

[54] 刘婧，一般贸易与加工贸易对我国环境污染影响的比较分析 [J]，国际贸易，2009，(6)：44 - 49。

[55] 朱雯君、陈红蕾，加工贸易、FDI 对环境污染的影响分析——基于 VECM 模型的实证分析 [J]，产经评论，2010，(11)：102 - 108。

[56] 韩艳红，马克思的国际产业转移理论及其当代价值 [J]，当代经济研究，2012，(10)：23 - 27。

[57] 黄卫平、彭刚，国际经济学 [M]，北京：中国人民大学出版社，2008，184 - 185。

[58] 肖元真、郭明，跨国直接投资与我国产业结构的优化 [J]，社会科学辑刊，1999，(3)：81 - 86。

[59] 陈勇，辽宁承接国际产业转移与跨国公司战略投资能力研究 [J]，东北财经大学学报，2009，(11)：38 - 44。

[60] 陈继勇，国际直接投资的新发展与外商对华直接投资研究 [M]，北京：人民出版社，2004，340 - 342。

[61] 杨先明等，国际直接投资、技术转移与中国技术发展 [M]，北京：科学出版社，2004，174 - 176。

[62] 任燕，中国参与国际垂直专业化分工的效应问题研究 [M]，北京：经济管理出版社，2015，41。

[63] Richard. E. Caves，Multinational Enterprise and Economic Analysis [M]，Cambridge University Press，1982。

[64] 张红霞、魏梦琪、王丹阳，FDI 引致发展中东道国产业结构优化的作用路径 [J]，山东理工大学学报（社会科学版），2015，(1)：12 - 15。

[65] 张炜，FDI 对中国制度变迁的影响机制分析 [D]，南开大学博士学位，2013：65。

[66] 刘恩专，继续保持外国直接投资产业带动积极效应 [J]，国际市场，1998 (1)：7 - 8。

[67] 江锦凡、韩廷春，外国直接投资与中国经济增长关系的实证研究 [J]，公共管理评论，2004，(1)：145 - 147。

[68] Baldwin，Robert，The Dynamics of Industrial Competition [M]，Cambridge University Press：Cambridge，1995。

[69] Nickell，Stephen J.，Competition and Corporate Performance [J]，Journal of Political Economy，104 (4)：724 - 746。

[70] 李佳，FDI 技术溢出促进产业升级的理论微观机制探讨 [J]，现代管理科学，2014，(1)：87 - 89。

[71] 刘亚娟，国际直接投资促进发展中国家产业结构升级的制约因素 [J]，黑龙江对外经贸，2005，(5)：52 - 53。

[72] Chudnovsky，Daniel，Lopez，Andres，Foreign Direct Investment，Spillovers，and the Absorption Capabilities of Domestic Firm in the Argentine Manufacture Sector，1999 - 2001 [R]，Mercosur Economic Research Network，Universidad de San Andres，2004。

[73] 吴凡，全球化背景下外商直接投资与中国产业结构优化研究 [D]，西南财经大学博士学位论文，2007，148。

[74] 王森林，山西对外经贸发展前景广阔 [J]，山西经贸专栏，1989，

(5)：25－26。

［75］刘志永，山西省承接和发展加工贸易的产业选择——基于山西的比较优势和竞争优势［J］，晋中学院学报，2009，(4)：78－80。

［76］孟颖卓，山西省利用外商直接投资于产业结构优化［J］，经营与管理，2013，(10)：125－127。

［77］李静萍，改革开放以来山西省产业结构变动分析［J］，当代中国史研究，2008，(5)：95－99。

［78］李志军，技术转移中的政府作用［J］，中国科技财富，2011，(9)：27－29。

［79］王玉珍，资源型经济及其工业化体系催生：山西与江苏［J］，改革，2012，(12)：76－82。

［80］Yeats，Aiexander J.，Just How Big is Global Production Sharing：New Production Patterns in the World Economy［M］，UK：Oxford University Press，2001：148。

［81］贾妮莎、韩永辉、邹建华，中国双向 FDI 的产业结构升级效应：理论机制与实证检验［J］，国际贸易问题，2014，(11)：109－120。

［82］刘伟、张辉、黄泽华，中国产业结构高度与工业化进程和地区差异的考察［J］，经济学动态，2008，(11)：4－8。

［83］史丹，产业结构变动对能源消费需求的影响［J］，数量经济技术经济研究，1999，(12)：50－52。

［84］马振宁、裴金川、米文宝，资源型城市生态化水平度量研究［J］，宁夏社会科学，2008，(12)：368－372。

［85］曹华、张茜，基于循环经济的中国各地区产业结构优化评价，经济问题［J］，2010，(7)：34－38。

［86］李娣、胡拥军、肖中良，长株潭区域产业生态化发展评价与对策研究［J］，开放导报，2010，(1)：101－105。

［87］陆根尧、盛龙、唐辰华，中国产业生态化水平的静态与动态分析——基于省际数据的实证研究［J］，中国工业经济，2012，(3)：147－159。

［88］柴丽丽、崔建周，资源型地区产业转型与技能人才发展研究——以山西为例［J］，经济问题，2014，(11)：127－128。

［89］贾云霞，关于加快改善山西投资环境的思考［J］，晋中学院学报，

2009，（2）：70 – 72。

［90］杨勇、朱乾、达庆利，中国省域企业家精神的空间溢出效应研究［J］，中国管理科学，2014，（11）：105 – 113。

［91］江小涓，卢圣亮，大型跨国公司投资对中国产业结构、技术进步和经济国际化的影响［J］，中国工业经济，2000，（4）：5 – 12。

［92］杨海龙、崔文全，资源与生态环境产权制度研究现状及“十三五”展望研究［J］，环境科学与管理，2013，（11）：30 – 34。

［93］李燕，基于资源型城市经济转型的服务业外包产业发展研究［D］，哈尔滨商业大学博士学位，2012，（2）：119 – 120。

［94］肖黎明、刘晓敏、华天真，FDI 与资源型区域产业转型升级的路径选择——基于山西装备制造业的视角［J］，科技和产业，2015，（1）：31 – 36。

［95］邓兰兰，基于资源型城市转型的生产性服务业发展研究［J］，商业研究，2012，（8）：90 – 95。

［96］周建波，企业家二次创业与资源型经济转型——基于山西转型的实践经验［D］，南开大学博士学位，2013，（5）：155 – 157。

［97］杨胜利，转型期上海劳动力资源优化配置研究［D］，华东师范大学博士学位论文，2014，214。

［98］刘志彪，国际外包视角下我国产业升级问题的思考［J］，中国经济问题，2009，（1）：6 – 15。

［99］杨安，FDI 与产业结构优化升级的相关性研究［D］，山东大学博士学位，2013，91 – 92。

［100］王岳平等，产业技术升级与产业结构优化关系研究［J］，宏观经济研究，2005（5）：32 – 35。

［101］高双喜、唐龙海，促进煤矿专业人力资本投资的财税政策探讨［J］，会计之友，2009，（9）：88 – 89。

［102］陆德明、王必达，我国西部地区发挥“后发优势”的困境与对策分析［J］，经济地理，2002，（5）：550 – 553。

［103］柴丽丽、崔建周，资源型地区产业转型与技能人才发展研究——以山西为例［J］，经济问题，2014，（11）：127 – 128。

［104］路瑶，张伟炜，高层次人才引进中多元主体角色初探：以苏州市为例［J］，人才资源开发，2010，（9）：84 – 85。

［105］张琴，国际产业转移与中国产业结构优化研究［M］，北京：经济科学出版社，2012，213 - 215。

［106］韩德梁等，建立我国生态补偿制度的思考［J］，生态环境学报，2009，18（2）：799 - 804。

［107］潘秀丽，建立山西省生态修复机制的思考［J］，山西财税，2016，（1）：16 - 17。

［108］孙毅，资源型区域绿色转型的理论与实践研究［D］，东北师范大学博士学位，2012，100。

［109］朱作鑫，外商投资企业环境污染问题若干思考［J］，广西政法管理干部学院学报，2004，（5）：78 - 81。

［110］刘万啸，我国外商投资企业环境责任监督制度的完善［J］，中国海洋大学学报（社会科学版），2013，（1）：94 - 98。

［111］景普秋、孙毅、张丽华，资源型经济的区域效应与转型政策研究——以山西为例，兰州商学院学报，2011，（12）：40 - 47。

后 记

本书是在我的博士论文基础上修改而成的。在翻阅论文、修改论文的过程中，曾经的点点滴滴，艰辛与兴奋历历在目。在论文写作和修改过程中，我深深体会到了做学术研究的不易，必须心无旁骛、沉心静气才能攻克一个个难关；同时也愈发体会到学海无涯，而自己才疏学浅，唯有终生学习才能在科研的道路上越走越远。在本书即将付梓之际，心中唯有感激！导师的栽培、同门的帮助、朋友的关怀、亲人的支持，一幕一幕情景在脑海中浮现，感恩之情溢于言表。

首先，要特别感谢我的导师李玲娥教授。在攻读博士之前，我对如何开展科学研究常常感到茫然无措，是李老师引领我开启科学研究的大门、为我指明方向、指点迷津，并不断鞭策我勇攀高峰。在我博士论文的选题、框架设定、开题、写作以及修改过程无不倾注着导师心血，每每遇到关卡无法前行时，李老师的指点总能给我茅塞顿开的感觉。除了学识渊博让我无比钦佩之外，李老师治学严谨、求真务实、凡事精益求精的态度，以及诲人不倦的师者风范更值得我永远学习。尤令我感动的是，求学之路荆棘丛生，常令我丧失信心，此时李老师总能适时给予我安慰和鼓励，与我分享她的人生感悟，让我有重整旗鼓、继续前行的勇气。李老师的谆谆教导将使我终身受益！

此外，同样感谢读博期间所有的代课老师，他们所传授的专业知识提高了我的理论水平和科研能力，为我完成博士论文奠定了基础。感谢孟捷教授、钟若愚教授、冯子标教授、潘云研究员、焦斌龙教授、牛冲槐教授、杨俊青教授、张富春教授在论文开题和预答辩和答辩过程中提出的宝贵意见，他们的意见使论文日臻完善。感谢山西财经大学经济学院的张明老师为本书提出的建设性意见，感谢山西财经大学管理科学与工程学院的张玲老师以及统计学院的朱波老师，在我论文写作过程中给予的大力帮助和无私奉献，为我从不同学科、不同角度提供新的思路和方法。感谢山西财经大学国际贸易学院的领导和国际贸易教研室的各位同仁，他们在工作中给予我很多的关照和方便，使我能够集中精力完成学业。

感谢同门师兄弟、姐妹们，他们在每一次讨论会上给了我太多的中肯建议和写作灵感，并给予了我莫大的精神鼓励。感谢同窗好友严雅娜博士，这一路走来我们互相帮助、互相鼓励，相携相伴、共同完成学业。

感谢父母、婆婆在我读博期间提供了完善、周到的后勤保障。父母每天给我做好一日三餐、婆婆帮我接送孩子，让我可以心无旁骛、专心致志地完成论文。感谢我的爱人对我学业的支持，在我心情不好时及时地给我安慰和鼓励。感谢我的女儿，虽然年纪不大，却非常懂事，不用我过多的操心。

感谢评阅专家对论文的肯定与建议，感谢提供转载和引用权的相关文献、数据、思想的所有者。在本书写作过程中，虽然对学者的研究成果都有脚注、尾注标明，但难免会有遗漏，如有不妥之处，在此表示抱歉和感谢。

最后，作者深感自己知识水平有限，很难将承接国际产业转移对资源型地区产业结构的影响进行深入和全面的研究，书中的错误和遗漏在所难免，真诚希望读者提出宝贵的批评和建议。

郭海霞

2019 年 3 月于太原